两岸的文化认同

陈孔立　著

九 州 出 版 社

厦 门 大 学 出 版 社

图书在版编目（CIP）数据

两岸的文化认同 / 陈孔立著. -- 北京：九州出版社，2020.12

ISBN 978-7-5108-9987-4

Ⅰ. ①两… Ⅱ. ①陈… Ⅲ. ①海峡两岸－文化研究 Ⅳ. ①G127

中国版本图书馆CIP数据核字(2020)第268599号

两岸的文化认同

作　　者	陈孔立　著
出 版 人	张黎宏
责任编辑	张皖莉
出版发行	九州出版社
地　　址	北京市西城区阜外大街甲 35 号（100037）
发行电话	(010)68992190/3/5/6
网　　址	www.jiuzhoupress.com
电子信箱	jiuzhou@jiuzhoupress.com
印　　刷	三河市兴博印务有限公司
开　　本	650 毫米 ×960 毫米 16 开
印　　张	17.5
字　　数	280 千字
版　　次	2021 年 1 月第 1 版
印　　次	2021 年 1 月第 1 次印刷
书　　号	ISBN 978-7-5108-9987-4
定　　价	48.00 元

"一灯燃百千灯"：读陈孔立先生新著
《两岸的文化认同》

厦门大学台湾研究院

张羽

　　台湾研究院资深教授陈孔立先生嘱我为其新著《两岸的文化认同》写序，我自忖学识浅陋，不敢贸然答应。思绪重回至 2002 年，那时候，我初到厦大台湾研究所（两年之后研究所升格为台湾研究院）工作，在厦大的第一堂课是孔立先生为正方、传国和我三位新教师上的，先生讲授的核心内容是——如何成为一名好老师，如何尽快进入台湾研究的状态。当年的教诲言犹在耳，一晃岁月已翩跹十七年。

　　2013 年，我计划申请教育部重大攻关项目"海峡两岸历史文化教育中相互认知、表述、态度及影响研究"，在组建课题团队的时候，我知道孔立先生当时很关注台湾文化议题，就贸然地写邮件去征求先生的意见，问他是否愿意屈尊做我的课题组成员。先生回书一封，简洁地回答：好的。项目初审通过后，需要去北京参加面试。朱双一教授和张宝蓉老师陪同我赴京参加面试。面试中，评委问道："课题组成员中，资深学者陈孔立教授会真的实际参与课题研究吗？"我回答说："会的"。其实心里也不是很有底，想着先生实在是很忙，也许评委怀疑得有道理。不久后，课题获批立项。此后的岁月里，每隔几个月，先生就寄来一封电子邮件，正文总是寥寥数语，言简意赅，告诉我所进行的新的学术探索，附件却是观点新颖、例证丰赡的学术论文。就这样，从2013年起，先生先后发给我数篇与项目紧密相关的论文电子稿，如《"台湾特色的中华文化"的建构》《台湾史研究的史观问题》《台湾史研究的"兼顾史观"——评许倬云著〈台湾四百年〉》《"台湾生活方式"解读》《台湾特色的社会关系文化》《两岸之间的文化冲突》等，这些论文多数被收入即将出版的《两岸的文化认同》新著中。自重大攻关项目立项，到中期检查，再到申请结项的五年时间里，我每每思绪毫无进路，沮丧又挫败的时候，先生都会很适时地发来一封电邮，有时附上最新的研究成果，有时为沟通进展，却让我在课题一做深似海的茫然中，看到了远处明亮的新航灯。

因为和孔立先生住在同一片海岸线的厦大教工宿舍，我们常常在以学院为圆心的弧线上的某一点偶遇。一次偶遇中，孔立老师正色告诉我，要尽快写序啊！我知道这已经是最有力道的催促了。

于是，我开始了对照阅读，重新拜读先生的学术著作，寻踪先生在台湾研究上的思想轨迹。先生从20世纪60年代的台湾历史研究开始，出版有《清代台湾移民社会研究》(1990年)和《台湾历史纲要》(1996年主编)，接着研究重点放在了台湾政治与两岸关系上，出版了《台湾学导论》《走近两岸》等书，2013年出版了《台湾民意与群体认同》《心系两岸》《台湾史事解读》等系列著作。特别是《台湾学导论》(台北博扬文化事业有限公司，2004年)一书首创"台湾学"一词，他指出："台湾学重点研究当代，除了对有关各个学科领域的研究以外，还应当强调各个学科间相互渗透、密切联系的科际综合研究。建立台湾学的重任理应由海峡两岸的学者共同来承担。"这里，先生特别强调了跨学科的观照视野，亦即"科际整合"(interdisciplinary study)的研究，如历史学、政治学、传播学等理论与学说。该论著首次将台湾问题作为一门学科体系加以研究，并列举出研究的基本原则。近年来，先生更关注"两岸文化"的研究，新著《两岸的文化认同》集合了近年对文化议题的学术探讨，对两岸文化的观察是立基于历史、政治、两岸关系与文化等多学门观察的基础上，细致地分析了两岸文化发展的曲折道路和未来趋势。我有幸成为较早认真拜读先生新著的学人，就来谈一谈阅读初体验吧。

新著《两岸的文化认同》共分两篇：上篇是两岸文化研究，主要聚焦"两岸文化的差异""两岸文化认同""两岸共同价值"等三个议题；下篇是台湾文化研究，主要聚焦"台湾特色的中华文化""台湾文化民族主义""台湾生活方式与主体意识"等议题。新著有着非常强烈的问题意识，把握到了两岸文化之间的种种关键点，除却繁杂表面现象，重点探讨了台湾特色文化的独特属性。新著具有以下四点特质：

首先，在关注共同属性的同时，更重视阐释两岸文化的差异属性。

在序言中，孔立老师首先提出了"两岸文化研究的十个争议问题"，十个问题分别如下：

第一，两岸文化是否存在本质差异？

第二，两岸文化的研究要关注"同"，还是关注"异"？

第三，两岸之间是否存在文化冲突？

第四，两岸文化能否"求同去异"？

第五，两岸文化认同指的是什么？只靠传统文化的认同或只靠现代文化的认同可以达成两岸文化认同吗？

第六，文化认同是不是政治认同的前提和基础？文化认同是不是比较容易？

第七，什么是两岸共同价值的基本要素？

第八，两岸文化是否存在"文化断裂"？

第九，台湾方面建构"台湾特色的中华文化"目的是什么？

第十，台湾生活方式是否值得引以为傲？

一系列问题的提出，正是基于两岸文化目前的发展现状，先生特别强调要重视差异:"台湾历史作为中国历史的一个组成部分,它与全国的历史有着共同性;但台湾作为中国的一个比较特殊的地区,它的历史也必然有其特殊性,如果只强调共同性,而忽略其特殊性,就不能正确地认识台湾的历史,也不能正确地认识台湾的现实;如果只强调其特殊性,而忽略了共同性,就不能正确地认识历史上的两岸关系与当前的两岸关系,也无法正确地认识和对待台湾的前途问题。"[①] 从中华文化的整体格局中,解读台湾文化的共性与特殊性,确定其在整体中的特殊价值和位置,辨析其对整体格局的有益补充。台湾特殊际遇中发展出的文化特殊属性,既强调中华文化发展的共同性,也要理解台湾文化的特殊性。理解并尊重特殊性,对推进两岸文化交流与合作更为重要。先生更明确指出两岸文化的本质差异是"社会主义文化与非社会主义文化的本质差异,这是社会制度、政治制度差异导致的本质差异。"[②]

其二、深刻诠释两岸文化冲突与文化融合之间的辩证关系,关注台湾同胞的心理与情感态度

文化既具有分裂群体的力量,又是使之统一的力量。先生明确指出了两岸文化冲突的存在,并指出两岸之间文化冲突集中表现为大陆方面对"文化台独"的批判与台湾方面对"文化统战"的抵触。表现在社会制度以及价值观念、思维方式、行为规范,或是从制度文化、行为文化、观念文化等方面,"两岸文化冲突是必然的,而且已经对两岸之间造成危害"。先生指出:"应当看到文化冲突的正面效应,文化冲突是文化发展的重要动力,在文化冲突之后,就会出现文化融合,即两岸文化相互吸取、融化、调适的过程。"随着两岸人员流动的频繁,新媒体使信息传播快速化,两岸语境文化的差异造成对同一文化符码的误读现象频发,文化冲突问题凸显。但文化冲突具有包蕴性特质,文化融合发展也深蕴其

---

① 陈孔立:《台湾历史与两岸关系》,台海出版社,1999 年,第 5 页。
② 陈孔立先生指出:社会主义文化主要由三个部分组成:一是社会主义主流文化的核心;二是社会主义文化中保留的中国传统文化和革命传统文化;三是融入社会主义文化中的外来文化因素。就这三个部分来说,与当代台湾的文化都有本质的差异。

中。在尊重两岸文化差异基础上，以积极心态对待异质文化，通过文化对话、互动实现共同发展和融合，是建构两岸话语体系的重要条件和保障，再从文化融合走向文化共建，实现区域和平发展。

注重两岸民众的情感融洽是孔立先生学术研究的立基点。2000年，在《和平统一的十大好处》一文中，孔立先生列在首位的就是："两岸同胞感情融洽。用和平方式通过两岸平等协商和谈判，共同维护中国主权和领土的完整，完成祖国统一的历史使命，实行'一国两制'。这样，'不是我吃掉你，也不是你吃掉我'，不必诉诸武力，两岸不用打仗，台湾人民免除生灵涂炭之难。两岸社会经济和人民生活不受任何伤害，两岸同胞感情融洽，和睦相处。实现和平统一，两岸人民是最大的受益者。"[1] 在《台湾学导论》中，先生再次强调："我认为要研究台湾政治，不能就政治谈政治，需要关注深层的文化，需要了解台湾民众的心态，从这些方面深入地了解台湾，是研究台湾政治和两岸关系的必备条件。"[2] 在新著中，孔立先生更关注台湾同胞的内在情感和认同心理，"所谓'文化认同'有许多不同的界定，一般说来，是指个体或群体对自身所属的文化体系形成的一种内在情感，表现为一种归属感和文化情结，并以此形成'我群'与'他群'的社会区分。"

其三、正视两岸文化融合的长期性，逐步建构具有两岸特色的共同价值体系，亦即"双文化认同"

自1895年起，日本占据台湾五十年。光复初期两岸短期汇流后，因台湾"戒严"而发生隔绝，直至1987年台湾"解严"，两岸恢复交流，长期的隔绝造成两岸文化的断裂和隔膜。在台湾，"'爱台湾'已经成为最主要的价值标准。不论蓝绿都以'爱台湾''台湾优先''以台湾为主''台湾主体性'等等为标榜。从李登辉、陈水扁直到今天，台湾当局

---

① 陈孔立:《和平统一的十大好处》,《人民日报》2000年5月30日。
② 陈孔立:《前言 我与台湾研究》,《台湾学导论》,台北:博扬文化事业有限公司，2004年，第13页。

都在努力建构'台湾主体意识'，力图与中国大陆划清界限。"孔立老师提出了两岸文化认同达成的通路问题：只靠传统文化的认同或只靠现代文化的认同可以达成两岸文化认同吗？他的回答是："两岸文化认同应当是'双文化'的认同，即既需要传统文化，也需要现代文化。在现代文化认同方面，除了全人类共同价值之外，还要建构一个'中间媒介'——两岸特色的共同价值。"共同价值的提炼和凝聚需要"互相渗透、互相筛选、互相吸收、互相融合"，"把双方的优点和长处变成两岸的共同价值，这是走向两岸文化认同、实现两岸同胞'心灵的契合'的必经途径。"两岸文化融合是一个长期的过程，必然经历差异—冲突—交流—融合—建构共同价值—走向文化认同。"文化认同的产生及发展路径一定的共同体成员生活在一定的区域，具有自己人群的特有的生活方式，因为共同的生活方式和相同的生活经历，他们有着几近相同的文化信仰，具有相同的文化认同。文化认同的产生与发展的路径在于人群范围的不断扩大，由最初的某人对某种事物、现象的认同，逐渐扩展到小范围的人群生活体，在获得一定范围的共识之后再逐渐扩展到大范围的人群生活体，即由个体的文化认同、群体的文化认同、民族的文化认同、国家的文化认同，到人类的文化认同的演变历程。"① 从两岸各自的主流文化来看，也都体现了"双文化"。大陆的"中国特色的社会主义文化"，一方面要"弘扬社会主义核心价值观"，另一方面要"继承和发扬中华民族优秀传统文化"，这就是双文化。台湾的"台湾特色的中华文化"，一方面强调"保留了完整而丰富的中华文化传统"，另一方面强调"吸收了西方当代文明的精华"，这也是双文化。

其四、聚焦两岸青年交流，重视流行文化交流

孔立先生特别关注两岸年轻人的交流。一直对青年人才的交流有着很多的期许。在《和平统一的十大好处》一文中，孔立先生曾指出："文

---

① 周德刚、周晓舟、李一凡著：《文化软实力的哲学分析》，2016年，第77页。

教交流提高素质。在 21 世纪，智力和人才是最大的资源，是国家发展的关键因素。两岸在文化教育上互相合作，对于开发智力和人才资源、提高全民族的文化素质和振兴中华文化具有决定性的意义。两岸在文化教育上各有长处，近年来的相互交流已经富有成效，将来清除了各种障碍，合作前景更为美好。青年学生可以通过考试到自己喜爱的大学就学，双方的学历得到认证。两岸在培养和引进专门人才方面，互相合作，优势互补，将使两岸都得到好处。"[①] 然而，两岸青年交流并非一帆风顺，2015 年，在第二届两岸学子论坛的"夫子开讲"环节，先生生动地分析了两岸青年交流中的文化休克现象。他指出："对于大陆青年来说，文化休克表现在台湾很多人不承认自己是中国人。因为对大陆人来说，台湾的事就是中国的事，但对大部分台湾人来说，中国大陆的事绝对是外国的事，把中国大陆看成外国，甚至'敌国'。文化休克的另一个表现是台湾媒体对大陆的敌视。台湾媒体上有很多大陆的负面新闻、不客观的报道和评论，比如很多报刊评论认为陆生和陆资来台湾是抢资源、抢饭碗，服贸会冲击百万台湾劳工，认为'中国'用金钱收买台湾、'中国崛起直接冲击台湾'。文化休克的第三个表现是大陆人认为台湾亲美亲日反中。因为台湾只关注美国和日本，把美国看成主子，与日本关系亲厚，但不少人'逢中必反'。"

当前，台当局推行"软性急独"，在节日庆典、饮食文化、流行歌曲、电影纪录片、漫画网游、舞蹈戏剧、通俗曲艺等流行文化中，反复灌输"台湾是主权独立国家""台湾优先""台湾是南岛语族的发源地""中国崛起之威胁"和"台湾是海洋文化，大陆是内陆文化"等论调，突出台湾特质，宣扬大陆在多领域打压台湾，使台湾年轻一代对大陆充满敌意，在大多数台湾民众选择留在台湾发展，或者至今都没有来过大陆的情况下，孔立先生强调应高度重视两岸流行文化的交流与合作，打

---

① 陈孔立：《和平统一的十大好处》，《人民日报》2000 年 5 月 30 日。

造沟通两岸年轻人的心灵桥梁，让更多台湾年轻人改变对大陆的刻板印象，建构共同记忆，拉近情感距离。在台湾，流行文化虽常被灌注进入意识形态，但不可否认，"流行文化含有'全人类共同价值'的元素，流行音乐在两岸间架起了音乐的桥梁、情感的桥梁、心灵的桥梁。尽管在交流与碰撞过程中，存在某些差异，但由于有了共同语言、共同价值观，就能够做到互相尊重、互相包容，在增进感情的基础上，发挥文化交流促进双方了解、理解和融合的作用。"孔立先生指出两岸流行文化的差异表现在：台湾的流行文化体现出多元、包容、在地化、"特色走向"、个性化、"活出自己"以及"小清新""小确幸"等等特色。而大陆的流行文化起步较晚，因而存在大量引进、模仿外来流行文化（包括港台流行文化）的特点，但是在引进的基础上，也有所创新，根据大众的需要制造出自己的流行文化，特别重视流行文化与主流文化、核心价值观的衔接，强调"励志效应""弘扬主旋律"和"正能量"。当前，探索将中华优秀传统文化与大众文化融合、传统元素与流行元素结合，巧妙连接起中华优秀传统文化与人们对美好生活需要的契合点，以达到满足民众心理需要、文化体验、情感认知、审美需求等诉求，实现中华优秀传统文化当代"流行化"。

孔立先生治学特别"喜好不同"，他曾经说过："我在学术研究上'喜好不同'，对于不同的意见十分重视，如果我能够证实这些意见是正确的，我就必须改变自己的看法；如果我能证明这些意见是错误的，我的研究就会有独到的见解。"章念驰先生曾这样形容他："求真务实，超前研究，不但会有风浪而且会有孤独。随大流虽安全，日子可以过得蛮好，但这是真正知识分子不齿的。"① 先生治学也强调对话，特别是与台湾学者对话，"我总觉得我们从事台湾研究、写有关台湾的学术论文，一定要设法和台湾学者对话。如果论文只是'各说各话'，互相没有交锋，交流的

---

① 章念驰：《两岸关系与中国前途》，中国评论文化公司，2002 年，序。

作用和意义就要大打折扣。"①

　　2004 年，厦门大学台湾研究院建院之时，老所长孔立先生说道："厦门大学台湾研究所成立至今已经 24 年了，现在改称为台湾研究院。我们走过了将近四分之一世纪，这是一个不短的时间，应当有一些经验教训值得总结，让后人可以吸取这些经验教训，少走一些弯路，也可以踩在前人的肩膀上继续攀登。这项任务应当通过建立'台湾学'来实现。"② 我幸运地受到很多前辈学者的提携和帮助，也躬逢着厦门大学台湾研究蓬勃发展的时期。我曾在学院书库里找到一些 20 世纪 70 年代末台湾文史资料，是合作刻字的油印资料。这些资料是有温度的，它一方面代表了前辈学者曾经面对的研究资料匮乏的状况；另一方面也让我们看到前辈学者的学术执着。如今，经过前辈学者几代人的努力与深耕，文献资料建设、学科建设、科研合作和学术平台等方面都已卓有成效。特别是学院文献信息资料中心是大陆收藏台版图书资料与数据库最为丰富的资料库，为台湾研究提供了非常重要的学术支撑。感谢前辈学者的拓荒，一棒又一棒，一程又一程。

　　"九秩巍巍享寿厄"，恭祝孔立先生九秩生日快乐！！！

2019 年 3 月 26 日
于厦大海滨

---

① 陈孔立：《前言 我与台湾研究》，《台湾学导论》，台北：博扬文化事业有限公司，2004 年，第 9 页。
② 陈孔立：《前言 我与台湾研究》，《台湾学导论》，台北：博扬文化事业有限公司，2004 年，第 13 页。

两岸文化研究的十个争议问题

习总书记提出深化两岸经济文化交流合作的重要思想，落实这一指示是当前对台工作的一项重要工作，为此有必要对两岸文化的现状有一个正确的认识和判断，纠正一些误解和误判，本书前言一方面比较系统地提出个人对两岸文化的认识和理解，另一方面针对学术界某些看法提出商榷。

两岸文化的研究开始引起两岸学界的重视，已经出现了一些不同的看法，对不同的看法展开讨论和争议，才有助于问题的解决。

本书针对两岸学界的不同看法，选择十个问题，发表自己的见解，并与有关学者商榷。

第一　两岸文化是否存在本质差异？

大家都承认两岸文化同中有异，但对两岸文化的差异性有不同的看法：（1）强调台湾文化具有多元性，认为这是与大陆文化最主要的差异。（2）强调主要是政治文化上的差异。（3）强调两岸传统文化的差异。（4）认为只有一些表面上的、地域上的差异。（5）强调两岸文化的共同性，基本上不谈差异性。没有人认为两岸文化存在本质差异。

个人认为两岸文化存在本质差异，是社会主义文化与非社会主义文化的本质差异，这是社会制度、政治制度差异导致的本质差异。说没有本质差异首先是不认识当今大陆主流文化——中国特色社会主义文化的本质特性。

第二　两岸文化的研究要关注"同"，还是关注"异"？

两岸主流文化存在本质差异，只有开展两岸主流文化之间的交流才是把握了文化交流的主体，才能认识双方在观念、价值方面的差异，才可能真正了解对方的文化。

在现有的交流中，"同"的交流占主导地位，即多是两岸文化中相同、相似一面的交流。这当然有利于增进两岸文化共同性的认知，有利于共同弘扬中华传统文化。但是，如果只讲"同"，不讲"异"，无视或回避两岸文化的差异，那就是无视或有意回避两岸文化的真实，这对于解决问题是没有好处的。

既要开展"同"的文化交流，又要开展"异"的文化交流，而且应当特别重视"异"的文化交流；既要开展文化领域各个项目的交流，又要开展两岸主流文化的交流，而且应当特别重视两岸主流文化的交流。这是两岸文化交流深化的两个要点，也就是两岸文化交流深化的正确取向。

第三 两岸之间是否存在文化冲突？

有人认为当今两岸只有文化差异，而没有文化冲突。个人列举了许多事实，说明两岸文化冲突的存在，并且认为从社会制度以及价值观念、思维方式、行为规范，或是从制度文化、行为文化、观念文化等方面来考察，两岸文化冲突是必然的，而且已经对两岸之间造成危害。首先必须承认而不是有意掩盖，然后才能正确面对。

第四 两岸文化能否"求同去异"？

两岸文化存在差异，有人主张对于"台湾主体意识"之类，应当坚决给予批判，有人提出要"求同去异"。实际上所谓"求同去异"的主张，就是要把对方与我方差异的地方"去"掉，而"合并"到我方的文化中来实现"求同"，大概没有人会打算把我方与对方的"异"，合并到对方的文化中去"求同"。这种主张就是要"消灭差异"，在文化上要"一方消灭另一方"。实际上差异是消灭不了的、"去"不掉的。正确的态度应当是承认差异、尊重差异、包容差异，中央一再表示"尊重台湾的社会制度、价值理念与生活方式"，这才是对待差异的正确态度。

第五 两岸文化认同指的是什么？只靠传统文化的认同或只靠现代文化的认同可以达成两岸文化认同吗？

有人认为两岸都认同中华民族、认同中华文化，认同中国传统文化就是文化认同。有人认为文化认同的核心是价值认同，制度认同，"公民意识认同"。个人认为这两个方面应当兼顾，既要重视历史的、传统的、原生的文化认同，也要重视当代建构出来的文化，即当前主流文化与核心价值的认同。

有人认为只靠中华传统文化的认同，就可以达到两岸的民族认同与国家认同。实际上在传统文化方面，两岸在认知上还有不少差异，台湾甚至不承认大陆拥有中国传统文化，台湾现在认同的是"台湾特色的中华文化"或"台湾文化"，不可能认同大陆现有的中华传统文化。因此要只靠传统文化的认同，实现两岸文化认同是有困难的。

有人认为只靠现代文化的认同，达成文化认同，特别强调价值观的认同。个人认为两岸的价值观差异很大，要实现认同也是很困难的。

因此，两岸文化认同应当是"双文化"的认同，既需要传统文化，也需要现代文化。在现代文化认同方面，除了全人类共同价值之外，还要建构一个"中间媒介"——两岸特色的共同价值。

第六　文化认同是不是政治认同的前提和基础？文化认同是不是比较容易？

有人认为文化认同是政治认同的前提和基础，当前两岸之间的政治认同存在明显的差异，应当从文化认同入手，才能形成两岸的政治认同。个人列举美国、欧洲、澳大利亚、新加坡等地的情况，说明这个所谓"前提和基础"并非普遍真理。

有人认为两岸文化认同比较容易的。个人从两岸文化的差异，说明中国特色社会主义文化与台湾现存的"台湾特色的中华文化""台湾文化民族主义"以及"文化台独论"之间，无论从中国传统文化、现代文化、价值观等来看，存在巨大的差异，很难实现文化认同。此外，从两岸各自的文化断裂，和现在的两岸文化断裂来看，也说明了文化认同的艰难性。因此，认为文化认同比较容易的看法是不切实际的。

第七，什么是两岸共同价值的基本要素？

有人把社会主义核心价值观、全人类的文明与价值观、中华文化的价值观和各种传统美德都列为两岸共同价值的要素。个人认为这样的要求是太高了，两岸很难达成共识。提出初步设想，作为进一步讨论的参考。即"三个部分，五个方面，二十个要素"。三个部分："全人类共同价值"，中国传统文化、当代大陆文化、台湾文化中两岸可以共同接受的要素，当前两岸必须共同建构的要素。五个方面：世界，国家，社会，个人，两岸。二十个要素：和平发展，公平正义，民主文明，法治富民，自由平等，和谐友善，诚信爱敬，自强进取，尊重包容，互动共建。

第八，两岸文化是否存在"文化断裂"？

有人认为中国不存在文化断裂问题。个人认为，所谓"文化断裂"不是指传统文化、旧有文化的消失，而是指一个社会中文化的核心即价值观不能连续下去，发生中断。文化断裂有两种类型，一种是自身文化发展过程中在继承方面受到破坏和中断，文化发生质的变化，即历时性的、纵向的断裂；另一种是文化内部不同层次之间的差异、失配和失衡，这是共时性的、横向的断裂。

个人以历史与现实的资料说明，两岸各自存在历时性的、纵向的文化断裂，两岸之间也存在历时性的、纵向的文化断裂。

第九　台湾方面建构"台湾特色的中华文化"目的是什么？

有人认为台湾方面建构"台湾特色的中华文化"，是批判"文化台独"，强调"中华文化"，是与大陆靠近的表现，应当给予肯定和支持。

个人不同意这种看法，认为马英九当权的台湾当局建构"台湾特色的中华文化"，固然有与"去中国化"区隔的一面，但主要目的是要台湾民众树立对"台湾特色的中华文化"的认同，以此为"我者"，以大陆为"他者"，不认同大陆的中华文化，不认同一切没有"台湾特色"的中华文化。同时强调"台湾特色的中华文化优于大陆、超越大陆"，只能由他来"领航"。这意味着在两岸文化交流方面，只能由台湾来主导。总之，建构"台湾特色的中华文化"是马英九当权下继续建构"台湾主体意识"的一种表现，目的是与大陆的文化区隔开来。

第十，台湾生活方式是否值得引以为傲？

台湾官方和民间都一再强调自己生活方式的优越，台湾的民主自由、文明礼貌、有人情味等，也受到不少来访者的认可与赞赏，因此大家引以为傲。

个人认为这种看法是片面的，只看到表面的，未看到深层的。实际上台湾生活方式也有其不足的一面，例如，民粹也是台湾生活方式的一部分。社会关系文化也是生活方式的更深层次，台湾社会关系文化存在不少负面的东西，诸如关说文化、密室文化、帮派文化、民粹文化等等。

应当指出，他们强调"台湾生活方式"的目的是突显台湾的生活方式比中国大陆优秀，台湾人不认同中国的生活方式。建构"台湾生活方式"是建构"台湾特色的中华文化"的一个组成部分，也是建构文化认同与政治认同的一个组成部分。

台湾既保存了中华文化的精华，也就不可避免地保存了中华文化的糟粕，台湾所吸收的西方文化并非都是"正能量"，这就是台湾生活方式必然存在不足一面的原因。世界上没有十全十美的生活方式，而且也不能只有一种生活方式，应当互相尊重，互相包容，都应当进一步提高和改善。

在回答这十个基本问题后，本书还提出了以下主要观点：

第一，研究两岸文化，必须深入、准确地了解两岸文化的现状，才能有的放矢收到实效，而目前大陆方面谈论两岸文化的共同性较多，谈论差异性较少。本书从两岸社会性质、社会制度的差异出发，运用文化社会学的"文化突变"概念，论证两岸文化存在本质差异，并且从两岸文化各自经历过不同的文化断裂，说明两岸文化发展出不同的道路。

第二，两岸文化差异必然导致文化冲突。两岸文化冲突，不仅发生在一些重大冲突事件中，而且在日常交流交往中也经常出现。必须重视两岸文化冲突的负面影响及其对两岸关系造成的损失。同时，也应当看到文化冲突的正面效应，文化冲突是文化发展的重要动力，在文化冲突之后，就会出现文化融合，即两岸文化相互吸取、融化、调适的过程。

第三，两岸文化相融合需要通过较长时间的交流，既要开展文化领域各个项目的交流，又要开展两岸主流文化的交流，而且应当特别重视两岸主流文化的交流；既要开展"同"的文化交流，又要开展"异"的文化交流，而且应当特别重视"异"的文化交流。对于两岸的差异，应当互相尊重、互相包容、互相体谅。两岸文化通过交流，互相渗透、互相筛选、互相吸收、互相融合，把双方的优点和长处变成两岸的共同价值，这是走向两岸文化认同、实现两岸同胞"心灵的契合"的必经途径。

第四，两岸文化认同既要有中华传统文化的认同，又要有现代文化的认同，特别是价值观的认同，那是一项艰巨的任务。两岸文化认同不是谁吃掉谁的问题，不是要大陆认同台湾的文化，也不是要台湾认同大陆的文化，而是要走互相融合的道路。总之，两岸文化认同需要经历差异—冲突—交流—融合构建共同价值走向文化认同、实现"心灵契合"的过程。

我曾经说过："我在学术研究上'喜好不同'，对于不同的意见十分重视，如果我能够证实这些意见是正确的，我就必须改变自己的看法；如果我能证明这些意见是错误的，我的研究就会有独到的见解"。两岸问题的研究，比起从政治、经济、社会、法律等等领域，文化研究起步较晚，可喜的是已经出现不少不同的看法。从"喜好不同"的观点看来，这是宝贵的财富，通过不同意见的讨论和争议，会有许多创见提出。本书不揣谫陋，抱着抛砖引玉的态度，提出自己的看法，希望有助于研究的深入。

应当指出，本书是张羽教授主持的教育部哲学社会科学重大课题攻关项目"海峡两岸历史文化教育中相互认知、表达、态度及影响研究"的阶段性成果之一，承蒙张教授的好意给予推荐出版，并为本书赐序，谨此致谢。还要感谢本书责任编辑高健主任认真编审，为本书的出版给予精心帮助。

第一篇
两岸文化研究

第一节　台湾生活方式 *201*

第二节　"台湾主体意识"与两岸关系　*213*

第一篇

两岸文化研究

第一章
两岸文化的差异

第
一
节

两岸文化的本质差异

开展两岸文化交流，首先要弄清两岸文化的现状，了解其共同性与差异性，如果在这个问题上的认知出现偏差，在交流上就可能出现问题，导致事倍功半，甚至事与愿违。可是，目前大陆方面的论说多是强调两岸文化的共同性，而忽视其差异性，或是对两岸文化的差异性只是轻描淡写，甚至认为微不足道，这样的认知与现实相距甚远，有必要加以澄清。

一、对两岸文化差异的不同说法

两岸同属中华文化，当然有其共同性，从语言、文字到传统文化、道德、风俗习惯乃至价值观上都有很多共同性，本书不讨论这一问题，只是明确肯定两岸文化有共同性的一面。同时，大家都承认两岸文化同中有异，但是什么是"异"，回答却不一致。

目前对于两岸文化的差异性，大体上有如下几种表述：

1. 强调台湾文化具有多元性，认为这是与大陆文化最主要的差异。

有的大陆学者认为，台湾文化具有浓厚的闽南文化、客家文化和台湾少数民族文化特色，同时还受到西方文化、日本文化的影响，使得台湾文化十分丰富多元。因此，台湾文化既有中华文化主体性的一面，又有其多元化的一面。有的指出：台湾文化当然也具有鲜明的特色，本身也具有多元性。因此，尽管同属中华文化，多元性造成了差异性，差异性既带来互补的可能，也具有摩擦的可能。

台湾方面也有学者指出，两岸文化虽来自共同泉源，但台湾吸收了葡萄牙、西班牙、荷兰、日本、美国等文化的影响，尤其是在1949年后与"迁徙到台湾的大陆各省文化融合"，让台湾发展出"独特具有台湾特色的中华文化"。

2. 强调主要是政治文化上的差异。

有人认为台湾的现代化的进程比大陆早，台湾文化具有现代化的成果。两岸基本上具有相同的文化价值观，只是在政治文化方面存在着差异。有人指出：两岸的政治文化差异是影响两岸关系发展的根本症结。另一种说法是"两岸在制度文化和观念文化上存在着很大的差距"。台湾有人则指出，台湾的政治文化是公民文化，而大陆则是臣民文化，这是两岸文化的重大差异。

3. 强调两岸传统文化的差异。

大陆方面对传统文化有不同的看法，有人认为儒家文化是中国传统文化，有人则不以为然，认为传统文化总体上是封建文化，有精华也有糟粕，应当把传统文化的精华融入现代的中国文化之中。台湾方面强调台湾有比较浓厚的中华文化底蕴，所以"台湾特色的中华文化要优于大陆本土的中华文化"。有人主张："我们还应该与中国争文化的主权，应该理直气壮地对中国、对全世界说，真正的中国文化在台湾；中国传统文化再造的唯一可能，在台湾；汉语文化的现代'文艺复兴'最有潜力发生的地方，在台湾。"还有人指出：台湾人认为他们是生活在现代中华文化下的人，他们喜欢中华文化，也认同中华文化。但我们要分清楚的是，台湾人认同的中华文化并不等于现在"在中国的中国文化"。

4. 认为只有一些表面上的、地域上的差异。

有人说由于受到历史、现实等一系列因素的影响，两岸同胞在风俗习惯、生活方式等方面存在着一定差异。饮食文化、宗教文化以及两岸书面语乃至口语，都有一些微妙的差异等。有的认为台湾具有地域性文化的某些特点，例如移民文化、海岛文化、吸收西方文化、台湾少数民族文化等。

5. 强调两岸文化的共同性，基本上不谈差异性。

有人强调两岸人民尽管所处的社会制度不同，社会认同有差异，但都生活在一个民族文化当中，有着共同的文化传统、风俗习惯和生活方式，有着共同的文化价值观念和思维方式。共同的文化常常是社会认同的基础。有人则强调炎黄文化、孔子文化、佛教文化、道教文化、妈祖文化等，在两岸民间交流交往中，都成为两岸民众交流交往的桥梁和纽带。此类看法极力回避或不愿意正视两岸文化存在的差异。

总之，多数人认为两岸文化存在差异，但究竟主要的差异何在，则没有一致的看法。不过，上述看法或是认为有局部的差异，或是认为有重大的明显的差异，但却都认为两岸文化不存在本质的差异。两岸都有人强调："两岸文化的不同点并非两岸文化的本质区别"，虽然由于地理因素及长期的隔绝，两岸文化呈现出若干的差异，"但它们的本质却是一样的"。

二、两岸文化存在本质差异及其原因

两岸同属于中华文化，可以说两岸文化是"同根"的。至今中华文化仍然是台湾的主体文化，当然也是中国大陆的主体文化。两岸同属中华文化，"同"指的是相同相似，既可以是现象的"同"，也可以是本质的"同"。两岸文化表象乃至深层的相同相似是很多的，可以说两岸文化有很多的共同性。但"同"不一定是指本质的相同，"同根"不等于"同质"。台湾学者沈清松指出："文化的'同根'与文化的'同质'不能相互混淆。虽然两岸文化属于同根，但是基于地区性、时间性、制度性的差异，已然造成不同质的状况。"他强调政治与经济制度的差异，对两岸文化"不同质"的发展造成了重要的影响。①

在大陆，如果有人提出"当代两岸文化存在本质的差异"的观点，可能会遭到反对和批判，但它却是事实。关键在于许多人忽视了由于两岸在社会性质、社会制度上存在的本质差异，从而导致的文化上的本质差异。换句话说，就是对当前中国大陆文化的社会主义性质缺乏应有的认识。

《中华人民共和国宪法》规定："中华人民共和国是工人阶级领导的、以工农联盟为基础的人民民主专政的社会主义国家。社会主义制度是中华人民共和国的根本制度。中国共产党领导是中国特色社会主义最本质的特征。禁止任何组织或者个人破坏社会主义制度。"这表明当代中国社会的性质是具有中国特色的社会主义初级阶段，是处在

---

① 沈清松:《台湾精神与文化发展》，台湾商务印书馆 2001 年版，第 325—326 页。

发展阶段的社会主义社会，当代中国的社会制度是社会主义制度。这种社会性质和社会制度直接决定了文化的性质，所以当代中国的文化是具有中国特色的社会主义文化。

大陆学者黄楠森指出："文化的类型应该是同社会的类型一致的，即应该按照社会的类型来划分。""中国现代文化十分复杂，各种文化因素均处于变化发展之中，但就其最后形成的相对稳定的文化类型而言，它应是社会主义文化。""现代的中国文化就是中国特色社会主义文化。"他还指出，现代的中国文化包含着主流文化和非主流文化，"主流文化核心或指导思想无疑是马克思列宁主义、毛泽东思想、邓小平理论、'三个代表'重要思想和科学发展观，这是社会主义经济政治制度及其发展要求的反映，又是为这个制度服务的"。[①]

由此可见，当代中国大陆的文化是社会主义文化，而当代台湾的文化则基本上保留了中华传统文化并且受到西方文化的较大影响，而不可能含有任何社会主义文化的性质，这就是二者的本质差异。

为什么会出现这种本质差异呢？我们不从两岸不同的历史发展进程进行仔细的探讨，而主要依据文化社会学的理论，运用"文化突变"的概念加以解释。

所谓"文化突变"，"是文化的一种结构性变化，即由旧的文化结构变为新的文化结构，因此，它是全局性的变化。在这种全局性的变化下，不论是文化特质还是文化风格、文化模式，都必然在结构上发生新的分化、新的组合。特别是一个文化体系的突变，必然意味着深层结构的变化，不仅牵涉到物质文化变化，也牵涉到风俗、习惯、伦

---

① 黄楠森:《马克思主义文化理论与中国社会主义文化建设》，http://old.pep.com.cn/peixun/xkpx/sxzz/1x_1/jcjs_1/201009/t20100929_921426.htm，访问日期：2017 年10 月 15 日。

理、道德、宗教、哲学以及文学、艺术等人们精神世界的变化。"①

中国大陆从 1949 年以后就经历了长达 20 多年的"文化突变"的过程。随着社会制度的改变和新政治制度的建立，要求要有与之相适应的文化，而旧中国的文化阻碍了新文化的建立。党中央强调，"确立马克思列宁主义的指导地位，要同各种错误思想进行斗争"。于是，"清除和批判形形色色的非无产阶级思想"，"肃清一切帝国主义、封建主义的思想影响"的任务便提上了日程。从 1951 年批判电影《武训传》开始，紧接着开展知识分子思想改造运动，其结果"清除思想上残存的帝国主义、封建买办阶级的影响，在政治上划清革命与反革命的界限，并在清理资产阶级思想和唯心主义观念方面取得初步成绩"。② 后来又开展对胡适思想的批判，对资产阶级唯心主义思想的批判和清理。到了"文化大革命"更是达到登峰造极的地步。开展"破四旧"的斗争，破除旧思想、旧文化、旧风俗、旧习惯，强调"与传统观念彻底决裂"，就是对此前已经存在的文化，即"民国时代文化"一次翻天覆地的大变革，由旧的文化结构变成为新的文化结构，不论是风俗习惯、伦理道德、宗教哲学、文学艺术等等都要进行一场全局性的、深层结构的、制度文化和观念文化的大变化。大陆经历过这场"文化突变"，而台湾则没有经历过，这就是两岸文化本质差异的根本原因与理论依据。

---

① 司马云杰:《文化社会学》，山西教育出版社 2007 年版，第 248 页。
② 中共中央党史研究室:《中国共产党历史》第 2 卷（1949—1978）上册，中共党史出版社 2011 年版，第 147、158 页。

三、两岸文化本质差异的具体表现

要说明两岸文化的本质差异，需要拿出事实依据。当代中国的文化，其主流文化的性质是社会主义的，而非主流文化的性质则是非社会主义的。以主流文化来说，主要由三个部分组成：一是社会主义主流文化的核心；二是社会主义文化中保留的中国传统文化和革命传统文化；三是融入社会主义文化中的外来文化因素。就这三个部分来说，与当代台湾的文化都有本质的差异。

首先，社会主义主流文化的核心是马克思列宁主义、毛泽东思想、邓小平理论、"三个代表"重要思想、科学发展观、习近平新时代中国特色社会主义思想，"这是社会主义经济政治制度及其发展要求的反映，又是为这个制度服务的"。① 这一部分显然与台湾文化存在本质差异。以政治文化为例，尽管中国当前的政治文化不完全是社会主义的政治文化，传统的政治文化和资本主义政治文化也有一定的影响，但社会主义政治文化占主要地位。社会主义政治文化的特点是具有共同的政治理想和政治信仰，共同的政治规范和政治评价标准，并以建设中国特色的社会主义为共同的政治目标，对于现行的政治制度及党和政府的政策法令具有政治认同感、信任感和支持感，民主意识、参与意识、权利意识、法治意识以及民族意识、国家意识有所提高，并表现出强烈的爱国主义精神等等。台湾的政治文化是在西方政党政治制度的基础上形成的，并且出现多元的取向，总体来说，在政治认知、政治情感、政治评价、政治信仰等方面都与中国大陆的社会

---

① 中共中央党史研究室：《中国共产党历史》第2卷（1949—1978）上册，中共党史出版社 2011 年版，第 147、158 页。

主义政治文化存在本质的差异。

其次，社会主义文化中保留的中国传统文化和革命传统文化，这是中华民族智慧的结晶，但它既有精华也有糟粕，而对于什么是精华、什么是糟粕，不仅大陆内部有不同看法，两岸在认知上更存在巨大差异。以中小学有关中华文化的教材为例，大陆几十年来，除了一些古诗词和名篇之外，几乎没有进行中国传统文化的教育，更没有这方面的教材。有关方面表示：由于缺乏传统文化的教育，"仁义礼智信""忠孝勤恭俭"这些传统美德都被忽视了。"2006 年我们做了一个全国调查，结果是当时中小学国学教育没有任何基础：没有教育目标、没有课程规划、没有师资、没有教材，基本上处于零的状态。"[①]直至 2012 年才由人民教育出版社发行《中国传统文化教育全国中小学实验教材》，进行传统文化教育，试图达到"良好的行为规范、深邃的哲学思想、质朴的道德操守、高雅的审美情趣"的目标。反观台湾，几十年来坚持开展中国传统文化的教育，编写《中国文化基本教材》，作为中学的必修课。有人指出，进行这方面的教育是要"教给一个人基本的道德规范，简言之是'四维八德'（四维：礼义廉耻；八德：忠孝仁爱信义和平），教人立身处世。"与此成为强烈对比的是，大多数大陆民众至今还不知道"四维八德"为何物，而"不能那样温良恭俭让"的语录却广为流传。所以，台湾有人指出，台湾是全球实践儒家思想最普遍、最彻底的华人社会。仁义、孝亲、尊师、勤奋、善良、纯朴等儒家倡导的美德，早已成为民众生活的一部分。台湾一些政治人物也公然指出："台湾完整保留了中华文化，而大陆断绝了"，"大陆根本没有什么中华文化"，"只有在台湾才能学到最正统的中华文化"。显然，两岸在继承传统文化方面也存在本质的差异。

---

① 孟庆利：《人教版国学教材正式发行　文化课堂只学不考试》，http://news.ycwb.com/2012-11/04/content_4097991.htm，访问日期：2017 年 10 月 15 日。

再次，融入社会主义文化的外来因素，主要是指通过苏联等国传入的马克思主义，通常称之为"苏联模式的马克思主义"，在哲学上则称之为"辩证唯物主义和历史唯物主义"，它曾经在中国社会主义文化中居于支配地位，至今仍然有巨大的影响。台湾也吸收外来文化，但主要是日本文化与西方文化，特别是由于台湾推行西方的政治制度，在文化上受到西方价值观的影响更大。他们强调台湾"早已吸收西方当代文明的精华"，"形成具有台湾特色的中华文化"。台湾文化受到日本文化、西方文化的影响，已经"脱离中国文化的控制"。正因为这样，在台湾"朝野"出现"亲美、友日、和中"的说法，便不足为奇了。所以，在文化中外来因素方面，两岸也有本质的差异。

总之，两岸文化的差异是社会主义文化与非社会主义文化的本质差异，这是社会制度、政治制度差异导致的本质差异，也是大陆经历过"文化突变"所形成的差异。当然，一个社会的文化是十分复杂的多元的，除了主流文化以外，还有非主流文化。近年来一些西方的非马克思主义思潮，例如新自由主义、宪政主义、民主社会主义、文化保守主义等等也在中国大陆传播，产生一定的影响。在台湾，类似的情况同样存在。随着时代的发展，文化也在发展之中，随着全球化的进程和两岸文化交流的开展，两岸文化都有可能发生新的变化。

四、对两岸文化交流的启示

我们目的不仅是要说明两岸文化存在本质差异，更重要的是要探讨在两岸文化交流中如何面对这一差异。现在由于对两岸文化的本质差异认识不足，在两岸文化交流中存在一些似是而非的观点，例如，以为"两岸同属中华文化差异不大""文化交流的目的是消除台湾民众对大陆的误解""通过文化交流转变台湾民众的错误认识，聚同化异"等等，有必要给予澄清。现在归纳为以下三个问题与相关学者进行商榷。

第一，对两岸文化的异同需要做出正确的评估：两岸文化交流，首先要做到知己知彼。一般认为"知己"容易"知彼"难，其实不然。如果我们对大陆自身文化的性质、特点认识不足，就无法深刻了解两岸文化的共同性和差异性。现在研究两岸文化交流时，很少人愿意对当代中国大陆的文化做应有的了解，只是笼统地认为大陆是中华文化，台湾也是中华文化，而不愿意探讨两岸文化的差异，似乎多讲差异，就会使两岸走得更远。但是你不讲，不等于不存在，有意回避是不能解决问题的。

有人认为两岸同属中华文化，双方差异不大，而把两岸文化的共同性估计过高，以为两岸文化很容易"对接"，交流没有什么困难。可是，台湾方面接触到大陆文化时，普遍感到与台湾差异很大，"同根不同质"。这样，在交流时，双方就缺乏起码的共识，对两岸文化交流的难度也就估计不足。有意回避差异，过分强调共同，只讲符合自己的观点，还会引起对方的反感，也会误导广大受众。实际上，体现社会主义主流文化和"主旋律"的作品，很难为台湾民众所接受。台湾学者江素惠指出："两岸最大的合作基础在于文化，但两岸交流最艰难的障碍也在于文化"，"若要合作双赢，前提是对彼此差异有认知。"[①] 不知大家是否认同这一看法。但无论如何，在开展两岸文化交流时，有必要进行两岸文化差异的研究，取得比较一致、比较深刻的认识。

有人认为两岸文化交流的主要障碍在于"台独"，而一般台湾民

---

① 江素惠：《两岸中华文化的差异》，《凤凰博报》2010 年 9 月 13 日。

众都认同中华文化。实际上，"台独"出自分裂主义的目的，有意切割台湾文化与中国文化的关系，而一般台湾民众对中国传统文化的认知与大陆也有很大差异，同时，由于社会制度的不同，对于当代中国大陆的文化很难接受，这是他们真实的感受，并非不了解真相而产生的"误解"。

这说明对两岸文化的异同有必要做出正确的估计，如果对两岸文化的差异估计不足，就可能忽视文化交流的难度，以为可以轻易地达到交流的成效，势必产生急躁冒进的情绪，急于开展广泛多样的文化交流，举办规模盛大的交流活动，追求热热闹闹的场面，而无法针对实际情况开展耐心、细致、艰苦的工作，以致造成对两岸交流的伤害，这是我们所不愿意看到的。

第二，需要明确两岸文化交流的目的：第一步的目标应当是增进相互了解，让对方更加了解自己，让自己更加了解对方，消除误会，增进共识，推动两岸关系的和平发展。可是，大陆有人认为文化交流的目的只是单方面地要让台湾同胞了解大陆，消除对大陆的"误解"。有人指出："不仅应当让台湾民众了解大陆同胞在经济、文化、体育等方面建设所取得的伟大成就，而且应当让他们了解大陆民众价值观的最新变化，使两岸民众互相认可与接受，为两岸最终的统一奠定心理基础"。这种"单边主义"的看法，不是强调互相了解，而只是为了"说服对方"显然是错误的。大陆学者乐黛云在讨论世界不同文化之间的对话时写道："'对话'的目的主要不是'说服'对方，同化别人，'统一思想'，而是要在不同思想的碰撞中产生出新的思想，这就是'生成性对话'。这样的'对话'需要对自己的文化有充分自觉，对别人的文化也要有同情的了解并做出自己独特的、有益的解释，不能仅仅按照一方的片面理解和利益去覆盖另一方，希冀另一方接受。"

我认为这个观点也适用于两岸文化交流。[①]

大陆也有人认为交流的目的是要弘扬中国传统文化，"增强台湾民众文化认同、民族认同和国家认同"，"由文化认同入手，强化民族认同"。可是在两岸文化包括对传统文化的诠释存在差异的情况下，如何共同弘扬中国传统文化，两岸是否可能对此获得共识，传统文化对于两岸认同有多大的支撑作用，它是否应当成为当前两岸文化交流的主要目标，这些问题都还没有明确的答案，都是值得探讨的问题，不能轻易做出结论。

第三，需要明确对待两岸文化差异的态度：一般认为两岸文化应当求同存异，这个原则是大家认同的。这个原则一方面强调寻求双方相同相似之处，达成一定的共识。当然，这显然是不够的。关键是如何对待"异"？是把它"存"起来，不去触动它，还是要急于改变它？对这个问题存在两种态度。

第一种是大陆有些学者所强调的"求同去异"，即要消除两岸文化的差异，要对台湾民众的"错误认识"加以引导，"转变其思维"，达到两岸文化认同的目的。显然，这里所说的"求同去异"，就是要把对方与我方的"异"去掉而合并到我方的文化中来"求同"，不可能是把我方的"异"去掉而合并到对方的文化中去"求同"。按照这样的思想开展两岸交流，就是把对方置于己方的利益和意愿之中，对方与我方的"异"就要被同化、被剥夺，这就会违背求同存异的原则，势必导致双方对立的情绪，伤害两岸关系的和平发展。

第二种态度是采用"和而不同"的原则。"和而不同"追求内在的和谐统一，而不是表象上的相同和一致，是不强求一致，不重复别人，不要求二者完全相同。"和而不同"是中国传统文化的精华之一，

---

① 乐黛云：《中国文化面向世界文化的几点思考》，http://www.aisixiang.com/data/54214.html，访问日期：2017年10月15日。

是宝贵的精神财富。"和而不同"有四个原则：自立原则、差异原则、互尊原则、和谐原则。形成"和"的关键是正确对待"异"，没有"异"就不能"和"。大陆学者庞朴写道："和而不同思想的要旨是：第一，事物是各个不同的；第二，不同事物互补互济；于是第三，整个局面因之而和谐。"① 可是，对于强调"求同"的人来说，尊重差异或"求同尊异"是很难做到的。如果一方不尊重另一方与自己的差异，而要求对方消除与己方不同的差异，达到与我方"保持一致"，那就必然遭到对方的抵制，两岸文化交流就无法正常开展。所以，首先需要承认差异，尊重差异，包容差异，然后才能理解差异，处理差异。只有采取这样文化宽容的态度，才可能达到和谐共处。另一位大陆学者汤一介认为"和而不同可以作为处理不同文化之间关系的准则"。② 与此相似的是台湾学者沈清松提出的两岸文化交流基本原则："同情的了解，对比的自觉"。③ 当然，这些原则都是学者个人的看法，是否能够得到两岸多数人的认同，还需要经过实践的检验。

除了以上三个问题之外，还有两岸价值观是否存在根本的差异，文化交流如何才能达到文化认同等等，都是值得深入研究的重要课题，希望能够获得两岸学术界的重视，展开必要的对话。

---

① 庞朴：《和而不同与同而不和：世界文明走向的两种相反预测》，《文化中国》1994 年 12 月号。

② 汤一介：《和而不同原则的价值资源》，《学术月刊》1997 年第 10 期。

③ 沈清松：《两岸文化交流的现状与展望》，邵玉铭主编：《文化与视野的反省》，联合报系基金会 1995 年版，第 180—181 页。

两岸文化的断裂

一、两种文化断裂

所谓"文化断裂"或称"文化中断""文化不连续性"（cultural discontinuities），指的是某种文化在传承过程中或是与不同文化在交流过程中出现非连续性的现象。文化断裂是指一个社会中文化的核心即价值观不能连续下去，发生中断，而不能理解为传统文化、旧有文化的消失。

1988 年美国加州大学哈里·艾克斯坦（Harry Eckstein）提出两种类型的文化变迁，在情境与结构的变迁中，讲到文化的不连续性（cultural discontinuities）。他把文化不连续性与社会不连续性联系起来考察，认为诸如在发生战争、新政体的形成等等社会动荡时，这种社会创伤或社会断裂，就会造成文化上的后果。[1] 对此，台湾学者黄秀端做出如下扼要的概括，她认为这里所说的文化的不连续性指的是"当社会情境发生重大变化，模式维持的变迁与缓和文化的僵硬性皆无法处理社会的变动时，文化便可能呈现不定型状态（formlessness），因此 Eckstein 称之为文化的不一致性"。[2]

应当说，文化断裂基本上可以分为两种类型：

一种是自身文化发展过程中在继承方面受到破坏和中断，文化发生质的变化，即历时性的、纵向的断裂。随着社会的发展，经济体制的变化，外来文化的影响，传统文化受到冲击，失去了它在传统社会条件下巨大的社会整合功能，不能按照原有的主流的态势连续发展下去。这种文化断裂状态是一种文化传承和文化变异的常见现象。强烈的文化断裂往往与政治因素有关，包括各国历史上的外族入侵、重大的社会变迁和政治变革等等。例如，公元前 1200 至 1100 年间中欧地区的移民，中世纪基督教对古希腊罗马异教文化的摧毁，文艺复兴时期对整个基督教文化的全盘否定，纳粹主义导致的德国文化断裂等等。从中国来说，例如，台湾被日本侵占，台湾光复；中华人民共和国成立，"文化大革命"等等。

另一种是文化内部不同层次之间的差异、失配和失衡，这是共时性的、横向的断裂。例如传统文化与现代文化、主文化与亚文化、精英文化与大众文化、城市文化与乡村文化、发达地区文化与落后地区文化的差异，以及移民、少数民族由于语言文化的障碍造成与主流文化之间的差异与冲突等等。还有人指的是一个社会内部不同看法形成

---

[1]　Harry Eckstein.*A Culturalist Theory of Political Change, Regarding Politics: Essays on Political Theory, Stability, and Change*.Berkeley: University of California Press,1992.

[2]　黄秀端:《政治文化：过去、现在与未来》,《东吴政治学报》1997 年第 8 期。

的文化冲突，例如"美国社会中的文化断裂，实质上就是一种文化冲突，在诸如堕胎、肯定性行动、同性恋权利、公共教育、多元文化主义一系列问题上，产生了不同的看法"。[1]

此外，还应当指出，随着拉美裔人的增加，美国的核心文化，即益格鲁—新教文化正受到多文化主义的挑战，西班牙语将成为美国第二官方语言。亨廷顿警告说，"美国将分成两权，两种语言和两种文化"。[2] 这可以算是文化纵向断裂与横向断裂结合的类型。

本节先分别对大陆和台湾从历时性的、纵向的角度，考察各自文化断裂的历史，然后从共时性的、横向的角度，考察两岸之间文化断裂的现实。

二、大陆的文化断裂

1949 年以后，大陆发生过四次历时性的纵向的文化断裂。

第一次是在 1949 年到"文化大革命"之前。随着社会制度的改变和新政治制度的建立，要求有与之相适应的文化，而旧中国的文化阻碍了新文化的建立。党中央强调，"确立马克思列宁主义的指导地位，要同各种错误思想进行斗争"。于是，"清除和批判形形色色的非无产阶级思想"，"肃清一切帝国主义、封建主义的思想影响"的任务便提上了日程。从 1951 年批判电影《武训传》开始，紧接着开展知识分子思想改造运动，其结果"清除思想上残存的帝国主义、封建买办阶级的影响，在政治上划清革命与反革命的界限，并在清理资产阶级思想和唯心主义观念方面取得初步成绩"。后来又开展对胡适思想

---

① 朱世达：《美国社会中的文化断裂》，《美国研究》1999 年第 3 期。
② 亨廷顿：《谁是美国人》，新华出版社 2010 年版，第 237 页。

的批判，对资产阶级唯心主义思想的批判和清理等等。这一次文化断裂是对旧文化（或"民国文化"）的批判与切割，旧文化居于主流地位的发展态势已经中断了。

有关这个时期的文化断裂，有的学者认为"从五十年代以后大学生开始，特别是 1957 年反右运动以后，提出要'兴无产阶级思想，灭资产阶级思想'"。[①] 有的学者把这个时期的文化，称为"新传统文化"，认为它是"由民主主义文化发展而来，带有许多传统文化的特征，在社会主义社会本应加以改造转化，但却在特定的历史条件下走上了极端，带来了严重的后果。新传统文化具有以下特点：第一，社会政治—文化权威的一元化，个人崇拜盛行。第二，具有新的封闭性与保守性，以意识形态为标准对一切问题进行非此即彼的划线分析。第三，政治中心化倾向。这体现在经济、社会生活及各种文化形态高度政治化，不承认各种文化形态的相对独立性。第四，新传统文化继承的传统文化的群体本位模式，把它改为单位与国家一体的集体主义"[②]。

第二次是"文化大革命"。文化断裂达到登峰造极的地步：开展"破四旧"的斗争，破除旧思想、旧文化、旧风俗、旧习惯，强调"与传统观念彻底决裂"，就是对此前已经存在的文化一次翻天覆地的大变革，由旧的文化结构变成为新的文化结构，不论是风俗习惯、伦理道德、宗教哲学、文学艺术等等都要进行一场全局性的、深层结构的、制度文化和观念文化的大变化。钱理群指出："到'文革'就更发展为批判'封、资、修'，不仅和中国传统文化断裂，而且和世

---

① 钱理群：《梦话录》，漓江出版社 2012 年版，第 81 页。
② 朱旭东：《全球化历史进程与中国社会主义文化》，贵州人民出版社 2002 年版，第 170 页。

界文化断裂"。① 朱旭东认为"文化大革命"宣告上述"新传统文化"走向衰落。张隆溪认为这一次文化断裂是"有意造成的与传统及文化（人类历史上的任何文化）的决裂"。② 周留征等认为："'文化大革命'用暴力的手段人为割裂了中国人的文化记忆与文化传统，造成了文化传承的断裂"。③ 这次"文化大革命"与此前存在的文化相比，显然是一次文化断裂。

第三次是改革开放初期，对"文化大革命"的彻底否定，对"与传统观念彻底决裂"的反思，对于如何对待传统文化、外来文化（西方文化）、苏联模式的马克思主义文化等等展开了争论，出现了各种文化思潮与"文化热"。这是与前一个时期的文化进行切割，对"文革文化"的彻底否定。随着社会主义市场经济的逐步确立，中国文化开始新的转型，开始向新的文化过渡。姚中秋指出："七十年代初，意识形态一统格局就已破裂，知识分子基于此意识形态之异端，对意识形态予以反思、批判，八十年代，文化一统格局被打破。"④ 多种多样的价值观展开论争。

第四次是中国特色社会主义文化的提出与建构。在20世纪90年代前期就有"中国特色的社会主义文化"的提法，以后逐步充实，到了1997年党的十五大报告作了十分明确而简洁的概括："建设有中国特色社会主义的文化，就是以马克思主义为指导，以培育有理想、有道德、有文化、有纪律的公民为目标，发展面向现代化、面向世界、面向未来的，民族的科学的大众的社会主义文化。"强调"一定要坚持社会主义先进文化前进方向，树立高度的文化自觉和文化自信，向

---

① 钱理群：《梦话录》，漓江出版社2012年版，第81页。
② 张隆溪：《文化断裂与文化韧性》，《中国图书评论》2009年第1期。
③ 周留征等：《当代中国文化认同危机的历史成因与现实对策》，《山东社会科学》2013年第8期。
④ 姚中秋：《国史纲目》，海南出版社2013年版，第490页。

着建设社会主义文化强国宏伟目标阔步前进"。

文化的核心是价值观问题。中共十九大报告提出："社会主义核心价值观是当代中国精神的集中体现，凝结着全体人民共同的价值追求。要以培养担当民族复兴大任的时代新人为着眼点，强化教育引导、实践养成、制度保障，发挥社会主义核心价值观对国民教育、精神文明创建、精神文化产品创作生产传播的引领作用，把社会主义核心价值观融入社会发展各方面，转化为人们的情感认同和行为习惯。坚持全民行动、干部带头，从家庭做起，从娃娃抓起。深入挖掘中华优秀传统文化蕴含的思想观念、人文精神、道德规范，结合时代要求继承创新，让中华文化展现出永久魅力和时代风采。"

俞吾金认为当代中国的主流文化，主要由三个部分组成：一是社会主义主流文化的核心；二是社会主义文化中保留的中国传统文化和革命传统文化；三是融入社会主义文化中的外来文化因素。此外，还有非主流文化，一些西方的非马克思主义思潮，例如新自由主义、宪政主义、民主社会主义、文化保守主义等等也在中国大陆传播，产生一定的影响。他还指出，当代中国文化存在五组矛盾：普世主义与种族中心主义的冲突、总体本位与个体本位的冲突、商品经济发展的不平衡与共同富裕的冲突、发展科学技术与遏制科学主义蔓延的冲突、激进主义与保守主义文化心态的冲突。[①] 以上情况既说明了中国特色社会主义文化的特色与核心，也表明它在建构过程中所面对的复杂局面。社会主义核心价值观的提出，明确了中国特色社会主义文化的本质特征下发展方向，对前一个时期处在转型、过渡状态的文化来说，也是一次文化断裂。

应当指出，以上四次文化断裂，分别是在新民主主义革命胜利，

---

① 俞吾金：《当代中国文化的内在冲突与出路》，《浙江大学学报》2007 年第 4 期。

新的社会制度、政治制度建立；重大的社会变革："文化大革命"的兴起与被否定；社会主义市场经济的确立；中国特色社会主义建设的社会变迁；这样的社会背景下出现的。德国学者何乏笔把这种文化断裂称为"民国文化"与"共产文化"的断裂。[①] 资中筠指出："我国的文化教育事业百年来总是在不断'彻底决裂'中，好像盖房子总是拆了重盖，多少有志者的智慧、劳动就此浪费在推倒重来之中"。[②]

对于导致文化断裂的原因，学界存在不同的看法。辛旗指出："中华民族价值观的最大问题是文化断裂"。"从近现代史来看，中华文化出现重大断裂，主要受三个大的因素影响"，即"强权殖民的侵入""社会革命付出的文化代价""现代化的社会成本"。[③] 朱中原认为，"文化的断裂是由社会的断裂所导致的，而社会的断裂又是由社会的分层和分化所导致的，而导致社会的分层和分化的最根本原因则是当代中国的不合理改革机制所导致的，也就是说，当代中国的文化断裂最根本的原因是由于当代中国的改革机制扭曲所导致的。"[④] 许纪霖认为，发生文化断裂的"最重要原因之一，在于公共文化和核心价值的丧失"。[⑤] 显然这是一个值得深入研究的课题。还应当指出，尽管经过四次文化断裂，但以往存在的文化包括价值观，在不同程度上仍然对今日的中国文化发生重大的影响。建构社会主义核心价值观任重道远。

---

① 何乏笔：《创伤与创造：台湾的文化纠结与中华文化的重构》，《思想》2014年第 25 期。

② 王世襄：《我与三联》，三联书店 2008 年版，第 36 页。

③ 辛旗：《弘扬中华文化，促进民族统一》，http://www.huaxia.com/thpl/djpl/2012/09/2987914.html，访问日期：2016 年 9 月 5 日。

④ 王岳川、朱中原：《当代中国的文化断裂与文化分层——王岳川、朱中原对话录》，http://www.sachina.edu.cn/Htmldata/article/2006/06/1057.html，访问日期：2016年 9 月 5 日。

⑤ 许纪霖：《读书人站起来》，中国人民大学出版社 2011 年版，第 19 页。

三、台湾的文化断裂

第二次世界大战后，台湾发生了三次文化断裂。

第一次是光复初期日据时期的文化与中国文化之间的断裂。台湾经历 50 年的日本殖民统治时期，日本文化对台湾社会发生了相当程度的影响，当时台湾民众受日语教学，使用日文写作，在价值观念上也受到日本的影响，因而光复初期出现日本文化与中国文化的冲突、大陆文化与台湾在地文化的冲突，出现了文化断裂的现象。台湾当局一方面对殖民文化进行扫荡、摒除，一方面恢复和重建中华传统文化。但在禁用日文、日语方面操之过急，在思想文化领域则实行全面管制，开展"反共救国"教育。这是第一次文化断裂。后来，在 60 年代，受到西方文化的影响，出现了"全盘西化"与传统文化之间的论战。1967 年以后开展"中华文化复兴运动"，强调以"固有文化"来"充实国民精神生活"。中华文化逐渐成为台湾的主流文化。

第二次是从七八十年代开始出现的文化本土化运动。70 年代发生"乡土文学论战"，80 年代发生"台湾意识"与"中国意识"的论战。台湾学者杨儒宾认为"当有一个非共识的'中华文化'、'中国'进入岛屿时，一个对照面的'台湾文化'、'台湾'就不可能不产生"。[1] 有人认为"中国文化是国民党的统治工具"，主张"台湾文化"要与"中国文化"划清界限。蔡英文曾经指出，国民党提倡"中华文化"，"当大家对国民党的政权、威权性格产生反感的时候，无可避免地对'中华文化'这四个字也有反感"。[2] 从 70 年代开始，"独派"知

---

[1] 杨儒宾：《台湾的创造力与中华文化梦》，《思想》2014 年第 25 期。
[2] 《在台湾谈中华文化》，《思想》2014 年第 25 期。

识分子与李登辉、陈水扁当局在 20 年间极力推行"去中国化",企图建构"台湾文化民族主义",即建构一个与中华文化不同的台湾文化,直至制造"台湾文化"与"中国文化"的断裂,但终于遭到失败。[①]但是,"去中国化"的影响不可忽视,有人指出,它造成"台湾居民复杂暧昧的文化身份,表露于台湾介于中国与日本间,文化认同的矛盾状态"[②]。还有人指出:陈水扁当局编写的历史教科书"期待能栽培出新一代的台独顺民,期待大陆和台湾的历史文化联系从高中生的意识里断裂"。[③]

第三次是马英九上台以后推行的"台湾特色中华文化"。马英九指出,"台湾特色中华文化有三个特质:一是公民素养植根最深厚;二是传统文化保存最完整;三是传统与现代的衔接转化最细致"。它是"中华文化与台湾本土文化结合",又是"台湾人用台湾的空间,用台湾的人力,发展出一个丰富中华文化的模式"。这种文化既与"独派"排斥中华传统文化的"台湾文化"相区隔,又与不是由台湾人建构的大陆文化相区隔。换句话说,既要与"独派"的台湾文化断裂,又要与大陆文化断裂。[④]在接受外来文化影响方面,则强调"吸收了西方当代文明的精华",实际上主要是美国文化。陈映真指出:"美国意识形态和价值体系成为台湾朝野精英共同的思想和意志。"[⑤]

以上三次文化断裂都与社会变迁、政治变革有关。先是在光复以后,国民党当局以中华文化与日本文化相切割;接着李扁当局以"台

---

① 参阅陈孔立:《"台湾文化民族主义"的建构》,《台湾研究集刊》2013 年第 5 期。
② 陈丽文:《文化的断裂与延续:以台湾社会为例》,《空大人文学报》2007 年第 16 期。
③ 《从台湾高中历史课程纲要看历史的断裂和危机》,http://club.kdnet.net/dispbbs.asp?id=547182&boardid=1,访问日期:2016 年 12 月 10 日。
④ 参阅陈孔立:《"台湾特色的中华文化"的建构》,《台湾研究》2013 年第 6 期。
⑤ 陈映真:《台湾的美国化改造》,http://www.guancha.cn/ChenYingZhen/2013_07_08_156732.shtml,访问日期:2016 年 12 月 10 日。

湾文化"与被视为"国民党统治工具"的"中华文化"相切割；马英九当局则以"台湾特色中华文化"与"独派"的"台湾文化"以及大陆文化相切割。因此，日据时期留下的文化、国民党推行的"中华文化"、李扁当局推行的"台湾文化"都出现了不能连续发展的现象，即出现了文化中断或文化断裂。

四、两岸之间文化断裂的现实

正是由于大陆和台湾都发生过文化断裂，传统的中华文化在两岸都受到冲击和变化，由于两岸各自的文化断裂发生的原因和变化的状态不同，对现存的两岸文化也有不同的影响，现在我们从共时性、横向的角度来讨论两岸之间文化断裂的现实。

（一）两岸主流文化的文化断裂

1. 大陆的主流文化：中国特色社会主义文化

党的十五大报告作了十分明确而简洁的概括："建设有中国特色社会主义的文化，就是以马克思主义为指导，以培育有理想、有道德、有文化、有纪律的公民为目标，发展面向现代化、面向世界、面向未来的，民族的科学的大众的社会主义文化。"

大陆学者黄枬森指出："文化的类型应该是同社会的类型一致的，即应该按照社会的类型来划分。""中国现代文化十分复杂，各种文化因素均处于变化发展之中，但就其最后形成的相对稳定的文化类型而言，它应是社会主义文化。""现代的中国文化就是中国特色社会主义文化"。他还指出，现代的中国文化包含着主流文化和非主流文化，

"主流文化核心或指导思想无疑是马克思列宁主义、毛泽东思想、邓小平理论、'三个代表'重要思想和科学发展观，这是社会主义经济政治制度及其发展要求的反映，又是为这个制度服务的"。①

李景鹏指出："社会主义文化吸收各种异质文化，是一个从混合文化向着单一文化过渡的过程，也是一个复杂而艰巨的过程。它包括人们观念的转变，包括政府政策的转变，同时也必然伴随着各种观点之间的交锋和各种人群之间的博弈。但是，只要领导者本身有着清醒的头脑，又采取适合于文化发展规律的方法，社会主义文化自我更新的任务是可以经过一个漫长的过程而最后实现的。"②

总之，大陆的主流文化主要由三个部分组成：一是社会主义主流文化的核心；二是社会主义文化中保留的中国传统文化和革命传统文化；三是融入社会主义文化中的外来文化因素。就这三个部分来说，与当代台湾的文化都有本质的差异。

2. 台湾的主流文化：台湾特色的中华文化

按照马英九的说法，它包括五个方面：

（1）海洋文化。台湾在美国、中国大陆、日本三大经济体竞合中求发展，把博大精深的中华传统与开放进取的海洋文明，揉合成"具台湾特色的中华文化"。"海洋文化"是"开放与创新"的方面，特别是"吸收西方当代文明的精华"。

（2）多元文化。它指的是：包括闽南文化、客家文化、先住民文化、大陆各省文化以及日本文化、西方文化等在内的多元的文化，并且发展出"独特具有台湾特色的中华文化"，充分展现出台湾的文化

---

① 黄枬森：《马克思主义文化理论与中国社会主义文化建设》，http://old.pep.com.cn/peixun/xkpx/sxzz/1x_1/jcjs_1/201009/t20100929_921426.htm，访问日期：2016 年 12 月 10 日。

② 李景鹏：《政治文化历史变迁析论》，《天津社会科学》2006 年第 5 期。

包容性。

（3）创新文化。台湾保留了完整而丰富的中华文化传统，从人文精神到生活美学，它融合古老的涵养与现代的创新。台湾创造了新的中华文化。

（4）志工文化。马英九强调志工运动是具台湾特色的中华文化，是非常了不起的一种文化和社会现象。"这是自由民主环境及富裕的社会才会出现的自动自发的行为"。

（5）爱心文化。马英九以台湾的佛教为例，佛教的入世化、企业化、志工化、国际化，都是爱心文化的体现。

他强调台湾特色中华文化中的"公民素养""民主制度""自由精神""普世价值""人权法治"等等，说明它是"中华文化与台湾本土文化结合，结合成一个非常完整且新的东西"，是"台湾人用台湾的空间，用台湾的人力，发展出一个丰富中华文化的模式，这就是发展了一个具有台湾特色的中华文化"。[①] 可以说，台湾主流文化体现了"台湾主体意识"。他还强调台湾在"保存中华文化"和"创造台湾精神价值"这两个方面有优势，以此与大陆相比较，用以显示他们在文化上的领先地位，并与大陆文化相区别。

以上根据两岸各自对本身主流文化的说法，可以明显看出二者存在根本的差异，这是从两岸主流文化横向相比，看出二者之间的文化断裂。

---

① 《马英九表示要打造具有台湾特色的中华文化》，http://www.chinanews.com/tw/tw-twyw/news/2009/10-10/1903031.shtml，访问日期：2016 年 12 月 10 日。

（二）两岸政治文化的断裂

1. 大陆的政治文化

当代大陆主导的政治文化是中国特色社会主义政治文化，此外还存在政治亚文化，包括社会主义政治亚文化、中国传统政治文化、外国政治文化的影响等等。当前正处在从相对封闭逐步走向全面开放、从强调斗争哲学走向注重和合精神、从传统式的政治文化走向现代性的政治文化的进程。①

总的来说，人民对于现行的政治制度及党和政府的政策法令具有政治认同感、信任感和支持感，民主意识、参与意识、权利意识、法治意识以及民族意识、国家意识有所提高，并表现出强烈的爱国主义精神等等。同时，有些学者做了实证研究，《变迁、分化与整合：当代中国政治文化实证研究》一书得出如下看法：

在政治认知方面，"在社会主义市场经济快速发展的二十年间，我国公民无论是对政治重要性的评价还是讨论政治的热情都明显下降了"，"政治文化的世俗化程度将逐步提高"，"统治合法性的心理基础日益复杂"，"无论是对政治重要性、讨论政治的热情的判断还是对安全、秩序、腐败、公平等状况的认知，存在一定的差异"。

在政治情感方面，"中国人的自豪感是在提高的"，但分布不均衡；对共同体的忠诚度较高，对典则和当局的忠诚度较低；"好中央，坏地方"成为公民独特的政治情感模式，总体信任水平下降。

在政治价值取向方面，"国家和公共利益高于个人和家庭利益的观念仍然大量存在，集体主义价值观仍然是当代中国的一个突出特

---

① 陈义平等：《当代中国政治文化论》，安徽人民出版社 2014 年版，第 112—114 页。

点"。"中国公民的权威主义人格的比例已经明显下降了","中国公民更加倾向于认同温和和渐进的改革"。"平等仍然是中国公民更重视的价值"。从社会观的变化来看,中国政治文化也正在向有利于自由民主的方向发展。

该书的结论是:"当代中国公民的政治文化观念既不像人们想象的那样顽固和保守,从而构成了中国政治发展的障碍;也不像人们想象的那样独特,从而构成了'中国模式'的精神基础。随着工业化、市场化、全球化等的深入,中国政治文化正在发生深刻变革,变革中有分化,分化中又包含着进一步整合的因素"。[①]

总之,当代大陆的政治文化是以中国特色社会主义政治文化为主体,并且正在继续建构和变革之中,因而存在多元和复杂的因素,这就是与台湾的政治文化有本质差异的所在。

2. 台湾的政治文化

台湾自从"解严"以后,逐步走上政党政治的道路,在政治文化上也试图模仿和搬用西方的政治文化,并且带有本土的特色。经过李登辉、陈水扁时代的"去中国化",形成了以"台湾主体意识"为核心的政治文化,并且由于两大政党和蓝绿阵营的矛盾与对立,形成了具有极端性和冲突型的政治文化。

在政治认知方面,一般人都强调"台湾主体意识",认同台湾。不少人以"台湾人"作为自己的身份认同,形成了"台湾人"与"中国人"的群体差异。在"国家认同"上,一部分人认同"中华民国",另一部分人认同"台湾国",甚至强调"台湾中国,一边一国",凸显与"中国"或"中华人民共和国"的区隔。有人指出,"很多台湾人对政治不感兴趣","对政治的'冷感症''躲避症''恐惧症'和

① 楚成亚等:《变迁、分化与整合:当代中国政治文化实证研究》,山东大学出版社 2010 年版,第 134—136、137、168—169、219、240、244 页。

'轻视症'都成为台湾人的政治文化"。但是，在 2014 年的选举中，年轻世代由于网络上的同侪传播，"透过打卡、直播、图影、社群等方式展现了前所未有的参与热诚"，改变了以往的"政治冷感"。[①]

在政治情感方面，台湾民众以"民主政治"为傲，实行美国式的民主，自认为是美国民主的好学生，"亚洲民主的灯塔"。在情感上亲美、亲日、亲西方的政治体制，反共、反对中国大陆的政治体制，有人甚至反对"大中华"，表现出极端的情绪化。一部分人对"中华民国"怀有浓厚的情感，另一部分人则感到厌恶。台湾社会分成蓝绿两派，在政治情感上处于对立状态，互相展开政治恶斗。李鹏指出："蓝绿两大阵营都有两成左右的基本支持者，这些民众的情绪性和非理性色彩浓厚，对自身阵营认同度很高，政治参与热情高涨，甚至出现政治参与狂热的情况"，其中的"台独基本教义派""抗争的手段也最为激烈，甚至不惜暴力和流血，是台湾政治不稳定的重要影响因素。"[②]

在政治评价方面，"爱台湾"已经成为最主要的价值标准。不论蓝绿都以"爱台湾""台湾优先""以台湾为主""台湾主体性"等等为标榜。从李登辉、陈水扁直到今天，台湾当局都在努力建构"台湾主体意识"，力图与中国大陆划清界限。在这个基础上，一部分人"逢中必反"，"去中国化"，指责对方"亲中""卖台"，煽动对立和仇恨，鼓吹"台湾独立"，主张"一边一国"。另一部分人则提出两岸"非国与国关系"，主张"不统、不独、不武"维持现状。

关于台湾政治文化，台湾方面提出不少值得重视的看法。例如，南方朔提出，陈水扁的"煽动文化"和国民党的"恐惧贩子文化"是

---

① 杨艾俐:《北京对台政策应"去选举化"》，http://www.aisixiang.com/data/80970.html，访问日期：2016 年 12 月 10 日。

② 李鹏:《台湾难以实现政策稳定的政治文化根源》，《社会主义研究》2007 年第 3 期。

"伤害台湾的两种政治文化"。① 谢长廷认为"台湾政治文化的问题，其实不在蓝绿，也不在统独，而是更深层的心态和环境的问题。台湾社会有很大的不信任感，只要执政的党派和自己不同，就容易扣对方的帽子或栽赃恶质的动机"。② 蔡英文提出民进党要"带领台湾走向新的政治文化"。要"改变台湾对立仇恨、明星崇拜的政治文化"，即"可不可以不要再召唤对立的仇恨，而是来召唤共同的责任？可不可以不要再召唤政治明星来崇拜，而是召唤出负责任的新世代，把国家的担子扛起来？"③《联合报》社论指出："长年政治厮杀所遗留下来的敌我意识、猜忌情绪及僵固思维，却不是一朝一夕所能消除；包括若干不太健康的竞争心理或扭曲的政治逻辑，也都有待时日持续调整，才能打造台湾厚实精致的政治文化。"这说明台湾政治文化存在不少问题，与中国大陆的政治文化也存在巨大的差异。

（三）两岸价值观的断裂

1. 大陆的价值观

当代中国大陆的价值观是社会主义的，也是具有中国特色的，所以社会主义核心价值观是中国价值观区别于西方价值观、中国传统价值观乃至传统社会主义价值观的基本标志。但是，倡导富强、民主、文明、和谐，自由、平等、公正、法治，爱国、敬业、诚信、友善的社会主义核心价值观还正在建构之中。因此杨学功指出：大陆现有价

---

① 南方朔：《伤害台湾的两种政治文化》，http://www.yucc.org.tw/news/domestic/20120117-1/，访问日期：2016 年 12 月 10 日。

② 谢长廷：《台湾政治文化的问题》，http://www.shadowgov.tw/1946185040_0_sg.htm?page_no=1，访问日期：2016 年 12 月 10 日。

③《蔡英文今宣布参选 2012 大选 找扁系大将操盘》，http://www.chinanews.com/tw/2011/03-11/2898506.shtml，访问日期：2016 年 12 月 10 日。

值观则具有"多元并存，新旧交替"的特点，即"以儒家文化为主流的中国传统价值观，由西方传入的主要以欧美为代表的近现代价值观，改革开放前与毛泽东时代的体制相适应的传统社会主义价值观，改革开放实践中新生的价值观，这四种因素同时并存、相互交织，展开着激烈的争辩和交锋"。既存在"天下为公"、"刚健自强"、理性、自由、民主、法治等观念，又存在封闭守旧、满足现状、害怕革新、"以阶级斗争为纲"、崇尚权力、忽视民主法治等观念，以及"左""右"之争与"姓社""姓资"的纠缠。"伴随着中国改革开放和市场经济的推进，人们的责、权、利不断明晰，自主意识不断增强，当下社会呈现出主体多元化的格局；与此同时，社会价值重心由政治向经济转移，各阶层主体的利益和需要得以凸显，价值取向也日益多样化。"社会主义核心价值观的提出则是"当代中国在价值观领域的一个巨大历史进步"。[1] 郑佳明认为当前大陆的价值观处在"从一元到多元，从单一到多样，从贫乏到丰富，从封闭到开放，从革命到改革，从激进到渐近，从斗争到博弈，从极端到从容，从无序到有序，从狭隘到包容，从自卑到自信，从盲从到主见，从重人情到重法制，从重政治到重经济，从重道德到重利益"的变迁过程中。[2]

总之，当前大陆的价值观正处在变革之中，社会主义核心价值观处在倡导与建构阶段，尚未建成，与此同时，不适应现代潮流的价值观仍然存在，后者往往被台湾方面视为大陆"判断对错、选择取舍"的标准，以至对两岸交流产生负面的影响。

2. 台湾的价值观

按照马英九的说法："台湾人具备正直、善良、敦厚及包容等核

---

① 杨学功:《当前中国价值观冲突及其前景》,《天津社会科学》2013 年第 4 期。
② 郑佳明:《中国社会转型与价值变迁》,《清华大学学报》(哲学社会科学版) 2010 年第 1 期。

心价值，社会上到处都有许多好人好事"，"这些传统美德与价值都是重要的软实力，不仅带动社会整体行善风气，更让台湾在世界立足，成为受人尊敬、让人感动的地区"。① "我归纳出台湾人所应有的、具有的六大核心价值：一是正直、二是善良、三是勤奋、四是诚信、五是进取、六是包容。每一位'台湾英雄'都具备这些特质，他们这些典范社会应该珍惜、政府应该重视，唯有靠着这些核心价值，才能克服逆境，才能重返荣景。任何幸福都不会从天上掉下来。"② 他们强调台湾认同普世价值观。

台湾最引以为傲的价值观是自由、民主。马英九强调坚持台湾的民主价值观，蔡英文也强调自由、民主的价值观和生活方式。但是，并不是大家都认同这些说法。在美国的熊玠教授评论台湾2014年选举时指出：它是国民党"领导阶层不懂民主制度中'多数党政治'的意义因而造成自毁长城的后果"，"更不能说是台湾民主制度的胜利"。③

台湾学者对于台湾的民主政治更有切身的感受。张铁志指出："过去20年，台湾人民辛苦地追寻民主的解放，但得到的是一个贪婪的资本主义、一个被市场力量穿透的政治领域以及一套无法有效规范市场带来的不平等的虚弱民主。既有的认同矛盾，仍然压制着日益扩大的阶级矛盾，不容它转化为有效的政治力量。于是，人民对民主制度丧失信心，并对社会正义的价值开始感到虚无。这些，乃是台湾民主

① 马英九：《传统美德与价值让台湾在世界立》，http://taiwan.huanqiu.com/news/2013-10/4512373.html，访问日期：2016年12月10日。
② 《台湾中央社八十五周年社庆 马英九谈六大核心价值》，http://www.chinanews.com/tw/twyw/news/2009/04-01/1628804.shtml，访问日期：2016年12月10日。
③ 熊玠：《从政治学眼光看台湾应汲取的历史教训》，http://www.crntt.com/doc/1035/1/1/7/103511744.html?coluid=33&kindid=544&docid=103511744&mdate=1205003935，访问日期：2016年12月5日。

的最大危机"。^① 盛治仁则指出:台湾"民众自己有没有一套固定的民主价值,还是随着政党立场变化的浮动标准,将会决定政党的表现以及我们社会讨论公共议题的标准。民主政治,真的是'自作自受'的政治。"^② 苏起认为"问题在台湾这二十几年一直引以为傲的民主化实际上只完成了一半,也就是'自由化';还没有完成另一半,'制度化'。因为没有'制度化',所以台湾的头脑被'自由化'冲得发烧的同时,躯壳仍然陷在半民主半戒严、半法治半人治的制度中举步维艰。"^③ 李远哲尖锐地指出:在"赢者全拿"的社会里,大家都想赢,很难推动多元化社会。他将这种情况归咎台湾环境"不公不义",当局负债过高,台湾年轻人一出生就负债上百万元,他们对未来不抱希望。他感叹,台湾现在面对的将来,是非常黯淡的,若社会要成功改革,就要先让社会公平合理,才能扭转价值观。^④ 由此可见,能不能把民主、自由等等确定为台湾的核心价值观,还值得讨论。

当然,有关台湾的价值观还涉及许多方面,这里暂时从略了。

以上分别从历史和现实的角度,介绍了两岸各自的文化断裂以及两岸之间的文化断裂,只是对历史和现实做出描述,而不做出价值判断。只是说明两岸文化各自经历过不同的文化断裂,发展出"中国特色社会主义文化"与"台湾特色中华文化",从主流文化、政治文化、价值观来看都有质的差异,目的是确认两岸之间文化断裂的事实,从一个新的角度加深对两岸文化存在本质差异的认识。

---

① 张铁志:《台湾新民主的诅咒?》,http://www.21ccom.net/articles/zgyj/thyj/article_2014012599647.html,访问日期:2016 年 12 月 5 日。
② 盛治仁:《"自作自受"的民主政治》,《联合报》2014 年 4 月 19 日。
③ 苏起:《台湾民主的反思》,http://hk.crntt.com/crn-webapp/touch/detail.jsp?coluid=7&docid=104112716,访问日期:2016 年 12 月 5 日。
④ 《谁该为台湾教改失败负责》,http://www.huaxia.com/thpl/tdyh/yh/2014/11/4150665.html,访问日期:2016 年 12 月 5 日。

我认为在研究两岸文化时，固然要重视两岸文化之间的"同"，更要重视两岸文化之间的"异"，正是因为"异"的存在，使得两岸文化交流、文化认同产生许多困难。无视两岸文化的本质差异，把两岸文化交流和文化认同当作一件容易的事，有意把复杂的问题简单化，就会低估两岸文化认同的难度，欲速则不达，这对两岸关系和平发展、两岸走向认同是没有好处的。

两岸的文化冲突

在两岸文化研究中，有人侧重于共同的血缘、语言文字、生活习俗、历史记忆、地域文化，即历史的传统的文化。有人则强调广义的文化是指人类创造的一切物质产品和精神产品的总和。狭义的文化专指语言、文学、艺术及一切意识形态在内的精神产品。并且指出，在精神文化中以价值观念最为重要，它是精神文化的核心。我个人认为，"两岸文化研究所涉及'文化'概念，不能忽视价值观念、意识形态之类的内涵，不能忽视'中国特色社会主义文化''台湾特色的中华文化'这些现存的主流文化，否则就远离了主题"。[①]

在两岸文化交流过程中，应当注意由于两岸文化差异而导致的文化冲突，并且对它要有一个正确的认识，才能减弱文化冲突的负效应，增强正效应，才有利于两岸文化的整合，推动两岸文化的进步与繁荣。

---

① 陈孔立：《两岸文化研究的盲点》，《台湾研究》2013年第4期。

一、文化冲突普遍存在

人们生活在不同的自然环境和社会环境之下，必然产生不同的经验和感受，形成不同的思想、感情、行为方式，出现文化上的差异。不同的文化的相互接触，有可能产生矛盾、冲突、竞争、对抗，这就是文化冲突。《文化社会学》一书对文化冲突做出如下的界定："它指的是不同性质的文化之间矛盾性的表现。文化冲突具有区域性、时代性、民族性、阶级性、集团性等不同的性质，它是普遍存在的。"[①]

在日常生活中，人们经常会感受到城乡之间、本地人与外地人之间、北方人与南方人之间存在文化差异，因而产生文化上歧视、矛盾乃至冲突。西方文化的个人取向和自我取向，中国文化的集体取向与他人取向，使得中西文化的冲突十分明显。即使生活在相同的生活环境下，也会形成不同的感受和经验，从而产生文化冲突。例如，当代中国内部也存在文化冲突。俞吾金指出："当代中国文化是由中国传统本位文化、苏联马克思主义文化和西方的自由主义文化构成的。这一特殊的文化结构蕴含着以下的文化冲突：一是普世主义与种族中心主义的冲突，二是总体本位与个体本位的冲突，三是商品经济发展的不平衡与共同富裕的冲突，四是发展科学技术与科学主义泛滥的冲突，五是激进主义与保守主义文化心态的冲突。"[②] 在现实生活中，传统文化与消费文化的冲突也表现得相当突出，甚至师生之间也会因为价值观念、行为方式上的差异而产生文化冲突。

两岸之间的文化冲突已经存在，只是有人视而不见，有人认为两

---

① 司马云杰：《文化社会学》，华夏出版社 2011 年版，第 297—300 页。
② 俞吾金：《当代中国文化内部的冲突与出路》，《浙江大学学报》2007 年第 4 期。

岸只存在文化差异，而没有文化冲突。这里，不妨举出两种典型的事例。

一是由于两岸人员交往而产生的日常的普遍存在的文化冲突：

早期台湾一些大陆籍人士回乡探亲，他们在台湾被称为"外省人"，回到大陆却被称为"台胞"，使他们感到自己成为"异乡客"，在台湾和大陆"里外不是人"，因而有很大的失落感。一些大陆同胞把"台胞"看成是"有钱人"，极力向他们索取，以致有些人发誓从此不回大陆。台湾民众在大陆看到许多"不顺眼"的事，例如"厕所无门""不排队""乱按喇叭""服务态度恶劣"之类，感受到两岸文化的差异。大陆同胞则认为台湾人"财大气粗""包二奶""苛刻员工"等等。因此两岸民众之间感受到彼此在生活方式和思维方式方面存在很大差异，甚至"格格不入"，因而产生"心结"，"彼此就会以自己的角度看待对方，或者惯于用否定角度来看待事情"。[①]

台湾开放观光之后，一些大陆游客的表现，也导致两岸的文化冲突。台湾媒体有许多此类的报道：大陆游客到了台湾"仍不改大声喧嚣、不爱排队的习惯，还彻底发挥搞破坏的本领，在著名观光景点野柳的石头上刻字、在高雄百年古迹英国领事馆穿越围栏和蜡像拍照、在花莲太鲁阁国家公园九曲洞的护栏上用黑色签字笔涂鸦。""在饭店搞破坏，摔坏房内水壶、在地毯留烟疤、在阿里山爆发两个陆客团因抢搭小火车上演全武行事件，今年5月还有陆客团在花莲到苏澳的台铁列车上，因行程延误没赶上原班车，改搭下班车却整团霸占其他乘客座位，还不愿意让位，引发冲突的事件。""财大气粗的大陆游客，不但手乱摸、拉扯礼兵的军服，更惊传有人还'好奇'，试图抢夺步枪。当局已在站岗位置拉起红线，防止礼兵再受骚扰。"媒体指

---

① 林谷芳:《十年去来》，台海出版社2003年版，第266页。

出:以上事实表明，大陆游客"在文化面也带来不少负面批评"①。台湾有识之士也指出，其实台湾民众外出旅游也经历过类似的过程，此类现象随着旅游经验的增加，就会自然消失。但是在这个方面的文化冲突，已经给两岸关系造成一定的负面影响。

二是1994年的"千岛湖事件"，严重的、突出的文化冲突：

1994年在千岛湖发生一起"特大抢劫纵火杀人案"，24名台湾游客和6名大陆船员、2名大陆导游被歹徒抢劫并纵火烧死。起初地方当局认定是"一次游轮火灾事件"，并且封锁消息，不把真相向公众公布。因而引起台湾的罹难家属和各界的强烈质疑以及抗议，海外媒体也进行了各式各样的报道和猜测。李登辉声称是大陆军人"行抢杀人"，大骂大陆政权是"土匪"。事件发生以后，民调显示，台湾民众认为自己是"台湾人"的比例增加，而认为是"中国人"则减少，支持"台独"的人增加，支持统一的人减少。两岸关系受到极大的伤害。

大陆方面认为"在未抓获犯罪嫌疑人之前公布案情不利于破获案件"，要等破案后才公布真相；而台湾方面则认为人民有知情权，不公布真相，个人的基本权利就没有得到尊重。由此可见，这是一起由于文化差异而引起文化冲突的典型事例。

文化社会心理学指出："文化接触还可能导致文化中心主义和文化间敌意的出现。""一旦文化间的敌意形成，冲突就会随着跨文化接触的增多而逐渐增多，特别是当人们不断遭到炮轰，死亡情景反复出现（死亡提醒），并在这种环境下被提醒要誓死忠于自己的群体时更是如此。"② 由此可见，两岸文化冲突已经存在，并且可能导致对两岸

① 《大陆客游台湾曝不文明丑态，骚扰仪仗兵还抢枪》，http://www.sinonet.org/news/hktw/2011-04-12/134740.html，访问日期：2017年9月6日。
② 赵志裕等：《文化社会心理学》，中国人民大学出版社2011年版，第285页。

关系的伤害，因此两岸文化冲突是两岸相互关系中必须重视的一个问题。

二、两岸文化冲突的具体表现

两岸文化冲突可以从以下三个不同层次观察其具体表现。

（一）两岸之间文化冲突的集中表现

两岸之间文化冲突集中表现为大陆方面对"文化台独"的批判与台湾方面对"文化统战"的抵触。

所谓"文化台独"是指从文化上"去中国化"的思潮及其行为，"其目的是通过文化上的'去中国化'达到政治上从中国分裂出去的目的。"[①] 因此，"'文化台独'虽然表现在文化上，但却是一个严重的政治问题"。[②]

大陆学者从理论上和实践上对所谓"文化台独"进行了批判，揭露其分裂主义的面目，[③] 当然在批判的初期，存在一些扩大化的偏向，例如，把张惠妹当作"绿色艺人"，把使用通用拼音、繁体字、讲母语等等都列为"文化台独"的表现，但很快就能够明确界限、区别对待。这是一种文化冲突的表现，至今这样的批判仍在继续进行。

台湾方面则反对大陆的"文化统战"。所谓"文化统战"没有明

[①]　陈孔立：《台湾"去中国化"的文化动向》，《台湾研究集刊》2001 年第 3 期。
[②]　林劲：《浅析"文化台独"的实质及影响》，香港《大公报》2001 年 8 月 1 日。
[③]　海峡两岸关系研究中心编：《中华文化与两岸关系论坛文集》，2001 年。

确的界定，似乎把所有的两岸交流都看成是"统战"，所有的文化交流都说成是"文化统战"。在台湾的教科书上公然写着："就中共对台策略而言，中共迄今仍强调要'把工作做到台湾内部'。因此，不管是专业性的互动交流，或是两岸人民往来衍生的问题，皆可见大陆方面深具目的性与策略性操作痕迹，例如在学术交流过程中的文化统战意涵"。有人指出："什么叫文化要交流，其实对北京来说就是要文化统一，也就是统一在中共所解释的中华文化，以及中共所控制的中华文化。"[①] 于是，他们把从大陆来的电视剧、文艺演出、两岸合拍电影、两岸宗教交流以及"富春山居图""北京文化周""兵马俑展出"等等，一律说成是"文化统战"，并且采取敌视的态度，至今仍然有所谓"假宗教真统战""假文化真统战""对年轻人文化统战"的说法。从这里可以看出两岸文化的冲突。大陆邀请台湾青年来访，本来是一件好事，可是却被视为"统战之旅"，有一位来访者说："中共祭出怀柔政策，全部行程免费只需要付飞机票，我同学三个女生，餐餐叫两大瓶酒好像也是老共买单，吃住都是高等级，行程也都是重要景点"，可是他们与大陆学生交流之后，"常使得双方'差异'暴露无遗，'差异意识'油然而生，最终反强化双方认同的距离"。[②] 有人说："大陆可以乱花纳税人的钱，而大陆学生却很习惯"，这样的文化差异使他们感到两岸"不是一家人"。

（二）文化冲突的一般表现

"文化台独"与"文化统战"只是两岸文化冲突的集中表现，实

---

① 海峡两岸关系研究中心编：《中华文化与两岸关系论坛文集》，2001 年。
② 耿曙等：《中共邀访台湾青年政策的政治影响》，《问题与研究》2010 年第 3 期。

际上，在许多领域、不同层次都体现出两岸的文化冲突，可以从价值观念、思维方式、行为规范，或是从制度文化、行为文化、观念文化等方面来考察。例如，大陆学者就指出两岸在制度文化、观念文化以及普世价值等方面存在的差异。杨立宪指出：台湾方面"崇尚自由开放，接受外来事物较快；尊重多元、包容不同、勇于创新，重视将传统文化与现代文化相结合；重友情讲义气，信奉'爱拼才会赢'；政治上效法欧美的政党政治、三权分立与普选制；经济上实行外向型的市场导向的自由竞争机制；社会治理向西方看齐，公民文化、志工文化及大众消费文化较为发达等，两岸在制度文化和观念文化上存在着很大的差距"。[1] 俞新天则指出，在普世价值观方面，两岸也还存在不同的意见。首先，尽管西方文化价值观具有哲学上的普遍适用性，可供各国在现代化过程中加以学习和借鉴，但是，她也指出，"普世价值观具有宗教性、先验论和绝对真理的地位，是不讲条件和个性的"，因此，大陆方面专家并不赞成普世价值观这一提法。而台湾的一些学者则认为，各种文化不能统一到中华文化价值观的基础上，一定要统一到普世价值观的基础上，认为民主、人权、平等、自由这些观念也应该是普世价值观。[2] 俞新天进而指出："在台湾人中，接受'西方文化普世性'的比例大大高于大陆，而大陆人至多接受'西方文化价值的部分普适性'，不仅整体与部分有差异，而且'普世'与'普适'也不同。台湾在政治上仰望的是西方的多党制、三权分立、民主选举等，大陆则认为这些未必符合中国国情，只可借鉴不可模仿，要创造本土特色的制度""两岸政治文化和政治价值观的差异将

---

[1] 杨立宪：《两岸观念文化的交流应尝试"相向而行"》，http://www.china.com. cn/news/tw/2011-08/31/content_23326936.htm，访问日期：2017年9月6日。

[2] 《两岸文化交流有成果也还有问题》，http://www.chinareviewnews.com，访问日期：2017年6月30日。

长期存在"。① 上述两岸文化差异实际上是文化冲突的体现。

我们还可以通过一些实例观察两岸的文化冲突。

第一，台湾现有的公民道德与中华文化的关系。

大陆作家韩寒访问台湾之后，写了《太平洋的风》，赞美台湾，他说："没有完美的地方，没有完美的制度，没有完美的文化，在华人的世界里，它也许不是最好的，但的确没有什么比它更好了"。显然他已经看到两岸在行为规范方面存在不少差异。台湾也不断指出大陆方面的弱点，例如不排队、随地吐痰、不尊重他人、不尊重知识产权、请客铺张浪费、黑心商品、毒奶粉、办假证件、官派作风、"关系文化"、暴发户心态、只有"标准答案"的教育制度等等。韩寒把这种差异归结为："他们（台湾）庇护了中华的文化，把这个民族美好的习性留了下来"。可是台湾人并不欣赏这样的说法，反而感到"不太舒服"，指出"好像台湾社会现在的一切'美好'，都只能用中华文化来解释，这一切都源自于中华固有传统美德，我的意思并不是要割断台湾跟中华文化的关系，只是台湾人更愿意相信，这是台湾人自己努力得来的成果"。②

显然，这里体现了两种不同的思维方式：一种是历史的思维、线性的思维，以为台湾社会之所以存在守秩序、讲究公德、礼貌、尊重私人空间、守法等等表现，是因为保存了中华传统文化，而大陆社会欠缺"温良恭俭让"则是破坏了传统文化。另一种是多元思维、非线性思维，他们通过亲身经历有这样的感受："在我的记忆里，大陆社会现在的毛病，台湾都曾经有过，过去台湾人也曾经买票不排队，也

① 俞新天:《两岸关系中的文化认识问题》，http://www.huaxia.com/thpl/djpl/2012/03/2794073.html，访问日期：2017 年 9 月 6 日。

② 《台湾作家廖信忠回应韩寒游台见闻：台湾没那么好》，http://blog.sina.com.cn/s/blog_489e745e0102e1th.html，访问日期：2017 年 9 月 6 日。

曾经爱乱丢垃圾，爱随地吐痰，不守公德心，出国也曾经是一幅暴发户形象，不时有某国旅社酒店拒接台湾团的新闻传出"。"只是这三十年来，我感触很深，台湾从一个有钱而浮躁的社会，慢慢成为一个气氛敦厚温和的社会。在这里我就不从历史的角度慢慢细说百年来各时代台湾人性格的演变了，而目前这敦厚宽容的社会气氛，很重要的一个因素，就是因为在这几十年间，台湾人慢慢学会'尊重别人'这回事"①。它说明这种社会风气的出现，不是只靠保存传统文化就可以完成的，而与社会变迁有着密切关系。由此也可以看出，二者在价值观方面的差异。

第二，对大陆向台湾采购商品和"让利"的看法。有一段时间，台湾水果丰收，造成滞销，大陆为了帮助台湾解困，向台湾大量采购水果。此外，大陆各省和一些商业团体纷纷派出采购团，向台湾采购各种商品，包括科技产品、农产品、渔产品等等，总金额达到数百亿美元。大陆认为这是对台湾民众有利的事，应当会受到欢迎。两会签订 ECFA，大陆方面认为这是大陆照顾台湾当前的困难、照顾台湾中小企业和农民的利益、给台湾"让利"的表现，"因为我们是兄弟"，"充分体现了我们关心台湾同胞福祉、愿意尽我们所能协助台湾渡过难关的诚意和善意。"当然上述措施事实上已经让台湾一些人受益，有些人确实表示"这是一件很好的事情"。有人说"水果进大陆，果农笑哈哈"。台湾"外贸协会"也承认大陆采购"拉抬台湾出口"，让一些厂商受益。蔡英文也说，大陆在 ECFA 中"对台湾让利那么多"，不过她却为此感到忧虑。

本来让利是一件好事，可是"让利说"却引起了两岸文化冲突。台湾民众认为"让利"的说法让他们感到"没有面子"，他们说："让

---

① 《台湾作家廖信忠回应韩寒游台见闻：台湾没那么好》，http://blog.sina.com.cn/s/blog_489e745e0102e1th.html，访问日期：2017 年 9 月 6 日。

利！让利！两个字有如尖锥深深刺痛了我这个台湾小老百姓的心。"许多人认为这让他们的感情受到伤害。他们问道："台湾的人均 GDP 比大陆多出许多，为什么还要大陆让利呢？"大陆一些大型采购团的官员摆出财大气粗的架势，激起台湾民众的反感。这本来是两岸制度文化、行为文化差异引起的冲突，可是有人则乘机制造政治上的冲突，他们煽动说，这是"矮化台湾"。苏贞昌竟然说："中国大陆怎么会'让利'给台湾？有那么好的事？ECFA'让利'就像民间放'高利'，台湾要小心'贪利'全被拿走。"[①]台湾的安全部门主管公然声称大陆采购团"有统战之嫌"。有人则说，过多的让利会使台湾失去"抗拒统一的本钱"。当时正值海南省香蕉生产过剩，无法销售，只好用于喂猪，可是大陆一位省长却向台湾采购了一千多万斤香蕉。于是台湾媒体报道说：大陆不关心自己的人民，怎么来关心台湾民众，"台湾人对此没有谢意。相反把那些购买台湾香蕉的当傻子一样笑话。"还有人说："大陆向台湾采购香蕉，是表示我对你好。这样，台湾就不要统一了。因为统一以后，大陆就不会来采购，台湾的香蕉也要喂猪。"[②]这是一个典型的事例，本来采购、让利是大陆善意、诚意的表现，可是由于两岸行为文化、制度文化上的差异，导致文化冲突，使得善意受到曲解，好事变成坏事，两岸关系在不知不觉的情况下蒙受了重大的损失。

---

① 《苏贞昌称：台湾贪图让利要小心》，http://www.taihainet.com/news/twnews/twdnsz/2010-05-11/528908.html，访问日期：2017 年 9 月 6 日。
② 《大陆官员犯贱？台湾人不感谢还当傻子一样笑话》，http://hi.baidu.com/jameszzh/item/b6571d54ba67bd3133e0a9a4

（三）政治文化冲突

大陆在中国特色社会主义体制下的政治文化与台湾在西方政党政治体制下的政治文化之间的文化冲突是十分明显的。大陆学者俞新天指出："两岸政治文化和政治价值观的差异将长期存在"。[①] 实际上两岸的文化冲突在政治文化方面表现得特别突出，在政治认知、政治情感、政治评价、政治信仰等方面存在着差异、矛盾与冲突。台湾学者张京育指出，有人把两岸冲突看成是两岸体制的基本差异。"一边强调宪政民主、法治人权、私有财产权的保障、开放社会、政党政治；另一边是强调一个党国的体制，中央集权，政治可以干预经济、社会、文化，而公安、检察、法院常是所谓专政的工具。由于这种制度面与价值面的基本差异，一方难以接受另外一方，一方也不肯屈服于另外一方，所以冲突与对立也就不可避免。"[②]

政治文化的冲突集中在台湾方面对"中华民国"的政治认知上，即他们坚持"中华民国是主权独立的国家"，于是在两岸关系上，特别是涉外关系上就会发生许多冲突。典型事例如：（1）2003 年发生"严重急性呼吸综合症"（SARS）时，台湾企图加入以主权国家身份参加的国际组织 WHO，受到中国大陆的反对，当时当权的民进党当局公然咒骂"万恶共匪""野兽国家"，煽动民间的仇恨情绪。（2）2010 年东京影展，因台湾代表团的名称问题引起争执。台湾媒体把它当作头条新闻滚动播放，台湾当局声称"严重伤害台湾人民感情"，向大陆表示不满与抗议。台湾领导人指出："这种事件若不好好处理，

---

① 俞新天：《两岸关系中的文化认识问题》，http://www.huaxia.com/thpl/djpl/2012/03/2794073.html，访问日期：2017 年 9 月 6 日。

② 张京育：《两岸和平协议：一个多角度的观察和建议》，见邵宗海主编：《探索两岸和平协议的多元角度观察》，中国评论学术出版社 2013 年版，第 23 页。

再爆出类似事件将对两岸关系的伤害很大。"①（3）2011年世界卫生组织内部密函，把台湾列为"中国的一省"。马英九对此提出严正抗议，他说："我们绝对不能接受不公平、不合理、表里不一的作法，世界卫生组织是一个崇高的机构，不能够采取这样不合身份的作法。"并且向大陆表示不满，指出："三年来，两岸已经有些成果，要珍惜这些成果，不要在这时候走回头路，应该累积互信，续创双赢。"②（4）2012年伦敦奥运会期间，发生了所谓"国旗"被撤事件，台湾方面挂在伦敦街头上的"国旗"被撤除而换上中华奥会会旗，民进党人竟然说是"对岸打压"，马英九指示"外交部"了解，"若证实该事件与中国大陆施压有关，对两岸关系并非正向的发展，我方也会对此向中国大陆表达严正的立场。"③类似事例不胜枚举，它说明两岸政治文化的冲突，会导致两岸政治上的冲突，使得两岸关系蒙受损失。

此外，台湾学者邵宗海指出：两岸之间存在"台湾民族主义与中国民族主义的冲突"。"大陆强调'血浓于水''同仇敌忾''人不亲水亲''龙的传人''共同祖先''春秋大义''大一统'形成中国民族主义"。而台湾民族主义则包括"文化上的台湾乡土意识与政治上的台湾独立意识等"。"中国民族主义追求的主要是一个在历史上拥有传统光荣的强大统一国家，而台湾民族主义追求的主要则是如何逃离这个强权国家的政治控制，并确保台湾人民作为一个相对弱势民族所应享有的民族自决权。"④这实际上是两岸政治文化冲突在另一个层次的体

---

① 《英媒：马英九要求北京正视"江平事件"》，http://www.5281520.com/html/30-3/3240.htm

② 《马英九就世卫密函对台湾定位问题提出严正抗议》，http://news.sctv.com/spxw/gnspxw/201105/t20110511_684921.shtml，访问日期：2017年9月6日。

③ 《伦敦撤旗事件》，http://tieba.baidu.com/p/1754784383，访问日期：2017年9月6日。

④ 邵宗海：《新形势下的两岸政治关系》，五南出版社2011年版，第440—449页。

现。在"台湾文化民族主义"看来，台湾是"公民文化"而中国大陆则属于"臣民文化"，二者的文化冲突更加严重，更具有对抗性。

从上述事实可以明显看出，两岸文化冲突体现了台湾民意与大陆有相当大的距离，并且可以看出，两岸文化冲突具有相当严重的负面效应。这种负面效应大体上可以概括为如下几个方面：（1）两岸文化的交流与接触，显示出两岸文化的差异，必然对双方的主流文化，包括价值观、道德观造成冲击，在社会上引起不同程度的震荡。（2）造成对对方的刻板印象，互相"妖魔化"，互相歧视，形成敌对情绪。（3）对两岸文化认同造成冲击，即使两岸都认同中华文化，但两岸之间存在着明确的"我群"与"他群"的区分，彼此认为"他们与我们不同"，存在互相区隔、互相分离的倾向。（4）文化冲突导致政治冲突，政治文化冲突是利益冲突的一种表现形式，它使得两岸关系时常受到冲击和伤害。因此，两岸文化冲突问题，应当引起双方足够的重视。

但是，根据文化学理论，文化冲突是不可避免的，并不可怕的，而且它还有正效应的一面。例如，"文化冲突是文化发展的重要动力。文化冲突实际上是文化竞争和文化比较发展的过程。没有竞争，没有比较，文化就不能发展自己的个性，也就不能获得巨大成就而具有普遍意义。"在文化冲突之后，就会出现文化整合，即"不同的文化相互吸取、融化、调和而趋于一体化的过程"。[1]文化冲突的结果"可能会用一种包容性的认同取代排他性的认同"，[2]等等。这就是说，两岸文化冲突的正效应是：促进两岸文化的相互吸取、融化、进步与发展，两岸之间目前出现的"排他性认同"有可能被"包容性认同"所

---

① 司马云杰：《文化社会学》，华夏出版社 2011 年版，第 303、306 页。
② 林谷芳：《十年去来》，台海出版社 2003 年版，第 328 页。

取代，形成一种新的文化认同。

当然，从两岸文化交流到发生文化冲突，再进入两岸文化整合与文化认同是一个相当长的过程。这就需要两岸对彼此的文化采取互相尊重的态度，采取"相互认可、相互借鉴、求同存异、和而不同"，"各美其美，美人之美，美美与共，天下大同"的原则，相互尊重文化的多样性，共同推动两岸文化的进步与繁荣。这应当是两岸关系和平发展系统工程的重要组成部分。

第二章
两岸文化认同

两岸文化认同的含义

　　当前在两岸文化与文化认同的研究中存在一些概念问题与理论问题，一般的文章对这些概念可以采取各种不同的说法，然而作为学术研究，如果缺乏一定的规范，结果只能各说各话，无法交集，也就无法辨别什么是正确的看法。本节试图针对学术界有关文化、文化认同以及文化认同与政治认同的关系等问题存在的盲点，即容易被忽视的地方，发表自己的意见，提供讨论。

一、关于文化的概念

　　我不想先提出文化的定义，而是先把现有的不同看法列举出来，然后再看哪一种看法比较正确。第一种看法：有人认为文化是指共同的血缘、语言文字、生活习俗、历史记忆、地域文化。有人认为儒释道哲学（或以孔孟为代表的儒家思想）以及语言文字、生活习俗、戏曲、音乐、美术、工艺等等是两岸共同的文化。有人认为："两岸人民同根同源、同文同种，有共同的血缘、语言、文字、风俗习惯、历史记忆等等"。有一篇文章讲台湾文化是中国文化的一部分，指出汉文化的传播、语言上的一致、习俗上的同根、艺术上的同源、宗教上的同质，从而说明"两岸文化习俗的相同是多方面的，从台湾的居民组成，到生活习俗、文化体育、宗教信仰等方面与祖国大陆深层的联系，这绝不是简单的文化影响、风格模仿、强行灌输的结果，也不是偶然的巧合，只能充分证明两岸同根相连，同属一源，同承一脉，同为一体，血脉相连"。显然，这种看法所指的文化是历史的、传统的文化，而不包括当代的、现存的文化。

第二种看法：文化是指一个国家或民族的历史、地理、风土人情、传统习俗、生活方式、文学艺术、行为规范、思维方式、价值观念等。有人还强调其中的价值观、思维模式、行为规范、社会心理、意识形态等。《中国大百科全书》对文化有这样的界定：广义的文化是指人类创造的一切物质产品和精神产品的总和。狭义的文化专指语言、文学、艺术及一切意识形态在内的精神产品。并且指出，在精神文化中以价值观念最为重要，它是精神文化的核心。[①] 这种看法既包含历史的、传统的，也包含当代的、现存的，而且强调的是当代的、现存的文化。

研究两岸的文化问题，究竟应当强调历史的、传统的，还是当代的、现存的，这是需要明确的问题。我认为只讲历史的、传统的文化，就会强调"同"，而忽视了两岸文化事实存在的"异"；如果强调当代的、现存的文化，就会强调"异"，而忽视了两岸文化存在的"同"。我们需要两面兼顾，但要强调重视两岸当代的现存的文化，因为我们面对的是当代的现实的问题。换句话说，两岸文化研究所涉及的"文化"概念，不能忽视价值观念、意识形态之类的内涵，不能忽

---

① 《中国大百科全书·社会学》，中国大百科全书出版社 1991 年版，第 408 页。

视"中国特色社会主义文化""台湾特色的中华文化"这些现存的主流文化，否则就远离了主题。

二、关于文化认同的概念

有人明确提出，中华文化是两岸人民认同的基础。有人进而认为，两岸都认同中华民族，认同中华文化，认同中国传统文化，这就是文化认同。在这样理解的基础上，他们主张开展两岸民族文化、传统文化、民俗文化、宗教文化以及黄帝祭祀、妈祖信俗、闽南文化、客家文化、儒、释、道文化乃至戏曲、音乐、美术等等的交流，就可以达到文化认同的效果。有人指出，中华文化是两岸人民认同的基础，中华民族认同是台湾大多数人的共识，也是两岸联结的纽带。有人认为，对于中华民族来说，文化认同也就是中华文化认同。两岸文化同根、多元融合、都以"大一统"思想为核心价值、都提倡"和合思想"。

与上述看法不同的是，有人认为，"两岸文化认同"不仅是指由共同语言、文字、历史、集体记忆等方面形成的原生性的文化认同，或中华传统文化的认同，还应当包括两岸后天建构的制度认同、心态认同，特别是价值观、思维模式、行为规范、社会心理、意识形态等方面的内容。有人强调文化认同是指"特定的文化理念、思维模式和行为规范"。"文化认同的核心是价值认同和价值观认同"。"文化冲突的核心是不同价值取向和不同价值观的冲突。"[①] 有人则强调文化认同是"制度认同"和"公民意识认同"。

---

① 崔新建：《文化认同及其根源》，《北京师范大学学报》2004年第4期。

这里涉及西方有关认同的两种主张，即"原生论"与"建构论"。"原生论者认为，族群认同是个人和群体生活中的固定特征，基本上是既定的，共同的文化特征，诸如语言、传统、习俗、宗教等是一个人的族群认同的核心所在，并在孩童年代通过初期社会化的过程内化到人的意识之中。""建构论者认为族群与族群关系要放在历史的社会结构当中分析，族群认同是动态的、流变的和可以改变的，族群认同不是必然和文化边界相一致，常常是政治和社会建构的产物。"[①]

研究两岸文化究竟要强调"原生论"还是"建构论"，也是需要明确的问题。前者强调的是历史的、传统的、原生的文化认同，后者强调的是后天形成的、甚至是由政治认同动员和建构出来的文化认同。我认为这两个方面也应当兼顾，但要更加重视当代建构出来的文化以及对于这种文化的认同，因为它正是我们需要解决的问题。换句话说，两岸文化研究如果只讲历史的、传统的、原生的文化认同，那就不符合文化认同的概念。现在大陆建构"中国特色社会主义文化"的认同，台湾建构"台湾特色的中华文化"的认同，研究文化认同就不能忽视这些主流文化和核心价值的问题。

三、文化认同与政治认同的关系

（一）文化认同是不是政治认同的前提和基础？

有一个比较流行的论点，叫作"文化认同是政治认同的前提和基

[①] 左宏愿：《原生论与建构论：当代西方的两种族群认同理论》，《国外社会科学》2012 年第 3 期。

础"。他们把这个论点应用于两岸，认为当前两岸之间的政治认同存在明显的分歧，因此应当从文化认同入手，在中华文化认同的基础上，才能形成两岸的政治认同。或者说，由文化认同过渡到民族认同和国家认同，并且明确主张两岸应当"以文化认同，召唤国家认同和政治认同"。

按照这个论点，可能导出这样的看法：第一，先有文化认同，然后才可能有政治认同；第二，没有文化认同，就不会有政治认同；第三，文化认同改变了，政治认同一定跟着改变；第四，只要文化认同不改变，政治认同也不会改变，等等。

我不知道这个论点的根据何在，但却感到它无法得到普遍的论证，也违背了许多客观的事实。以下我想列举一些国家的事实进行验证。

先看美国。亨廷顿指出："美国的核心文化向来是，而且至今仍然主要是17—18世纪创建美国社会的那些定居者的文化。这一文化的主要成分包括基督教信仰，新教价值观和道德观念，工作道德，英语，英国式的法律、司法和限制政府权力的传统，以及欧洲的文学、艺术、哲学和音乐传统。在这一文化的基础之上，定居者们于18—19世纪建立了'美国信念'，其原则是自由、平等、个人主义、代议制政府和私有财产制。后来一代又一代的移民则是同化于这一文化之中，又对它有所贡献和修订，但并没有使它有什么根本的改变。"[1]这就是所谓的WASPs，即白种（White）、盎格鲁－萨克森人（Anglo-Saxon）、清教徒（Puritan），统称WASPs核心文化与价值观。那么，美国人的政治认同、国家认同是否建立在对这一核心文化认同的基础上呢？过去人们把美国称为"大熔炉"，强调外来移民要融入美国社

---

[1] 亨廷顿：《谁是美国人》，新华出版社2010年版，第32页。

会，后来改称为"沙拉碗"，强调要保持自己的文化认同。因此，亨廷顿忧心忡忡地指出，这一核心文化在美国受到很大的挑战，他警告说，美国正在被西班牙裔移民分裂成"两种语言和两种文化"，"这将使得三个世纪以来一种语言和一种核心文化——盎格鲁－新教文化——的美国变得面目全非"。[①] 说明美国人的认同并非建立在文化认同的基础上。

亨廷顿还讲到这样的问题。他说："'美国信念'的原则——自由，平等，民主，民权，无歧视，法治——是如何组建一个社会的标志"，其他国家的人也可以接受这些原则，但他们不会因此而成为美国人。"只有当他们移居美国，参加美国社会的生活，学习美国的语言、历史和习俗，吸收美国的盎格鲁－新教文化，主要认同于美国而不再是认同于原籍之国，他们才会成为美国人。"[②] 说明并不是有了特定的文化认同就会有相对应的政治认同和国家认同。

再看欧洲。欧洲一体化的历史是从煤钢共同体开始的，以经济共同体为基础，通过欧洲单一市场、统一货币到共同的外交与安全政策、公民欧洲、共同的象征符号——欧盟旗帜等等一步步地走上欧洲认同的道路。这个过程在很长的时间里，忽视了文化。所以欧盟的缔造者之一让·莫奈 (Jean Monnet) 曾说过，"如果我们重新开始欧洲共同体，我们将从文化开始"。后来他们才开始建构欧洲文化认同，但至今还有不少人担心"一种单一的欧洲化文化模式将会危及本族文化的地位"。这一事实说明了欧洲的认同不是从文化认同开始，并不是以文化认同为前提。

再看澳大利亚。现在从世界各地来到澳大利亚的移民很多，澳大利亚政府废除了过去的"白澳政策"，推行多元文化政策，鼓励移民

---

① 亨廷顿：《谁是美国人》，新华出版社 2010 年版，第 237 页。
② 亨廷顿：《谁是美国人》，新华出版社 2010 年版，第 48 页。

保留自身的语言与文化。尽管英裔澳大利亚人仍然拥有优势的地位，西方文化属于主流文化，但各地来的移民也没有完全认同英裔澳大利亚人的文化。就是说，澳大利亚的政治认同和国家认同并非建立在文化认同的基础之上。

再看新加坡。1965 年新加坡独立时，华人、马来人、印度人是三个主要族群，此外还有欧洲人、阿拉伯人以及亚洲其他国家的人，他们来自不同的社会制度，有着不同的文化、不同的生活方式和不同的价值观念，不可能有共同的文化认同。政府首先致力于建构"新加坡人"的认同感，竭力塑造国家意识，强化国民的政治认同。1991年新加坡政府发表了《共同价值观白皮书》，提出五大"共同价值观念"，即"国家至上，社会优先；家庭为根，社会为本；关怀扶持，同舟共济；求同存异，协商共识；种族和谐，宗教宽容。"[①] 新加坡政府从不主张以文化素质较高的族群去同化文化素质较低的族群。相反，它主张保持和发扬各族群的传统文化，以创造更加丰富多彩的新加坡文化体系。这个政策取得了显著的效果。这个实例说明了不是先有文化认同才有政治认同，而是在保持各族文化的基础上，先建构政治认同，再倡导和建构共同的价值观。

当然，还可以举出其他事例。不过以上事例足以说明"文化认同是政治认同的前提和基础"这个论点经不起历史与现实的检验，在很多场合并不适用，它并非颠扑不破的理论，不要把它当作放之四海而皆准的普遍真理。因此在研究两岸文化时，不能忽视这个被许多人接受和引用的不正确的论点。由此引申出另一个问题：两岸之间的认同是否一定要"从文化认同入手"，也是可以讨论的。

---

① 郑汉华：《新加坡共同价值观及其启示》，《高等农业教育》2006 年第 1 期。

（二）中华传统文化的认同能否达成政治认同、国家认同？

这个问题实际上涉及两个方面：第一，两岸文化认同是否等于中华传统文化的认同？第二，是否可以通过中华文化的认同达成国家认同？对此，学术界存在正反两方的看法。

正方的看法：增进中华文化认同是构建两岸国家认同的重要途径。可以通过共同弘扬中国传统文化，使台湾民众逐步由文化认同过渡到民族、国家认同。要用中华传统文化重塑两岸民族认同。有人进而指出，儒家思想是中华传统文化的主脉。这意味着要用儒家思想来推进民族认同和国家认同。还有人具体指出，要采取族谱文化、饮食文化等多种文化形式，举办黄帝祭祀、妈祖信俗礼仪等传统文化活动，来发挥传统文化的精神纽带作用。

这种看法存在如下的问题：什么是中华传统文化，中华传统文化是不是两岸的主流文化，对此两岸之间的看法并不一致，大陆内部或台湾内部从民间到学术界对中华传统文化的看法也不一致，甚至有很大的差异。此外，大陆鼓励人民认同中国特色社会主义文化，台湾当局鼓励民众认同台湾特色的中华文化，这样，中华传统文化是不是文化认同的重点也是一个需要讨论的问题。

反方的看法：台湾学者有以下的观点："海峡双方在沟通上是否要完全依赖于文化认同的共识，也是大有反省余地。诉诸中华民族主义以解决两岸分裂问题，并不能赢得台湾社会各族群之一致认可；诉诸台湾民族主义以贯彻独立主张，则同样漠视了许多坚持中华文化认同的人民之心声。"[1] "如果我们仅仅以传统文化作为武器，忽略

---

① 江宜桦：《中华文化在两岸关系发展中的作用》，台湾地区《中国大陆研究教学通讯》1997 年第 18 期。

了两岸在近代过程中的文化差异，简单地从民族大义的高度出发来批判'台湾意识'，想借此消弥台湾社会在文化方面的对抗，非但是缘木求鱼，往往还带来相反的结果。"① "台湾在去中国化之后，年轻的一代根本不再谈论中国传统价值，这是新世代年轻人很大的危机。我要说的是，这个危机不只是台湾有，大陆一样有。"② 大陆有的学者指出："一些人担心，用中国传统文化来打造政治认同，可能会产生不可预料的负面效应。"他认为"传统文化对政治认同的支撑作用是有限的，找准政治认同和共识来源的方向极为重要。以文化促进政治认同，更需在民主、自由、法治的制度安排中去开掘，从公平、正义的社会结构中去保障。它逻辑地要求政治体制改革的继续深化"。③ 有的学者进一步指出："大陆人观察到台湾人的文明教养程度，但存在着把它仅归之于保存了文化传统的原因，忽略了台湾文化现代化的成果。"④

由此可见，人们对"以中华传统文化认同打造政治认同"的观点存在疑问，甚至认为不仅在台湾而且在大陆，年轻一代已经不谈传统文化了，怎能期待通过传统文化的认同达成政治认同呢？传统文化对于政治认同有多大作用？这也是一个被许多人忽视的问题。

这里，需要回到文化认同的概念问题。如果只要通过中华传统文化的认同就可以达成政治认同，那就是否定了现存的两岸主流文化与核心价值对于两岸认同的重要意义了。《中国大百科全书·政治学》指出：政治认同是指"人们在社会政治生活中产生的一种感情和意识上的归属感。它与人们的心理活动动有密的关系。人们在一定社会中

---

① 陈福裕:《从文化认同过渡到国家认同的契机》，引自张方远编:《高中历史课纲烽火录》，海峡学术出版社 2013 年版。
② 黄光国:《如何用王道增进两岸认同民》，《中国评论》2011 年第 9 期。
③ 石勇:《从文化再造到政治认同》，《南风窗》2011 年 10 月 21 日。
④ 俞新天:《两岸文化的异同与影响》，《中国评论》2010 年第 7 期。

生活，总要在一定的社会联系中确定自己的身份，如把自己看作某一政党的党员、某一阶级的成员、某一政治过程的参与者或某一政治信念的追求者等等，并自觉地以组织及过程的规范来约束自己的政治行为。这种现象就是政治认同"。① 看来政治认同并不是只靠传统文化认同就可以达成的。

（三）两岸文化认同向何处去？

台湾方面提出"台湾特色的中华文化"优于大陆，超越大陆，他们可以成为"世界中华文化的领航者"，而且认为这种说法不必担心会触怒大陆，"因为大家各凭本事，谁能够把文化展演得更好，才能够配称文化的领航者，良性竞争"。显然，他们认为两岸文化认同只能是大陆向台湾认同，认同"台湾特色的中华文化"。

大陆有人认为，在文化认同方面大陆有优势，要通过文化交流，让台湾同胞了解大陆，摒弃偏见，消除对大陆的误解，"转变其思维"，达成文化认同。这是要台湾向大陆认同。

两岸各自坚持自己的文化，或是认为"我对你错""我高你低"，采取"零和"的态度，企图让对方认同自己，"一方吃掉另一方"。这又是文化认同的一个盲点。

其实出现这种分歧是很自然的。因为面对文化的差异，必然要考虑如何对待的问题。在这种情况下，通常可能出现三种态度：第一，强调自己文化的普遍性，否认其他文化的"他性"并改变这种"他性"。第二，承认其他文化的"他性"，但要求改变这种"他性"。第三，开放的态度，即在不完全丧失自己文化独特性的情况下，承认一

---

① 《中国大百科全书·政治学》，中国大百科全书出版社 1992 年版，第 501 页。

种文化可以是一个更大文化范畴的组成部分。[①]

现在两岸面对文化认同上也出现上述三种态度，特别是容易采取"保卫"自己文化、"抵制"对方文化的态度，企图说服对方、同化对方、改变他者，其结果只能引起更大的对抗，甚至是文化冲突。

两岸有识之士已经对此表示担忧。台湾学者认为两岸应当摆脱"以我为主"的思维，要换位思考，尊重两岸人民不同的感受，而"本位主义挂帅只会让文化融合反其道而行"。[②]大陆学者则指出："文化从来不是你吃掉我，我吃掉你的问题，而是互相整合，互相增加，互相提升的问题"。[③]

是的，两岸文化认同也不是谁吃掉谁的问题。大陆认同中国特色社会主义文化，建设面向现代化、面向世界、面向未来的，民族的科学的大众的社会主义文化。这是道路自信的表现，是不可能被取代的。同样的，"中华文化在台湾根深叶茂，台湾文化丰富了中华文化内涵"，也没有理由让它放弃。所以，两岸文化认同，不是要大陆认同台湾的文化，也不是要台湾认同大陆的文化，而是要走互相融合的道路。这就需要互相承认差异，尊重差异，包容差异，然后才能理解差异，处理差异，需要以理解和包容的态度对待对方，才能共同建构新的文化认同。

在这里，我想参考"文化融合"理论，提出这样的意见：第一步，要互相接触、交流。第二步，要经受"冲击"与"筛选"，就是在两岸文化差异的基础上，互相吸收，共同筛选出双方可以接受的传统的和先进的文化，摒弃那些过时的不合需要的文化。第三步，

---

① 王逢振：《文化研究》，扬智文化出版社 2000 年版，第 177—179 页。

② 参阅黄筱艿：《从文化交流角度思考两岸之前瞻》，http://www.lt.china.com.cn/chinese/TCC/haixia/50134.htm，访问日期：2016 年 9 月 5 日。

③ 俞新天：《两岸文化认同需要破题》，http://www.crntt.com/crn-webapp/doc/docDetailCreate.jsp?coluid=118&docid=101883246，访问日期：2016 年 9 月 5 日。

在新的时代背景下，在融合的过程中，两岸形成新的集体记忆，形成新的精神文化和核心价值观，构建出一种新的文化体系，走向文化认同。

"双文化"的认同

什么是"两岸文化认同"？是中华传统文化的认同，还是价值观的认同，或者还有别的看法，这个问题在学术界存在争议。我针对现有的看法，试图依据"双文化论"提出自己的意见，希望能够引起讨论。

一、关于两岸文化认同的两种看法

（一）两岸文化认同的内涵

所谓"文化认同"有许多不同的界定，一般说来，是指个体或群体对自身所属的文化体系形成的一种内在情感，表现为一种归属感和文化情结，并以此形成"我群"与"他群"的社会区分。

"认同"存在不同的层次，有原生性认同，也有建构性认同。原生性认同（或称本质性认同）是人类社会化早期最基础的认同，是指某社群对该社群最原始的认同，是出于一种原始情感认同，通过语言、文字、象征符号、集体记忆、习俗、神话、历史等等，形成的对自身群体的认同。建构性认同则是后天经过有意识的培育和建构，在本群体共有知识的基础上形成的。因此，探讨文化认同既要考察原生性文化认同，也要关照到建构性文化认同。

"文化认同"也有不同层次的区分，有些学者把它区分为广义与狭义两种。广义的文化认同是指由共同的语言、民族血统、宗教信仰、价值观、伦理道德体系、历史地理、经济环境等因素相互作用形成的认同，是民族国家确立其存在正当性的重要依据。狭义的文化认同是指特定的文化理念、思维模式和行为规范。文化认同的核心是价值认同和价值观认同。[①] 根据上述对文化认同的理解，所谓"两岸文化认同"不仅指由共同语言、文字、历史、集体记忆等方面形成的原生性的文化认同，或中华传统文化的认同，还应当包括两岸后天建构的制度认同、心态认同，特别是价值观、思维模式、行为规范、社会心理、意识形态等方面的内容。

（二）当前学术界存在两种不同的看法

一种看法强调中华文化的认同，认为民族是与血缘、共享文化，包括语言、文字、思想、信仰、行为方式、交流方式相关，并因此而产生伙伴和大家庭成员之间的亲情感。因此，认同中华民族与两岸的中华文化认同之间有密切的联系。有人指出：中华文化是两岸人民认

---

① 赵剑英：《文化认同危机与建构社会基本价值观的紧迫性》，《马克思主义与现实》2005 年第 2 期；崔新建：《文化认同及其根源》，《北京师范大学学报》2004 年第 4 期；韦岚：《基于文化认同视阈下的社会主义意识形态建设》，《求实》2012 年第 11 期。

同的基础，要通过共同弘扬中国传统文化，使岛内民众逐步由文化认同过渡到民族、国家认同；要通过中华文化认同增进两岸血脉相连的民族认同感，"唤起民族感情"，促进两岸命运共同体的认识，达到两岸的民族认同与国家认同。

另一种看法强调价值观认同，认为"文化认同的核心是价值认同和价值观认同"，"文化冲突的核心是不同价值取向和不同价值观的冲突。"按照这种看法，两岸文化认同的重点应当是在价值观方面，这就不是只靠中华文化交流和认同所能达成的。

这两种看法都有片面性。强调中华文化认同的看法，它完全忽视了价值观的认同。强调价值观的认同，似乎也忽视了中华文化对于两岸文化认同的作用。余英时教授指出："激进的西化论者在自觉的层面完全否定了中国文化，自然不可能再去认真地考虑它的价值系统的问题。另一方面，极端的保守论者则强调中国文化全面地高于西方，因此对双方价值系统也不肯平心静气地辨别其异同"。[①] 俞吾金教授也认为："当代中国文化总是徘徊在两个极端之间：或者强调建立普世价值的重要性，强调向西方文化学习的重要性，甚至把普世主义与西方化简单地等同起来，走向'全盘西化'的极端；或者强调中国的特殊性，强调民族主义的至上性，以至不惜否定普世的价值，甚至走向'盲目排外'的极端。这些普世主义的价值构成现代化追求的精神内涵，事实上也是任何发展中国家在追求现代化的过程中所无法回避的。"[②] 徐兆寿进而指出："现在，在中国有一种奇怪的现象，一旦你提倡发扬中国传统文化，就好像是要与世界作对，就好像是要提倡专

---

① 蓑笠翁：《西儒会融，解构法道互补——余英时论传统与现代的关系》，http://www.douban.com/group/topic/8731699/?type=like，访问日期：2016 年 4 月 20 日。

② 俞吾金：《当代中国文化的内在冲突与出路》，《浙江大学学报》(人文社会科学版)2007 年第 4 期。

制、封建、三纲五常。我不断地强调，提倡中国传统文化要以中国本根的文化为中心，而不再是以西方文化为中心，但又要以西方文化的平等、民主、自由等价值来补充、改造中国传统文化，使中国文化成为世界上最为优秀的文化。"①

二、"双文化论"的启示

双文化，一般指的是双语双文化。双语一般指的是当地语言与官方语言、一个国家的官方语言与国际通用的英语。新加坡把英语称为工具语言，把华语称为文化语言。双语双文化指的是官方语言文化和少数民族语言文化，外来移民语言文化与当地的语言文化。例如，中国的汉语汉文化与少数民族的语言文化；美国的语言与核心文化（盎格鲁－新教文化）与墨西哥移民的语言文化；等等。

百岁学人周有光所说的"双文化"与上述不同，那是他从人类文化发展的历史和现实提出的独创的见解。他说："今天是双文化时代，任何国家都是一方面保存和改进传统文化，一方面利用人类'共创共有、共用'的现代文化。"②

这个"双文化论"具有以下含义：

（1）文化，从时间上看，可以分成过去的（传统的）文化和现代的文化；从地域上看，可以分成地区的（本土的）和全球的（共同的）文化。

---

① 徐兆寿：《点燃中华文明的香火》，《光明日报》2016 年 1 月 8 日。
② 周有光：《百岁新稿》，三联书店 2005 年版，第 188—189 页。以下论点均见《百岁新稿》及《周有光文集》第 15 卷《朝闻道集》，中央编译出版社 2013 年版；王辛：《读周有光书的人越多，中国越有希望》，《文化学刊》2015 年第 10 期。

（2）国际现代文化是不分地区的共同文化，是世界各国共同创造、共同拥有、共同享用的文化。

（3）传统文化与现代文化的关系是：

第一，"国际现代文化是全世界各个地区传统文化的融合和升华，它是全人类共同创造的财富"；"世界各地的传统文化，相互接受，相互吸收，其中有普遍价值的部分融入国际现代文化"；现代文化"既不是西方文化，也不是东方文化，而是世界共同的现代文化"。

第二，传统文化与现代文化"长期并存，互有消长，彼此不可能把对方吃掉"。

第三，"任何民族都无法离开、取代、覆盖全世界的现代文化"。"复兴华夏文化，不是文化复古，而是文化更新；不是以传统文化代替现代文化，而是以传统文化辅助现代文化"。

第四，"现代人是'双文化人'，既需要现代文化，又需要传统文化"。

周氏"双文化论"高度概括了"双文化时代"的文化特点，对于文化研究有重要的指导意义。

三、从"双文化论"看两岸文化认同

从两岸各自的主流文化来看，也都体现了"双文化"。大陆的"中国特色的社会主义文化"，一方面要"弘扬社会主义核心价值观"，另一方面要"继承和发扬中华民族优秀传统文化"，这就是双文化。台湾的"台湾特色的中华文化"，一方面强调"保留了完整面丰富的中华文化传统"，另一方面强调"吸收了西方当代文明的精华"，这也是双文化。

（一）中华文化与两岸文化认同

弘扬中华传统文化，有利于增进两岸文化共同性的认知，说明两岸共同属于中华文化，有许多相同与相似之处，共同的语言文字、风俗习惯、伦理道德以及历史传承共同享有的文化财富，让两岸人民彼此有亲近感、亲情感。因此，传统文化的认同是两岸文化认同的一个组成部分，不可忽视。

但是，在传统文化方面，两岸在认知上还有不少差异。什么是传统文化、什么是"最正统"的中华文化、什么是传统文化的精华、核心或"主脉"、怎样评价传统文化、什么样的传统文化值得继承以及当今两岸是否存在共同的传统文化等等，不仅两岸有不同看法，在大陆和台湾内部各自也有不少分歧。

例如，对于传统文化的核心，有人强调是儒家思想，有人则认为是儒释道哲学、王道文化、和合文化等等，众说纷纭，莫衷一是。究竟两岸应当共同认同哪一种传统文化呢？

又如，对于两岸传统文化的差异，台湾学者有如下看法：陈福裕认为："如果我们仅仅以传统文化作为武器，忽略了两岸在近代过程中的文化差异，简单地从民族大义的高度出发来批判'台湾意识'，想藉此消弭台湾社会在文化方面的对抗，非但是缘木求鱼，往往还带来相反的结果。"[1] 李西潭指出：中华传统文化，特别是儒家文化，不利于民主的发展，台湾正是"解构"了儒家文化才能实现民主转型。[2]

---

① 陈福裕:《从文化认同过渡到国家认同的契机》，引自张方远编:《高中历史课纲烽火录》，海峡学术出版社 2013 年版。

② 李西潭:《台湾通过解构儒家文化来深化民主进程》， http://hk.crntt.com/crn-webapp/touch/detail.jsp?coluid=266&kindid=0&docid =104003959，访问日期：2016 年 4 月 20 日。

那么两岸要认同什么样的传统文化呢？

再如，对于大陆是否保留了中华传统文化，台湾一些政治人物认为："台湾完整保留了中华文化，而大陆断绝了"，"大陆根本没有什么中华文化"，"只有在台湾才能学到最正统的中华文化"。还有学者也认为：大陆的中华文化60年前已被从苏联抄来的"社会主义"文化取代了很多，后来又被"特色"取代剩下的部分。现在的确几乎没有了。这么说两岸的差异是"有"与"无"的问题，那么两岸怎么可能形成传统文化的认同呢？

再如，对于两岸年青一代是否认同中华传统文化，台湾学者有如下看法："台湾在去中国化之后，年轻的一代根本不再谈论中国传统价值，这是新世代年轻人很大的危机。我要说的是，这个危机不只是台湾有，大陆一样有。"[1] 大陆学者也有类似的看法："在今天的现实生活中，我们看到的却是很多人传统文化意识的淡薄，在历史文化常识方面的无知。即便是在大学校园里，大学生对传统文化和历史知识漠然处之的现象也并不鲜见。"[2] "部分大学生对于中国传统文化的认知水平不高，甚至态度淡漠，更有甚者对中国传统文化的未来丧失信心，自觉践行和传承中国传统文化的主观意愿不强等，这些问题严重影响了大学生世界观、人生观、价值观的塑造，也大大削弱了中国传统文化的育人功能。"[3] 如果两岸年青一代都对传统文化感到冷漠，他们有可能达成中华传统文化的认同吗？

以上情况说明，要求两岸共同认同中华传统文化有相当大的难度。退一步说，两岸即使认同中华传统文化的某些部分，例如，共同

---

① 黄光国：《如何用王道增进两岸认同》，《中国评论》2011年第9期。

② 吴小燕：《大学生对传统文化认知的调查与思考》，《当代青年研究》2012年第10期。

③ 蔡小冬等：《大学生对中国传统文化的认知现状与对策探究》，《高校辅导员学刊》2015年第5期。

的语言文字、民族血统、风俗习惯等等，形成"五百年前是一家"的联想，也不可能达成两岸文化认同，显然，台湾现在认同的是"台湾特色的中华文化"或"台湾文化"，不可能认同大陆现有的中华传统文化。

（二）现代文化与两岸文化认同

周有光认为"从宏观来看，文化的发展可以分为三个阶段：神学文化、玄学文化和科学文化"。现代文化是科学文化。"现代文化的主要内容是自然科学和社会科学，以及现代化的日常生活，作用是发展人类社会共同幸福。"又说现代文化的精髓"是科学，既包括自然科学，也包括社会科学。科学是一元性的，不分民族，不分国家，不分阶级，不分地区"。[①] 此外，他还以"食衣住行卫教娱"为例，说明当代社会各个领域都存在双文化。何传启指出："新文化包括六个特点：(1) 新知识，以科学为基础的知识；(2) 新教育，现代教育的普及和科学的传播；(3) 新观念，思想的理性化，宗教的世俗化，面向现实的、今世的、人本的和社会的，相信科技、现代主义、经济主义和民族主义；(4) 新精神，科学、民主、自由、平等和博爱精神；(5) 新追求，追求进步、财富、变化和自我表现，个人价值和能力的发展；(6) 新世界观，效率、灵活、适应、开放和参与意识，信任、责任、成就和公正意向等"。[②] 因此，现代文化的认同，应当包括上述诸多方面的认同。这也就意味着，现代文化除了主流文化、高雅文化之外，还应当包括大众文化、流行文化，现在流行文化已经"渗透到社

---

① 周有光：《百岁新稿》，三联书店 2005 年版，第 41 页。
② 中国现代化战略研究课题组、中国科学院中国现代化研究中心：《中国现代化报告（2009）——文化现代化研究》，北京大学出版社 2009 年版，综述部分。

会的政治、经济、教育、文学、艺术和日常生活的各个方面，成为社会运作和发展的一种重要动力"。[1] 因此，不能只关注前者而忽视了后者。

总的来看，自然科学的认同是没有问题的，对于社会科学，周有光的看法是："社会科学的发展和认可还受到两种力量的制约：人民群众的觉醒程度和统治集团的开明程度。"[2] 当然也还有各个国家根据社会制度不同而有自己的创造和选择。至于文化认同的核心：价值认同和价值观认同，则由于社会制度不同存在很大的差异。在大众文化、流行文化方面既有差异也有交集。

台湾当局一再强调"公民素养""民主制度""自由精神""普世价值""人权法治"等等，强调两岸的差异在于"生活方式与核心价值"。台湾的一些学者也认为，各种文化不能统一到中华文化价值观的基础上，一定要统一到普世价值观的基础上，认为民主、人权、平等、自由这些观念应该是普世价值观。大陆学者也指出，台湾崇尚自由、尊重多元、政治上效法欧美政党政治、三权分立、普选制，"两岸在制度文化和观念文化上存在着很大的差距"。[3] "台湾在政治上仰望的是西方的多党制、三权分立、民主选举等，大陆则认为这些未必符合中国国情，只可借鉴不可模仿，要创造本土特色的制度"。"两岸政治文化和政治价值观的差异将长期存在"。[4]

一般民众则在两岸交往过程中看到这些差异。例如，台湾民众说："我们可以选'总统'，你们不能"，"我们有 facebook，你们没有"，

① 高宣扬：《流行文化社会学》，中国人民大学出版社 2006 年版，第 8 页。
② 周有光：《周有光文集》第 15 卷，中央编译出版社 2013 年版，第 46 页。
③ 杨立宪：《两岸观念文化的交流应尝试"相向而行"》，http://www.china.com.cn/news/tw/2011-08/31/content_23326936.htm，访问日期：2016 年 4 月 20 日。
④ 俞新天：《两岸关系中的文化认识问题》， http://www.huaxia.com/thpl/djpl/2012/03/2794073.html，访问日期：2016 年 4 月 20 日。

"从食衣住行到思考方式，两岸都不一样，你们为什么要统一"，"不承认'中华民国'怎能是一家人"，从而得到结论："台湾是'民主国家'，大陆是专制国家。"

由此可见，就现代文化来说，特别是就价值观来说，两岸要实现文化认同也存在很大的难度。

（三）两岸共同价值与两岸文化认同

什么是"两岸共同价值"？大陆学者李松林、倪永杰等分别提出自己不同的看法。[1] 要回答这个问题，应当关注"全人类的共同价值"。习近平主席在纽约联合国总部出席第七十届联合国大会发表演说指出，"和平、发展、公平、正义、民主、自由，是全人类的共同价值，也是联合国的崇高目标"[2]。这当然也是两岸共同价值的基本要素，除此之外，应当还有中国传统文化和当代大陆文化、台湾文化要素所凝聚出来的特色文化，至于究竟哪些文化要素可以成为两岸共同价值，还需要一个建构的过程。

首先，要通过研讨和协商确定两岸共同价值。在两岸交流过程中进行两岸核心价值观的对接，发现双方共同的理想和追求，以及对中华传统文化的传承和发扬。两岸共同价值应当既包括全人类的共同价值，又要有两岸特色的要素。至于两岸共同价值的具体内容，则需要双方共同协商确定。

在这个方面，新加坡的经验可资参考。1991 年 1 月，新加坡政

---

[1] 李松林、刘伟：《构建两岸共有价值体系的探讨》，《人民论坛》2010 年第 14 期。倪永杰：《创建两岸共同价值 加强心灵契合》，《台声》2015 年第 23 期。

[2] 习近平：《携手构建合作共赢新伙伴 同心打造人类命运共同体——在第七十届联合国大会一般性辩论时的讲话》，http://news.xinhuanet.com/2015-09/29/c_1116703645.htm，访问日期：2016 年 4 月 20 日。

府发表了《共同价值观白皮书》，提出新加坡社会的五大共同价值观：国家至上，社会为先；家庭为根，社会为本；关怀扶持，同舟共济；求同存异，协商共识；种族和谐，宗教宽容。共同价值观是以当代新儒家的社会思想为核心，兼容其他文化而由政府钦定的"新加坡人"的价值体系。[①]

当然，我们的国情与新加坡不同，探讨共同价值的时代背景也不同，因此，两岸共同价值也不可能与新加坡一样。但是，通过两岸协商确定两岸共同价值的可能性是存在的。关键在于要采取互相尊重、互相包容的态度，共同找出双方可以接受的、普遍认可的中华文化精华和传统美德，把它充实到共同价值中来。诸如，以人为本、和为贵、和而不同、求同存异、勤俭、谦恭、助人为乐以及台湾社区所推崇的尊重、包容、欣赏、分享等等，都可以提供讨论。

其次，要通过公民教育建构共同价值。两岸共同价值的认同不是原生性的认同，而是建构性认同，它需要一个建构的过程。最重要的渠道是通过政治社会化，这是两岸官方已经在做的事。大陆正在开展社会主义核心价值观的教育，台湾也在开展通识教育，都可以加上两岸共同价值的内容。当然通过公民教育更能普遍地推向整个社会，中共十七大报告提出："加强公民意识教育，树立社会主义民主法治、自由平等、公平正义理念。"[②] 十八大报告提出："全面提高公民道德素质。要坚持依法治国和以德治国相结合，加强社会公德、职业道德、

---

① 陈偲：《新加坡核心价值观建设经验》，《学习时报》2015 年 6 月 15 日第 A2 版。

② 胡锦涛：《高举中国特色社会主义伟大旗帜　为夺取全面建设小康社会新胜利而奋斗》，2007 年 10 月 15 日，http://news.xinhuanet.com/newscenter/2007-10/24/content_6938568.htm，访问日期：2016 年 4 月 20 日。

家庭美德、个人品德教育，弘扬中华传统美德，弘扬时代新风。"^① 台湾也在开展公民教育，这就为建构两岸共同价值提供了有利条件。

再次，要尊重两岸文化差异的存在，体现多元文化的现实，中华文化与各地本土文化、少数民族文化相互包容，共存共享。

在这个方面，欧洲的经验可资参考。欧洲存在多种民族，有多种语言和文字，存在文化的多样性，各国都重视本土文化的独立存在与发展。另一方面，欧盟也要推进欧洲文化一体化的进程。1992 年签署的"马斯特里赫特条约"规定："共同体将致力于弘扬共同文化遗产，发展各成员国文化，尊重各国各地区的文化多样性。"一方面强调欧洲文化的共性，另一方面则保持各国文化的独立性。[2]

前台东大学校长蔡典谟表示，"中华文化复兴应与文化多元发展相辅相成，以'异中求同'、'同中存异'、开放、包容、尊重歧异的心胸，使中华文化脉络与各地方的'本土化'结合，调和中华文化与地方文化、少数民族文化的矛盾，深化两岸文化交流，共创两岸文化荣景。"[3] 这个意见值得重视。

两岸共同价值是两岸文化认同的重要组成部分，建构两岸共同价值需要一个相当长期的复杂的过程。

---

① 胡锦涛:《坚定不移沿着中国特色社会主义道路前进 为全面建成小康社会而奋斗》，http://www.xj.xinhuanet.com/2012-11/19/c_113722546.htm，访问日期：2016 年 4 月 20 日。

② 张金岭:《欧洲文化研究三十年综述》，http://ies.cass.cn/Article/cbw/ozsh/201108/4110.asp，访问日期：2016 年 4 月 20 日。

③ 蔡典谟:《中华文化应与多元文化相辅相成》，http://mag.crntt.com/doc/1040/1/6/1/104016136.html?coluid=253&kindid=14692&docid=104016136，访问日期：2016 年 4 月 20 日。

四、两岸文化认同新途径

通过以上考察，联系两岸学界的相关研究，我想提出如下看法提供讨论参考：

第一，依据"双文化论"，两岸文化认同既要有中华传统文化的认同，又要有现代文化的认同，从目前看来，二者都存在不少困难和问题，因此，以为两岸文化认同是容易的事，那完全是一个误解。再者，认为只要开展两岸传统文化的交流，就能实现两岸文化认同的想法，或只要两岸认同现代文化，就可以实现两岸文化认同的想法，都是片面的。

大陆学者俞吾金指出："既要接受外来文化中蕴含的普世性价值，用以推进中国的现代化建设事业，又要继承中国传统文化中富有智慧和价值的因素，从而对现代化的理念做出必要的修正。"[1] 李君如指出："加强两岸文化交流，有利于曾长期与大陆隔绝的台湾人民看到我们的社会理想和价值追求中，有着许多带有共性的美好追求，有着谁也抹杀不了的共同的文化基因。也就是说，我们完全可以通过文化交流，建立起两岸的价值纽带，化解两岸的心理纠集，在文化认同上巩固和深化两岸的和平发展。"既提到"普世性价值""社会理想和价值追求"，又提到"中国传统文化""共同的文化基因"[2]。台湾学者黄筱芎指出："两岸在文化整合上，若能发扬共同文化的根源——中华文化，并探索中国人在现代化过程中的处境和需要，进而形成一种'断裂中有延续''创新中有传承'新文化观照，开展一个含容量更多可

---

[1]　俞吾金：《当代中国文化的内在冲突与出路》，《浙江大学学报》(人文社会科学版)2007 年第 4 期。

[2]　李君如：《文化认同与两岸关系和平发展》，《两岸关系》2015 年第 1 期。

能性的文化型态，必能为两岸统合奠定更厚实的基础"。① 既提到"共同文化根源"，又提到"新文化观照"。上述看法可以说是与"双文化论"异曲同工。

第二，中华传统文化的认同只是两岸文化认同的一个方面，而且对于传统文化应当认同的是什么，两岸存在很大差异。认为两岸认同中华传统文化没有困难的想法，也是错误的。大陆学者徐晓暖指出："两岸文化交流并不能仅凭借确认两岸同属中华民族就可以开展广泛的合作与对话，文化交流不等于文化认同，文化认同也不等于文化价值认同。"② 石勇指出："传统文化对政治认同的支撑作用是有限的，找准政治认同和共识来源的方向极为重要。以文化促进政治认同，更需在民主、自由、法治的制度安排中去开掘，从公平、正义的社会结构中去保障。它逻辑地要求政治体制改革的继续深化。"③ 此外，两岸不可能认同所有的中华传统文化，可以认同的应当是两岸共同认可的、可以增进两岸同胞感情的、符合时代要求的、有助于建构两岸共同价值和公共道德的优秀传统文化。

第三，现代文化的认同包括诸多方面，而价值观的认同则是关键，目前两岸在价值观上存在一定的交集，但也存在较大的差异。

当代中国大陆的价值观是社会主义的，也是具有中国特色的，所以社会主义核心价值观是中国价值观区别于西方价值观、中国传统价值观、乃至传统社会主义价值观的基本标志。但社会主义核心价值观正在倡导与建构尚未建成。另一方面，大陆的价值观正处在"多元并存，新旧交替"状态，不适应现代潮流的价值观仍然存在，后者往往

---

① 黄筱芗：《从文化交流角度思考两岸之前瞻》，http://www.lt.china.com.cn/chinese/TCC/haixia/50134.htm，访问日期：2016 年 9 月 5 日。

② 徐晓暖：《文化价值认同：新时期两岸关系和谐建构中的重要向度》，《中央社会主义学院学报》2011 年第 4 期。

③ 石勇：《从文化再造到政治认同》，《南风窗》2011 年 10 月 21 日。

被台湾方面视为大陆"判断对错、选择取舍"的标准，以至对两岸交流产生负面的影响。

台湾则遵行"普世价值"，强调民主自由的价值观。此外，马英九说："我归纳出台湾人所应有的、具有的六大核心价值：一是正直、二是善良、三是勤奋、四是诚信、五是进取、六是包容。"[①] 但是，在台湾内部也有不同的看法，有人提出："台湾是否需要紧抱美国价值观，值得深思"。[②] 有人警告："人民对民主制度丧失信心，并对社会正义的价值开始感到虚无。这些，乃是台湾民主的最大危机。"[③] 至于年青一代重视个体与自身的利益，追求"小确幸"的价值观，也不是应当倡导的。

由此可见，两岸在价值观认同方面，还有不少差异与困难。

第四，除了全人类的共同价值之外，两岸还要有两岸特色的共同价值，这是需要经过两岸共同建构的。倪永杰认为："两岸共同价值的形塑是一个漫长、动态、可变、可塑的过程，是在两岸价值存量基础上的增量扩张，必定朝着更文明、更开放、更多元、更包容、更亲和、更具感染力的方向演进。""创建两岸共同价值，促成两岸朝向互信互尊、包容理性、多元共享、民主公正以及可持续发展的方向演进，加强两岸心灵契合建构，完成两岸终极统一的使命。"[④] 艾松如认为："两岸全新文化形态既是民族的又是世界的，既是传统的又是现代的，植根中国传统文化，吸纳台湾特色文化，融汇两岸文化元素，吸收人类文明成果，具有包容、开放、多元、创意、前瞻等特征，可

① 《台湾"中央社"八十五周年社庆 马英九谈六大核心价值》，http://tw.people.com.cn/GB/9066741.html，访问日期：2016 年 4 月 20 日。

② 《台学者：台湾是否需紧抱美国价值观值得深思》，http://www.chinanews.com/tw/2013/07-31/5105970.shtml，访问日期：2016 年 4 月 20 日。

③ 张铁志：《台湾新民主的诅咒？》，http://www.21ccom.net/articles/zgyj/thyj/article_2014012599647.html，访问日期：2016 年 4 月 20 日。

④ 倪永杰：《创建两岸共同价值 加强心灵契合》，《台声》2015 年第 23 期。

以滋养两岸同胞心灵、延伸中华文化血脉，旨在打造两岸共同体、强化两岸一家亲。"①

这说明建构两岸共同价值，既要重视现代文化和中华文化固有的精华，又要重视各地的本土的文化特色，体现互相尊重、互相包容、共创、共用、共有的精神。

总之，现在我们是在互联网时代、大数据时代、双文化时代讨论两岸文化认同问题，应当有新的思维，要用"双文化论"来认识两岸文化认同的要求，既要重视两岸文化的"同"，又要尊重文化的"异"，要通过交流协商建构具有特色的"两岸共同价值"，为国际现代文化做出贡献，要运用现代化的载体和手段来促进两岸文化认同，达成两岸同胞心灵的契合。至于什么是"两岸共同价值"，什么是当前特别需要强调的、可能共同接受的"两岸共同价值"，要怎样建构等等，都是需要两岸共同研究的问题。显然，要实现两岸文化认同绝非易事，在这个方面，两岸同胞还有许多事情要做。

① 艾松如：《两岸心灵契合要靠文化引领》，《台声》2015 年第 2 期。

两岸文化交流

　　近年来两岸文化交流已经取得相当大的成绩，但还需要一个深化的过程，如何进一步深化，这是一个值得探讨的问题。我想肯定已有的成绩，指出限度与不足，进而分析其原因，对进一步深化的取向提出个人的见解。

一、两岸文化交流的成绩

　　近年来两岸文化交流受到重视，交流的次数多、范围广、参与者日益增多、两岸合作的意识也有所增强。现在根据两岸官方网站的资料，综述如下：

　　国台办网站在"两岸交流与往来"项目之下，设有两岸文化交流、体育卫生交流、民族宗教交流、科学技术交流、两岸法界交流、两岸政党交流及其他交流等。其中2015年1—7月，两岸文化交流已达194次，教育科技交流达105次。2014年两岸文化交流327次，教育科技交流159次，两项相加多达486次。

"陆委会"网站记录 2015 年 1—3 月大陆赴台文教交流"入境数"为 14443 人次，其中研修生占 14146 人次。2014 年大陆赴台文教交流为 26855 人次，其中最多的也是研修生。

对于文化交流的成绩，国台办官员有如下的说法："20 多年来，两岸文化交流合作对推进两岸关系产生了十分重要的作用。"[1] "两岸文化交流合作，近年来取得了丰硕的成果。每天我们都接触到包括文艺团体的演出、两岸文物展览的合作，以及在很多地方举办的两岸文博会，还有文创产业的合作，包括在动漫产业的合作都很有成效"。[2]2012 年两岸人员往来稳步扩大，各项交流有序推进，两岸大交流的局面持续巩固和发展。2012 年两岸交流呈现四大特点：两岸交流的规模稳步扩大，两岸交流环境继续改善，两岸交流的重心持续下移，两岸交流成果不断增多。[3] 文化部官员指出："2011 年，两岸文化交流与合作又上了一个新的台阶，文化部积极策划、成功组织实施了一批务实有效、影响广泛的两岸文化交流活动，深入打造对台文化交流品牌，深受两岸民众的欢迎。"[4]2012 年"一年来，文化部积极落实历届两岸经贸文化论坛'共同建议'的各项主张，以共同弘扬中华优秀文化为主线，加强统筹，搭建平台，深化合作，拓展领域，扩大规模，提升层次，努力构建两岸文化交流新格局，为两岸关系和平发展增添了新的动力。两岸文化交流正逐步由人员交流向深度合作、由

---

① 孙亚夫：《新形势下两岸文化交流合作的意义及作用》，《光明日报》2014 年 12 月 10 日第 6 版。

② 《国台办：两岸文化交流合作近年来取得了丰硕成果》，http://www.taiwan.cn/ xwzx/bwkx/201110/t20111026_2121291.htm，访问日期：2016 年 4 月 20 日。

③ 《国台办交流局局长程金中谈近两年两岸交流》，http://www.chinanews.com/ tw/2013/03-29/4688344.shtml，访问日期：2016 年 4 月 20 日。

④ 《2011 年两岸文化交流与合作成绩喜人——文化部港澳台办负责人答记者问》，《中国文化报》2012 年 1 月 20 日第 4 版。

项目交流向产业合作方向迈进"。①

　　在谈论两岸文化交流的成绩时，通常提到以下几个方面：交流的频率加快、层次扩大、内容加深、合作意识增强，有利于发展文化产业、促进经济增长等等。有的大陆学者指出："如今，两岸文化交流和合作已遍及民族、历史、语言和文字、宗教、哲学、文学、诗歌、影视、戏剧、音乐、歌舞、绘画、书法、摄影、民俗和民间工艺、教育、体育、学术、新闻、声像、广播、报刊、网络、图书和出版、文化管理等各个领域，日益频繁和广泛，正在向广度和深度进军，'弘扬中华文化，加强精神纽带''经济和文化并重'已经成为'十二五'期间的基本工作思路和新时期对台工作的主要任务"。②

二、既有两岸文化交流的限度

　　两岸学者在讨论两岸文化交流的不足与局限主要是：

　　第一，未能化解两岸的隔阂：文化交流既是感情的交流，更是心灵的沟通。除了交流发展成果，所产生的情感加深和经济效益外，理应在消除两岸政治隔阂、增进台湾民众政治认同上发挥重要作用。但从实际效果看，两岸文化交流所产生的这种外溢效果目前还不突出。希望在文化往来中不断增进思想感情的深度交流，不断化解彼此间的隔阂疑虑，不断增强两岸同胞一家人的观念，携手推动两岸关系和平发展。

---

① 肖夏勇：《构建交流机制，深化两岸合作》，http://cse.special.taiwan.cn/2013/ecforum/jcfy/jqwhcyhz/yjg/201310/t20131015_5033720.htm，访问日期：2016年4月20日。

② 宋淑玉：《功能和社会意义视野下的两岸文化交流》，《北京联合大学学报》（人文社会科学版）2014年第4期。

第二，未能形成共同体的观念：当前文化交流散、浅、弱，具有短暂性，浅层性，不确定性，形不成规模效应和影响力。而要改变现状，就要牢牢抓住深化一词，形成文化共同体。接下去，两岸仍需各种务实项目来深化交流，使得中华文化可以走向世界。①两岸文化交流的深化不仅需要分享彼此的经验，探索互补合作、共创双赢，更应当携起手来，共同提升中华文化在国际上的话语权。②

以上看法说明了当前两岸文化交流的不足不在于频率不够、次数不多、范围不广，而在于未能达到应有的效果。怎样才算达到文化交流的要求呢？这就需要从文化交流的目的讲起。

文化交流的基本要求应当是实现相互间的了解、理解和融合。习近平总书记指出：“两岸交流，归根到底是人与人的交流，最重要的是心灵沟通。”“两岸同胞要加强文化交流，发挥各自优势，共同传承中华文化优秀传统，建设共同精神家园，实现心灵契合。”③俞正声指出：“两岸同胞应当进一步加强文化交流合作，继承和弘扬中华文化的优秀传统，增强‘两岸一家亲’的理念，增强两岸命运共同体的意识。”④王毅对深化两岸文化交流提出如下的希望：一是共同传承中华文化的优秀传统；二是共同塑造中华文化的时代形象；三是共同构建两岸同胞的民族和文化认同；四是共同推进两岸的文化交流与合作。⑤

① 《两岸文化合作交流三大关键词：文化、深化、机制》，http://tw.people.com. cn/n/2014/0914/c14657-25656167.html，访问日期：2016 年 4 月 20 日。
② 《台湾文化界人士盼两岸深化文化交流 携手传承民族共同记忆》，http:// www.people.com.cn/h/2011/0718/c25408-4105605381.html，访问日期：2016 年 4 月 20 日。
③ 《习近平就维护两岸关系和平发展提出 5 点主张》，http://politics.people.com. cn/n/2015/0504/c70731-26945493.html，访问日期：2016 年 4 月 20 日。
④ 《俞正声就扩大和深化两岸交流合作提出四点意见》，http://www.chinanews. com/tw/2013/10-26/5427849.shtml，访问日期：2016 年 4 月 20 日。
⑤ 王毅：《文化的境界与两岸的追求》，《人民日报海外版》2011 年 1 月 26 日第 1 版。

孙亚夫对两岸文化交流的作用提出如下的期待：发挥发扬光大中华文化的作用；发挥文以化人的教化作用；发挥扩大和深化文化认同的作用；发挥推进两岸文化交流合作机制化和制度化的作用；发挥推进中华民族伟大复兴的作用。[①] 用以上文化交流的目的来衡量，既有的两岸文化交流显然未能达到上述要求，起到上述作用。

那么，为什么两岸花费了巨大的人力、物力、财力和精力开展两岸文化的大交流，却无法达到应有的目的呢？当然要达到上述目的本来就需要相当长的时间，除此之外，个人认为关键在于必须处理好以下两个关系：（1）主流文化交流与文化领域各个项目交流的关系；（2）"同"的文化交流与"异"的文化交流的关系。现在分述如下。

三、主流文化的交流与文化领域各个项目的交流

什么是当今两岸的主流文化？大陆的主流文化是中国特色的社会主义文化，台湾是"台湾特色的中华文化"。

我们查阅所有的两岸文化交流项目，绝大多数是有关历史、文学、诗歌、影视、戏剧、音乐、歌舞、绘画、书法、摄影、民间工艺、语言文字、宗教、民间信仰、哲学、民族、民俗、教育、体育、学术、新闻、声像、广播、报刊、网络、图书和出版、文化管理、文化产业等等的交流，这些交流有利于两岸相同的文化项目之间互相沟通、互相了解、互相学习、取长补短、共同提高。但是在既往的两岸文化交流中，除了有关台湾问题与两岸关系的交流涉及主流文化之外，很少看到有关"中国特色的社会主义文化"与"台湾特色的中华

---

① 孙亚夫：《新形势下两岸文化交流合作的意义及作用》，《光明日报》2014年12月10日第6版。

文化"之间的直接交流。

习近平指出:"文化的交流既需要理解和尊重,也需要超越偏见和误解。文明多样性是人类社会的客观现实,是当代世界的基本特征。意识形态、社会制度、发展模式的差异,不应成为人类文明交流的障碍,更不能成为相互对抗的理由。"[①] 因此,只有敢于面对两岸在意识形态、社会制度、发展模式的差异,面对两岸主流文化的差异,开展两岸主流文化的交流,才能做到互相理解、互相尊重,才能超越偏见和误解,才能做到互相了解、理解和融合。反之,如果不敢开展两岸主流文化的交流,则无法真正了解对方,更谈不上做到真正的理解和融合。

当然现在要开展两岸主流文化的交流还存在不少困难,双方在文化交流中,往往带有"目的性",甚至要对方放弃自己的文化,接受己方的文化,因此,互不理解、互相矛盾、互相抵触、互不尊重、互不相容等等情况都已经发生。台湾学者一再担心大陆在文化交流方面的"政治目的",即"以文化促统为终极目标"。[②]"特意带有政治目的地去推进文化交流可能还会适得其反。"[③] 大陆学者杨立宪指出:"在很大程度上,两岸文化交流是服从服务于各自政治目标的。两岸政治对立尚未结束,也连带影响到两文化交流的政策。马英九主张现阶段两岸'主权互不承认、治权互不否认','不统不独不武','以两岸和解实现台海和平、以活路外交拓展国际空间、以国防武力吓阻外来

---

① 《习近平表示中国愿意兼收并蓄借鉴各国有益文化》,http://news.cri.cn/gb/278
24/2009/10/14/1062s2646843.htm,访问日期:2016年4月20日。

② 邱坤良:《两岸文化交流目的性太强或起到反效果》,http://www.crntt.com/
doc/1034/4/5/7/103445705_3.html?coluid=93&kindid=7492&docid=103445705&mda
te=1025123538,访问日期:2016年4月20日。

③ 杨开煌:《两岸文化分裂危机增强》,http://www.crntt.com/
doc/1034/4/5/7/103445716.html?coluid=9&kindid=13110&docid=103445716&mda
te=1026004825,访问日期:2016年4月20日。

威胁'。其推动两岸文化交流的目标是向大陆输出'台湾经验',输出'自由、民主、人权、法治等核心价值',以求'缩短两岸人民的心理距离','在中华文化指导下,找出解决争议的方式'。这与祖国大陆对台政策明确以'两岸一中'为基础,以'反独促统'、和平发展、振兴中华为目标有很大的区别。这对深化两岸文化交流也有一定影响。"[1] 由于双方过分强调"目的性",而不敢面对甚至有意回避两岸主流文化可能导致互不认同的问题,有意回避文化交流中的政治因素,这就使得问题始终存在而无法得到解决。台湾学者邱坤良对大陆与台湾分别提出建议:"无论蓝绿执政,大陆都应该在推动两岸交流的过程中,注重包括中华文化在内的台湾主题文化,才能起到更好的交流效果"。台湾要"以台湾当代文化的形貌与中国大陆文化进行交流,才能掌握台湾主体文化,进而有助于双方人民的相互了解与文化互补"。[2] 这个意见值得重视。

那么,开展两岸主流文化的交流有什么意义呢?

第一,有什么样的社会就有什么样的文化,主流文化是一个社会中受到提倡、发挥主导作用的文化,具有凝聚人心、整合社会的作用。"中国特色的社会主义文化"是在中国大陆现有的经济基础和社会制度下建构起来的主流文化,"台湾特色的中华文化"则是在台湾现有的经济基础和社会制度下建构起来的主流文化。双方的主流文化体现了各自的主流意识形态、时代精神和核心价值,体现了各自文化的特质。只有开展两岸主流文化之间的交流才是把握了文化交流的主体,才能认识双方在观念、价值方面的差异,才可能真正了解对方的

---

[1]　杨立宪:《再论新形势下如何深化两岸文化交流》,《重庆社会主义学院学报》2012 年第 6 期。

[2]　邱坤良:《两岸文化交流目的性太强或起到反效果》,http://www.crntt.com/doc/1034/4/5/7/103445705_3.html?coluid=93&kindid=7492&docid=103445705&mdate=1025123538,访问日期:2016 年 4 月 20 日。

文化。反之，如果不开展进行主流文化的交流，就没有抓住文化交流的关键，就不可能真正了解对方，更谈不上理解对方。

只有开展两岸主流文化的交流，大陆同胞才能了解为什么台湾民众中有许多人认同"不统不独不武"、要求维持现状，为什么要说"你们中国""我们台湾"，而不肯说自己是中国人，为什么会亲美亲日而对大陆存在敌意和戒心；台湾民众才能了解为什么大陆同胞都主张统一，认为大陆和台湾同属一个中国，为什么对"台独""两个中国""一中一台"以及不承认是"中国人"会那么在意；如此等等。只有开展两岸主流文化的交流才能了解两岸要"建设共同的精神家园，实现心灵契合"的难点和关键所在。

第二，双方的主流文化分别扎根于两岸不同的社会中，在大陆现有的条件下，不可能建构起"台湾特色的中华文化"，同样，在台湾现有的条件下，也不可能建构起"中国特色的社会主义文化"。两岸文化存在很大差异，甚至是本质差异，要求两岸文化走向同一，要求对方放弃自己的文化，放弃主体意识、核心价值，而接受、认同己方的文化，这种一味追求"同"的观念完全是错误的。因此，"和而不同"应当成为两岸文化交流的一个基本原则。

在这个方面，汤一介教授有一些精辟的论述，他说："'和而不同'的意思是说，要承认'不同'，在'不同'基础上形成的'和'（'和谐'或'融合'）才能使事物得到发展。如果一味追求'同'，不仅不能使事物得到发展，反而会使事物衰败。"不同文化的交流"是一个由'不同'到某种意义上的'认同'的过程。这种'认同'不是一方消灭一方，也不是一方'同化'另一方，而是在两种不同文化中寻找交汇点，并在此基础上推动双方文化的发展，这正是'和'的作用"。①

这就意味着，一方面要坚持自己的文化，另一方面要尊重对方的文化，要把两岸主流文化的冲突变成相互认识、相互理解和相互沟通的过程，互相学习、借鉴、吸取对方文化的优秀成果，进而摒弃成见，化解两岸文化的矛盾和冲突，共同寻找解决问题的途径，使两岸文化冲突变成文化交流走向进一步深化的重要环节。只有这样，才能达到两岸文化交流的基本要求：互相了解、理解和融合。

四、"同"的文化交流与"异"的文化交流

在现有的交流中，"同"的交流占主导地位，即多是两岸文化中相同、相似一面的交流。这当然有利于增进两岸文化共同性的认知，有利于共同弘扬中华传统文化。但是，如果只讲"同"，不讲"异"，无视或回避两岸文化的差异，那就是无视或有意回避两岸文化的真实，这对于解决问题是没有好处的。

"异"的文化交流，范围也相当广泛。例如，两岸在对待中华传统文化上的差异，对"精华"与"糟粕"看法的不同；对西方文化看法的差异；两岸价值观、生活方式的差异；对两岸文化交流乃至文化冲突的不同看法；对两岸政治走向、两岸命运共同体的看法；等等。

在这个方面，台湾知名学者杨开煌提出了值得思考的意见。他指出：不要过分强调"同"而忽视"异"。过分强调"同"就把两岸文化存在的"异"看成是两岸交流的负担，这也就成为反对两岸文化交流者打击"同"的有力证据和借口。抱着功利心态，迷恋于历史之

---

① 汤一介:《文明交流和发展的重要原则》，http://news.sohu.com/20061221/n247184012.shtml，访问日期：2016 年 4 月 20 日。

同，使得两岸文化交流的效果难彰，因此，他强调"要认真研究两岸文化之'异'"。①台湾诗人萧水顺也说："两岸政经体系的不同让两岸文化也产生了些差异，而正是因为这些差异，两岸的交流才别具一番意义，大陆同胞在面对台湾同胞不同的声音时，应在了解历史的前提下，予以体谅。""如果两岸的文化一样，那就不用交流了。正是因为有所不同，才能够'用我的文化影响你的文化'，交流才具有意义。"②

那么，开展"异"的文化的交流有什么意义呢？

第一，既开展"同"的文化交流，又开展"异"的文化交流，才能了解双方文化的全貌，全面认识双方的文化，才能认识双方文化的真实，避免虚假和片面。既看到两岸文化相同、相似的一面，又看到两岸文化不同、差异的一面，这是了解对方文化的必要前提，否则无法达到了解，更谈不上理解了。由于认识到两岸文化存在"异"的一面，而且这种"异"是不可能在短期内改变的，这就可以避免要求对方放弃自己的文化，完全认同、接受己方的文化，可以避免以己度人造成误解和误判。

第二，在了解两岸文化"异"的一面的基础上，才能寻找两岸产生文化差异乃至文化冲突的种种原因，包括两岸不同社会制度以及近年来两岸互动过程所造成的原因，才能知道两岸各自的文化都有其存在的客观依据，有其合理性，应当尊重对方的文化，倾听对方的不同意见，以正确的态度开展交流。只有了解两岸在价值观方面产生差异的原因，才能正确对待、处理和扭转彼此之间存在的刻板印象，扫除

---

① 杨开煌:《两岸文化分裂危机增强》，http://www.crntt.com/doc/1034/4/5/7/103445716.html?coluid=9&kindid=13110&docid=103445716&mdate=1026004825，访问日期：2016 年 4 月 20 日。

② 萧水顺:《两岸文化同中有异 交流更具意义》，http://www.crntt.com/doc/1031/6/8/7/103168718.html?coluid=7&kindid=0&docid=103168718&mdate=0506004223，访问日期：2016 年 4 月 20 日。

交流的障碍，互不隐瞒自己的观点，坦诚相待，从而让文化交流真正成为心灵的沟通。总之，认识两岸文化差异形成的原因，文化交流才能进一步深化。

大陆学者李鹏提出"差异磨合"的概念，他指出："文化差异只有在不断冲突和磨合中才会逐步相互适应"，"首先要尊重和理解对方的文化行为，在求同存异的基础上相互影响，去芜存菁。无论大陆还是台湾，都要将心比心，不要无故指责对方文化存在缺陷，而要看到对方文化存在的意义，要从中华文化多样性的角度去诠释、理解和接受对方的文化特性。"[①] 胡洪侠指出："我们在解决两岸问题时要求同存异，在共同价值方面要求同，但在文化交流中要同中求异。尊重这种异，了解这种异，才可以更好沟通交流。"[②] 台湾学者卢国屏指出："两岸文化差异有着'同根而不同质'状态，同属于中华文化的根，却有着地区性、历史性、制度性的异质发展，但是如果认为回避两岸文化差异的讨论与沟通协调，便可众口铄金形成交流目的，这想法恐怕就过于乐观也无益于深化两岸关系。""两岸文化交流，必须要厘清两岸文化的共同性与差异性，如果只从表层上总说'同文同种'就一语带过各种差异性，将难以真正的相互理解，而交流就可能无法深化。"[③] 这些看法都说明了开展"异"的文化交流的重要意义。

近来在两岸学生之间的交流中已经发现"由于教育背景和生活经历的不同，两岸的学生之间还存在着不少的差异，这些差异既有研究风格上差异，也有学术观点的差异；既有对历史认知的差异，也有对

---

① 李鹏：《和平发展视阈下两岸文化整合的功能与路径》，《台湾研究》2010 年第 2 期。

② 《同中求异的文化中国》，http://cul.china.com.cn/2012-02/15/content_4811015. htm，访问日期：2016 年 4 月 20 日。

③ 卢国屏：《两岸文化已是"同根而不同质"》，http://www.crntt.com/doc/1038/9/6/1/103896124.html?coluid=93&kindid=10094&docid=103896124，访问日期：2016 年 4 月 20 日。

现实看法的差异"。"两岸交流越频繁、越深入,有些差异可能会表现得会越明显。差异本身并不可怕,重要的是如何看待和处理差异,不要刻意的放大这些差异,不要让它成为两岸交往的障碍"。① 这说明正视差异、尊重差异、正确面对两岸文化的差异问题已经提上日程。

总之,两岸文化要走上互相融合的道路还需要相当长的过程。但是,只要有了深化两岸文化交流的正确取向,总会达到相互了解、理解和融合的要求。个人认为:两岸既要开展文化领域各个项目的交流,又要开展两岸主流文化的交流,而且应当特别重视两岸主流文化的交流;既要开展"同"的文化交流,又要开展"异"的文化交流,而且应当特别重视"异"的文化交流,这是两岸文化交流深化的两个要点,也就是两岸文化交流深化的正确取向。

青年学者王贞威指出:"我们必须深刻认知到:两岸群内自有文化之间存在差异的客观事实及其较长时间内的稳定性,同时也应乐观地看到随着两岸共同实践场域的形成和深化,在两岸互动进程中,会持续进行共有知识生产,不断建构跨两岸的群际共有文化,并弱化两岸自有文化的差异性"。进而指出,建构两岸群际共有文化是两岸共同努力的方向。② 我同意他的观点,并且希望两岸能够在近年来已经建构的新的"集体记忆"和"共有观念"的基础上继续发展,③ 为建构两岸群际共有文化、促进两岸文化融合创造有利的条件。在这个方面打下坚实的基础,就能推进和实现两岸同胞心灵的契合。

最后还要介绍著名的国际关系理论家温特的一个观点,他说:"即

---

① 厦门大学台湾研究院:《两岸青年学子的反思与成长》,《中国评论》2015 年 8 月号。

② 王贞威:《应不断建构跨两岸的群际共有文化》,http://www.crntt.com/crn-webapp/doc/docDetailCreate.jsp?coluid=7&docid=103887131,访问日期:2016 年 4 月 20 日。

③ 陈孔立:《台湾民意与群体认同》,九州出版社 2013 年版,第 211—213 页。

使国家在某种文化之中面对某些刺激因素，也总是可能转化这些刺激因素，并创立新的文化。对大国来说尤其如此，因为大国具有实力，可以较少地受到现有规范环境的制约，所以更具创造新文化的能力"。① 在历史上，中国文化在受到外来文化刺激时就是如此，今后面对世界文化的发展趋势也要有这样的自信，两岸面对相互之间不同文化的刺激更应当共同提升"创造新文化的能力"。

---

① 温特:《国际政治的社会理论》，上海世纪出版集团 2008 年版，第 33—34 页。

◇ 第四节 ◇

两岸的文化融合

习总书记提出"两岸融合发展"的新思想，指出："两岸同胞同祖同根，血脉相连，文化相通，没有任何理由不携手发展、融合发展"；"深化两岸利益融合，共创两岸互利双赢"；"持续推进两岸各领域交流合作，深化两岸经济社会融合发展，增进同胞亲情和福祉，拉近同胞心灵距离，增强对命运共同体的认知"。① 这就为两岸关系指明了在发展中融合、在融合中统一的方向。

在两岸各个方面的融合中，文化融合是一个重要的组成部分。两岸文化差异导致两岸文化冲突，而文化冲突是文化融合的前奏，两岸必然要走向文化融合。那么什么是两岸的文化融合，融合有什么必要性，是否存在可能性，融合的主要对象是什么，需要遵循什么原则，融合可能会有什么样的走向等，都是需要探讨的问题。

---

① 《习近平考察福建纪行：平潭机遇是"千年一遇"》，http://www.chinanews.com/df/2014/11-17，《习近平参加上海代表团审议》，http://cpc.people.com.cn/n1/2016/0306 。参阅倪永杰：《融合发展——习近平对台工作思想最新成果》，http://www.taiwan.cn/plzhx/zhjzhl/tyzhj/niyongjie/201708/t20170803_11826750.htm。

对于文化融合（或称文化整合，cultural integration）学界有两种不同的解释。第一种的看法是，"所谓文化整合，就是指人类文化在相互冲突中实现相互融合的矛盾运动过程，这个过程包含着文化冲突和文化融合的基本趋势，是文化冲突和文化融合的对立统一"。通过冲突和竞争，"实现文化的交流、互补与融合"。[①] 第二种则强调"一体化"和"新的文化体系"，认为文化融合是"指两个比较接近的文化体系接触后，原来的文化体系随之消失或改变其形貌，从而产生出一种新的文化体系的过程"[②]，或说"指不同的文化相互吸收、融化、调和而趋于一体化的过程。文化不仅有排他性，也有融合性。特别是当有不同文化的族群杂居在一起时，他们的文化必然相互吸收、融合、涵化，发生内容和形式上的变化，逐渐整合为一种新的文化体系"。[③]

就两岸来说，第二种说法要求过高，在相当长的时期内，两岸文化融合无法形成"新的文化体系"，因而本节采用第一种说法。

一、两岸文化融合的必要性

1. 从文化冲突来看，文化冲突是文化融合的前奏，有冲突就需要融合。

现实表明两岸文化冲突，不仅发生在一些重大冲突事件中，而且在日常交流交往中也经常出现。"两岸文化冲突体现了台湾民意与大陆有相当大的距离，并且可以看出，两岸文化冲突具有相当严重的负

---

① 李晓东：《全球化与文化整合》，湖南人民出版社 2003 年版，第 103 页。
② 《中国大百科全书·社会学》，中国大百科全书出版社 1991 年版，第 415 页。
③ 司马云杰：《文化社会学》，华夏出版社 2011 年版，第 306 页。

面效应。"两岸在价值观、道德观等方面，互相"妖魔化"，互相歧视，形成敌对情绪。目前"台独史观"已经对台湾民众的国家认同发生严重的影响；台湾"去中国化"的结果已经造成所谓"台湾文化"与"中国文化"的对抗。两岸之间存在着明确的"我群"与"他群"的区分，彼此认为"他们与我们不同"，存在互相区隔、互相分离的倾向，在社会上引起不同程度的震荡。[①] 有人认为"产生文化冲突的最根本原因，就是文化模式中的深层结构，即价值取向、宇宙观、伦理观等文化硬核部分产生了本质性的差异"。[②] 如果两岸文化不加以融合，将会加深社会上的不安，对于人民的福祉和两岸关系的和平发展是十分不利的。

另一方面，文化冲突并不是一件坏事，文化冲突可以推动文化的发展，"文化冲突是文化发展的重要动力。文化冲突实际上是文化竞争和文化比较发展的过程。没有竞争，没有比较，文化就不能发展自己的个性，也就不能获得巨大成就而具有普遍意义"。[③] "冲突有助于不同文化之间进行比较和竞争，有助于冲突双方吸取各自所需的文化要素，相互保持尊重与友好、融合与共存，以便更好地发展"。[④] 其次，各种文化都含有特殊的价值，融合的必要性在于吸取这种特殊价值。"再发达的文化，如果有意识地拒绝从其他民族（包括后发民族）的文化中汲取营养，未必就能长期保持繁荣"。[⑤] 两岸之间不能因为文化存在差异，而要把对方的文化加以排斥，迫使对方与己方"融

[①] 参阅陈孔立：《两岸之间的文化冲突》，《台湾研究集刊》2014 年第 1 期。

[②] 陈华文：《文化学概论新编》，首都经济贸易大学出版社 2013 年版，第 229 页。

[③] 司马云杰：《文化社会学》，华夏出版社 2011 年版，第 300 页。

[④] 陈华文：《文化学概论新编》，首都经济贸易大学出版社 2013 年版，第 229 页。

[⑤] 欧阳志远：《"上帝"的陶杯：文化多样性与生物多样性》，人民出版社 2003 年版，第 309 页。

合"，正确的态度应当是互相欣赏，互相吸取对方文化中存在的进步的有价值的成分，共同提高。

2. 从社会发展需要来看，文化融合是适应社会发展的需要，是传统文化向现代化转型的需要，是解决当前两岸存在焦虑、扫除两岸关系向前发展障碍、清除"文化台独"遗毒、增进文化认同、架设心灵之桥的需要，也是两岸和平发展与和平统一的需要，是中华民族复兴的需要。[①]

习总书记指出："我们所追求的国家统一不仅是形式上的统一，更重要的是两岸同胞的心灵契合。"[②] 而文化整合正是建构两岸命运共同体、达成"两岸一家亲"、实现两岸同胞的心灵契合的必要途径。

当前两岸社会存在不少焦虑，台湾方面担心大陆"入侵"台湾，台湾将被"大陆化""边缘化"，丧失文化主体性。大陆方面则出现两种情绪："第一是非常无奈，第二个是无望，和平无望；更忧心的是，台湾青年天然独和大陆青年天然统的对撞，不利于两岸年轻人的交往，这是一个非常严重的趋势"。[③] 因此有人提出要用文化融合来消弭两岸误会。台湾有人提出"只有两岸文化融合了，人心才能融合。"[④] 大陆有人提出："透过文化交流形塑共同价值，促使两岸同胞情感趋融、价值趋近、认同趋合、潮流趋同"。[⑤] 这说明两岸文化融合具有

[①] 参阅林劲:《深化两岸和平发展需催化文化融合》，http://www.chinanews.com/tw/2014/12-01/6829969.shtml，访问日期：2016 年 4 月 20 日；郭震远:《两岸四地文化融合中须重视的几个关系》，《中国评论》2015 年 6 月号。

[②] 《习近平：国家统一不仅在形式上，更重要是心灵契合》，http://news.sohu.com/20140927/n404692176.shtml，访问日期：2016 年 4 月 20 日。

[③] 《台"去中国化"值得忧虑吗？》，http://hk.crntt.tw/doc/1044/8/0/6/104480695_4.html?coluid=93&kindid=16773&docid=104480695&mdate=1124000922，访问日期：2017 年 3 月 16 日。

[④] 《用文化融合消弭两岸误会》，http://www.chinadaily.com.cn/micro-reading/dzh/2014-01-25/content_11108069.html，访问日期：2017 年 3 月 16 日。

[⑤] 邓允光:《两岸心灵契合亟需文化融合》，http://www.huaxia.com/thpl/djpl/2015/03/4335378.html?ejnc5，访问日期：2017 年 3 月 16 日。

迫切性，也说明两岸文化融合是实现两岸统一的必要途径。

3. 从文化与政治的关系来看，要解决两岸政治上的分歧，就必须进行文化融合。有一种"文化政治"的概念，明白地指出："文化本身，就其最根本、最内在的文化属性和终极追求来说，本身就完完全全是政治性的。""在国家竞争和文明冲突中，文化本身是具有自我肯定的意志和战斗性的社会组织和观念系统，本身就具有政治性。这种政治性在理论概念上，叫做文化政治。"这说明文化与政治脱离不了关系。同时，"政治的内容其实就是文化，就是围绕着国家的概念组织起来的历史、文化和价值认同"。[1] 两岸现有的许多政治冲突，例如"一个中国原则"与"台独"的分歧，表面上是政治冲突，实际上从深层次来看，涉及历史、文化和价值认同，反映了文化上的深刻分歧。政治冲突"首先是一个文化问题，其深刻的根源是历史上形成的价值观念和感情"。[2] 就两岸而言，大陆学者杨立宪认为"两岸问题表面上看是政治问题，但从某种角度看也是文化问题。与打造两岸经济利益共同体相比，建构共同的文化认同的任务更为复杂艰巨。文化认同与文化融合是实现两岸融合、整合的'密钥'及关键，中国人完全有能力做到这一点"。[3] 由此可见，解决两岸的政治冲突，不能只从政治角度考虑，还需要研究两岸的文化融合。

---

[1] 张旭东:《"文化政治"：文明国家的存在理由》，http://www.guancha.cn/ZhangXuDong/2016_09_10_374008.shtml，访问日期：2017 年 3 月 16 日。

[2] 韩伟表等主编:《现代文化理论导读》，武汉大学出版社 2015 年版，第 192 页。

[3] 杨立宪:《两岸融合的"密钥"在于文化认同》，http://www.chinanews.com/tw/2014/12-01/6829870.shtml，访问日期：2017 年 3 月 16 日。

二、两岸文化融合的可能性

1. 文化融合是在两岸文化交流过程中，出现碰撞、冲突后，逐渐形成的。现在两岸文化融合已经开始，并且获得一定成果。

首先，两岸合编一些图书，例如编写《两岸常用词典》《两岸常用学术名词》《两岸常用中小学教科书学术名词》《中华民国专题史》《两岸新编中国近代史》以及"两岸合编高中语文教材"等等，正如台湾地区"中华文化总会"会长刘兆玄所说："这恰恰是两岸合作模式的一种写照，也是未来可能的发展模式。""相信会进一步促进两岸文化认同，我同意你说的，这将是透过王道的民主方式，进行一场文化选择的过程和方向，我有自信，在优劣选择的考虑下，未来会增加同的比重，甚至正简两种字体可一体通用。"[1]

其次，近年来的文化交流已经出现两岸文化互相欣赏的状况，特别是在流行文化方面，互相学习，互相借鉴，共同合作，有些节目已经分不清是大陆的还是台湾的，而被两岸视为是"我们的"。台湾的剧作家赖声川说："两岸文化有那么多相同的地方，也有差异的地方。有许多优点，两岸是相似的，而不同的地方，正在积极去适应"。"为什么不去重新整合两岸文化，生出更多更美的作品呢。可以说，北上，是对台湾、大陆双赢的。"他表示对于融合"两岸文化"，充满期待和激情。当他看到大陆观众看他的剧，又哭又笑，和台湾观众表现一样时，他真的很感动。[2]

2. 文化融合符合两岸共同的发展方向，符合两岸融合发展的需

---

[1] 《以王道方式进行两岸文化整合》，《旺报》2012年2月8日。
[2] 《专访赖声川：北上大陆做"两岸文化"整合者》，http://news.163.com/07/1217/02/3VSN22FS000120GU.html，访问日期：2017年3月16日。

要，符合社会进步与发展的需要，符合"两岸一家亲""两岸同胞心灵契合"的需要。"文化融合之所以成为可能，最根本的原因，还在于人类文化本身所具有的客观规律性"。"人类文化必然以追求自身的不断完善和进步作为发展自身的根本动力"。[①] 即使是不发达地区也会吸取先进文化让自己获得进步。因此"有价值的文化"就有可能被融合到任何社会的生活之中，两岸也必然如此。

3. 与前辈相比，两岸年青一代有更多交往，开始有了一些共同语言。流行文化含有"全人类共同价值"的元素，流行音乐在两岸间架起了音乐的桥梁、情感的桥梁、心灵的桥梁。尽管在交流与碰撞过程中，存在某些差异，但由于有了共同语言、共同价值观，就能够做到互相尊重、互相包容，在增进感情的基础上，发挥文化交流促进双方了解、理解和融合的作用。张羽等人的研究表明，两岸青年学生对当代社会文化以及中华地域文化"既有趋同认知，也有诸多集群差异"[②]。有人用"代际比较"方法来研究，说明两岸年青一代对"孝道"的看法，比前辈有所变化，"尽管北京人和台湾人仍然高度重视孝道，但在过去的三十年中，从长者意愿、与年迈的父母住在一起等行为作为孝道义务的重要性已经逐渐减小"。[③] 台湾 20 岁至 49 岁青壮年中，过半数认为在大陆就业的薪水与发展较台湾好，甚至有 1/3 的台湾青年想赴大陆发展。台湾学者陈陆辉的研究表明，两岸交流的结果，一方面产生"我群""你群"的分野，另一方面，"一些根深蒂固的刻板印象得以松动。整体而言，经历过去 26 年两岸经济发展的消长，年轻台湾民众对大陆的观点也出现重要转折，他们认为大陆的环境是进

---

① 李晓东：《全球化与文化整合》，湖南人民出版社 2003 年版，第 94 页。
② 张羽等：《两岸青年学生对社会文化集群认知研究》，《厦门大学学报》2015年第 2 期；《两岸青年学生对中华地域文化集群认知的比较研究》，《台湾研究集刊》2016 年第 6 期。
③ 赵志裕等：《文化社会心理学》，中国人民大学出版社 2010 年版，第 269 页。

步而改善的，也更愿意赴陆工作"。① 两岸青年一代交流、接触的机会相对较多，大陆青年也去台湾交流、就学，对台湾在某些方面也有一定的好感。应当说两岸 80 年代、90 年代和 00 年代比起他们的前辈来说，有更加靠近的趋向，这也为文化融合提供了可能性。

三、两岸文化融合的对象

文化融合的对象应当是全方位的，从传统文化到现代文化，从物质文化、制度文化到精神文化，从精英文化到大众文化，从相同相似的文化到不同甚至互相冲突的文化都是融合的对象，但也有主次之分。

1. 主要对象是价值观的融合。文化的核心是价值观，文化融合的主要对象应当是价值观的融合。两岸文化差异在价值观方面表现十分突出。当代中国大陆的价值观是社会主义的，也是具有中国特色的，所以社会主义核心价值观是中国价值观区别于西方价值观、中国传统价值观乃至传统社会主义价值观的基本标志。但社会主义核心价值观正在倡导与建构尚未建成。另一方面，大陆的价值观正处在"多元并存，新旧交替"状态，不适应现代潮流的价值观仍然存在，后者往往被台湾方面视为大陆"判断对错、选择取舍"的标准，以至对两岸交流产生负面的影响。台湾则遵行"普世价值"，强调民主自由的价值观。还有"六大核心价值"的说法，正直、善良、勤奋、诚信、进取、包容。但是，台湾内部不同政党、不同政治态度甚至不同年龄段都有不同的价值观。两岸互相尊重各自的社会制度和生活方式，两

① 《台媒民调：看台湾年轻人眼中的大陆》，http://sanwen.net/a/rjjuapo.html，访问日期：2017 年 3 月 16 日。

岸的价值观各有长处，各有特殊价值，加上社会主义核心价值观中有许多要素与台湾价值观中民主、自由以及"六大核心价值"也有所交集，这就为提炼出两岸共同价值观提供了条件。

两岸融合的关键是建构两岸共同价值，因此，不能为交流而交流，任何交流都要有利于两岸共同价值的建构，这是检验交流的成效的唯一标准。

2.次要对象是全方位的文化，从物质文化到制度文化、精神文化，从精英文化到大众文化，凡是有助于认同的、有助于提升文化素质的、有助于消除对抗的都要融合。两岸文化交流必然涉及文化的各个层次、各个领域，在交流中发生碰撞、冲突，在这个基础上，进行融合。文化融合正是以文化交流和文化冲突的形式表现出来的。

四、两岸文化融合的原则

1.民族性和现代性结合：既保持民族传统文化又接纳现代文化，这是不同文化在实现由冲突到融合的必然过程，也是两岸文化融合的一个原则。

2.统一性和多样性结合：既顾到两岸文化的统一性，又顾到两岸文化的多样性。统一性不等于一致性，它不是要消除各种差别，而是要使这些差别在一个和谐的整体中融合。"在文化整合的进程之中，不同的地域文化形式在相互的冲突和竞争中实现文化的交流、互补与融合"。① 这也就是"多元共存，求同存异"。

3.有价值的融合，融合必须创新："文化通过传播彼此互通有无，

---

① 李晓东：《全球化与文化整合》，湖南人民出版社 2003 年版，第 103 页。

兼收并蓄，在不断的变迁中求得发展。无论是东方还是西方，变迁总是使文化中最有价值的东西相通"。①

文化融合要坚持创新原则，只有创新才能富有生命力，才能为大多数社会公众所接受，在当前条件下，有人主张"以文化创新带动两岸文化整合。充分利用新媒体开拓文化整合新路径，推动网络空间成为文化整合新领域，构建网络空间的话语权"。②

4. 要正确对待两岸文化的差异，不要"以我为准"而否定对方，外国学者的研究表明："当人们依据自己的文化经验来评价其他文化要素时，我族中心主义便会产生。若人们用其他文化是否与自己的文化相同作为评价其他文化的基础，他们可能会将本文化要素视为正常的、高尚的、理想的，而将不同于本文化的文化要素视为不正常的、不道德的、不受欢迎的"。③这样就无助于两岸文化的融合，只有正视差异、尊重差异、包容差异，才能促进两岸文化的融合。

五、两岸文化融合的可能走向

两岸文化从交流到碰撞、冲突再到融合是一个漫长的过程，其中必然遭遇到一些困难和挫折，需要认真对待。学界的研究表明，文化碰撞可能出现四种反应：一是接受甚至欢迎，二是抵制，三是隔绝，四是适应。④

---

① 王春林等：《文化的社会学论析》，黑龙江大学出版社 2011 年版，第 65 页。
② 《台"去中国化"值得忧虑吗？》，http://hk.crntt.tw/doc/1044/8/0/6/104480695_4. html?coluid=93&kindid=16773&docid=104480695&mdate=1124000922，访问日期：2017 年 3 月 16 日。
③ 赵志裕等：《文化社会心理学》，中国人民大学出版社 2010 年版，第 269 页。
④ 伯克：《文化杂交》，译林出版社 2016 年版，第 73—86 页。

这四种反应都可能出现在两岸文化融合的过程中。例如,"接受",年轻人从比较容易接受时尚的文化,但立即互相接受的情况是比较少的。"抵制",双方为了保卫自己的文化不受外来文化的"入侵",而提出"去中国化"、反对"港台化"的策略,这样的"净化"策略,必然会抵制文化的融合。"隔绝",尽管出现"两岸族",生活在对岸的环境中,但往往局限于自己的圈子里,保留原有的生活方式,与老乡交往,使用自己的语言,直至让孩子上自己办的学校等等,出现文化隔绝的状态。"适应",指的是"先是原有环境中取出某一文化内容,然后对其进行修改以适应新的环境",[①] 任何一种文化与其他文化接触时,都不可能一成不变,而必须适应新的环境予以调整。"肯德基""麦当劳"为了适应中国消费者的口味,做出了新产品。历史上中国瓷器为了适应外国人的需要,设计了前所未有的花纹和图案。明朝末年利玛窦前来中国传教时,也会适应中国的传统,行磕头礼,称自己为"僧",称天主教堂为"寺",以及穿丝服、戴儒帽等。两岸文化互相适应的情况在所难免。文化适应不是单方面的,而是相互的过程。不是要对方改变来适应自己,而是互相改变互相适应。

两岸文化融合的走向不可能是完全"接受"或只是简单的"适应",而应当是:走向认同。在这个方面,学界已经有不少论述,例如:"整合策略指将两种或两种以上认同融合为一种一致的认同。通过整合,两种或两种以上文化中的要素融合为一种整体性(多元文化)认同。由此,综合性多元文化认同的形成可以被看成一个增加的过程,在这一过程中,新的认同被'加入到'现有文化认同中。"[②]"许多文化冲突发生后都会出现文化整合的现象,即两类文化在接触与冲突之后,分别从异文化中吸取了一定的文化要素,融入自身文

---

① 伯克:《文化杂交》,译林出版社 2016 年版,第 86 页。
② 赵志裕等:《文化社会心理学》,中国人民大学出版社 2010 年版,第 320 页。

化。"[1] "跨文化接触本身并不足以减少文化间的偏见。若想使跨文化接触发挥这一作用，这种接触必须在特定气氛下进行，这一气氛要支持地位平等、合作性互动、人际互动以及支持性规范。"[2]

个人认为走向认同，应当强调以下两点：（1）不仅要在两岸文化相同中推进认同，更要重视在两岸文化的差异中，寻找彼此的长处，互相学习，互相吸取，取长补短，共同提高；（2）每一次文化交流都应当注意积累共识，强调共同建构"两岸共同价值"，把它作为两岸"自己的"文化，实行"有价值的融合"，促进相互认同。这就是说，两岸文化融合应当要有"走向认同"的共同愿景，采取互相尊重的理性的态度，尤其需要注意以下几个方面：

1. 文化融合是一种优化融合，要融合成为优势的、先进的、创新的文化，实行"优胜劣汰"，为此两岸都必须重视自身的文化建设。大陆学者杨立宪指出："首先应把大陆自身的精神文明、政治文明和社会文明的软实力建设好，增强中国特色社会主义道路的魅力、吸引力与说服力，提升其国际地位与影响。其次，应本着'两岸一家亲'的态度来面对两岸间业已形成的文化隔阂，以最大的同胞爱、同理心、包容心和耐心来处理相关问题，团结台湾同胞一道为中华民族的伟大复兴而共同奋斗，在奋斗过程中逐渐弥合历史创伤，修补心理与情感的裂痕，缩小发展差距和认知差距，重建共同的利益认同和文化认同。"[3] 台湾方面当然也需要有相应的互动，互相拿出优势的先进的创新的文化来推动文化融合。文化融合必然对两岸各自存在的不良文化造成极大的冲击，信仰缺失、价值观缺失、道德失范等等腐朽、坠

---

① 陈华文：《文化学概论新编》，首都经济贸易大学出版社 2013 年版，第 233 页。

② 赵志裕等：《文化社会心理学》，中国人民大学出版社 2010 年版，第 286 页。

③ 张旭东：《"文化政治"：文明国家的存在理由》，http://www.guancha.cn/ZhangXuDong/2016_09_10_374008.shtml，访问日期：2017 年 3 月 16 日。

落、低俗、落后、迷信乃至反动的文化必将受到批判、削弱和淘汰。

2. 不要形成敌意，不要强制对方与己方融合。形成敌意就会强化对文化融合的抵制，"一旦文化间的敌意形成，冲突就会随着跨文化接触的增多而逐渐增多，特别是当人们不断遭到炮轰，死亡情景反复出现（死亡提醒），并在这种环境下被提醒要誓死忠于自己的群体时更是如此"。[①] 采用强制手段，必然造成更大的矛盾和冲突，"人类在一定程度上主动地干预文化冲突，需要尊重不同民族文化，给不同文化以生存与变迁的时间和空间，不能试图用武力手段迫使他人迅速放弃文化习俗，否则可能适得其反，引起更多的矛盾与冲突"。[②]

3. 要让更多的人拥有"双文化"，加深彼此的互相了解。"双文化接触到一种以上的文化，对其他文化有更深入的了解，这使他们能够熟练地应对第二文化中的情景"。"对第二文化的深入了解能够提高个体行为的灵活性"。[③] 如果两岸都拥有更多了解"第二文化"的人，就能提高两岸之间"个体行为的灵活性"，这就会成为两岸文化融合的有力推手。

总之，两岸文化融合是必要的、可能的，是对双方有利的事。从两岸文化交流到互相碰撞、冲突直到融合，通过文化融合走向文化认同，是两岸融合发展必须经历的过程，也是实现两岸同胞"心灵的契合"的必经途径。只要双方遵循文化融合的一些原则，引导文化融合走向认同的道路，就能正确处理两岸文化融合中出现的困难和问题，为两岸在发展中融合、在融合中统一做出贡献。因此，在推进两岸经

[①] 赵志裕等：《文化社会心理学》，中国人民大学出版社 2010 年版，第 285 页。

[②] 陈华文：《文化学概论新编》，首都经济贸易大学出版社 2013 年版，第 235 页。

[③] 赵志裕等：《文化社会心理学》，中国人民大学出版社 2010 年版，第 279—280 页。

济社会融合发展的同时，也应当着手推进两岸的文化融合。

第三章
两岸共同价值

两岸共同价值的内涵与建构

　　早在 2009 年大陆学者倪永杰就提出："缩小两岸之间的实质差异、消弭两岸观念上的分歧，需要从促进两岸生活方式的同步化、形塑两岸共同价值入手，使两岸同胞感情趋合、潮流同步、价值趋同。"[①] 接着在同年 9 月号《中国评论》上发表《两岸共同价值的意涵与形成机制》指出："两岸共同价值是海峡两岸同胞普遍乃至共同认可、遵循的生活方式、思维模式、行为准则等，是两岸同胞思想、认知、情感、意愿的集合体，是两岸同胞普遍的行为规范与共同的理性憧憬。"后来又发表《创建两岸共同价值 加强心灵契合》[②] 比较全面地提出自己的观点。

　　大陆学者李鹏在研究两岸文化整合时，指出："两岸的文化整合说到底是要致力于建构一种体现两岸同胞共同利益和价值理想的文化体系。"[③] 台湾学者李允杰也曾提出："两岸在发展'共同利益'之后，

---

　　① 《大陆专家提出两岸和平发展新路径 形塑共同价值》，http://www.chinanews.com/tw/tw-dlyw/news/2009/06-30/1755502.shtml，访问日期：2017 年 3 月 16 日。
　　② 倪永杰：《创建两岸共同价值 加强心灵契合》，《台声》2015 年第 23 期。
　　③ 李鹏：《和平发展视阈下两岸文化整合的功能与路径》，《台湾研究》2010 年第 2 期。

还必须在文化上寻求'共同价值',在民族上培养'共同认同',才能在未来两岸统合上创造'共同想象'。"①2011年两岸学者在探讨"两岸特色"时,提出"两岸特色是时代的特殊产物,应努力构建两岸共同价值,扩大两岸特色的认同,从而推动两岸关系的长期和平发展。"大陆学者周志怀指出:"两岸特色的理论建构与路径探索,重在塑造一种两岸都可以接受的共同价值,使两岸特色成为推动两岸关系良性循环的新发展观,成为指导两岸平等协商与谈判的新思维。"台湾学者邓中坚也指出:"目前的重点是如何形成共同的理念、理想,进而有共享的认同。"②后来赵春山也提出:"两岸必须运用新的思维,在其他政治、社会和文化等不同领域,建立更多的共同价值,制定更具体的规范,并建立可行的机制。"③

以上情况表明,两岸学者已经从不同角度关注"两岸共同价值",可见大家已经认识到这是两岸关系发展中值得重视的一个问题。

同时也可以看出两岸学者是从不同的角度关注"两岸共同价值"的。例如,丁仁方从文化交流的角度,提出"要正视两岸文化的差异性,致力塑造与强化两岸共同价值的认同","这也应当是两岸文化交流重要的方向"。④有的学者从政治、经济、社会、文化各个角度考虑,说明在不同领域都要建立"共同价值"。有的则从文化整合的角度,把建构共同价值的文化体系作为努力的目标。有的从两岸特色理

①　李允杰:《从共同利益到共同价值:ECFA后两岸关系发展路径刍议》http://www.crntt.com/crn-webapp/doc/docDetailCreate.jsp?coluid=1&docid=101555960,访问日期:2017年3月16日。

②　《两岸学者探讨"两岸特色"吁建立共同价值》,http://www.chinanews.com/tw/2011/08-31/3297563.shtml,访问日期:2017年3月16日。

③　赵春山:《两岸共同参与区域经济合作:理论与实践》,《台海研究》2013年第1期。

④　丁仁方:《两岸文化交流矛盾分歧仍多》,http://www.crntt.com/crn-webapp/doc/docDetailCreate.jsp?coluid=268&docid=104004506,访问日期:2017年3月16日。

论的角度，把两岸共同价值作为建构这一理论的路径。有的学者则从两岸关系和平发展前景的角度，把建构两岸共同价值看成是两岸关系能否持续发展的关键。

我个人则是从群体认同、文化认同的角度关注两岸共同价值的。在研究"两岸认同"时，我借用了建构主义"共有观念"，认为"有了共有观念，在原有的两个群体之间才有可能产生共同的看法、共同的需求、共同的利益、共同的目标、共同的发展前景乃至共同的价值观、共同的信念，才有可能产生'我群'与'一家人'的感觉，才有扩大相互认同的意愿。"并且认为共有观念是建构两岸认同的"中间媒介"，是"两岸互相认同的关键所在"。[①] 在研究"文化认同"时，我认为"两岸文化认同既要有中华传统文化的认同，又要有现代文化的认同，从目前看来，二者都存在不少困难和问题"，"两岸在价值观认同方面，还有不少差异与困难"。因此，同样需要一个"中间媒介"，那就是"两岸共同价值"，"既要重视现代文化和中华文化固有的精华，又要重视各地的本土的文化特色，体现互相尊重、互相包容、共创、共用、共有的精神"。[②] 两岸共同价值是达成两岸认同的中间媒介，换句话说，两岸共同价值是两岸共创、共有、共享的新的文化的体现，建构两岸共同价值的目标在于达成两岸的文化认同和群体认同。

现在从如何建构"两岸共同价值"才能有助于达成两岸认同的角度，讨论以下几个问题。

---

① 陈孔立：《台湾民意与群体认同》，九州出版社 2013 年版，第 209、211 页。
② 陈孔立：《两岸文化认同是双文化认同》，《台海研究》2016 年第 3 期。

一、两岸共同价值的基本要素

关于两岸共同价值的内涵，倪永杰提出相当全面的论述，即五个来源和五个内涵。"两岸共同价值是当代人类文明、价值的重要组成部分，也是中华文化价值链演绎到两岸和平发展阶段的重要成果，具有承上启下、继往开来、融合古今、汇通中外、涵化传统与现代的价值综合功能。两岸共同价值既是对中华传统文化、两岸历史积淀的传承与萃取，也是对两岸现实交流互动的概括与催生，更是对未来两岸共同命运的前瞻与追求"。正因为内涵极其广泛，包含了两岸各自价值的众多要素，因此"两岸共同价值的形塑是一个漫长、动态、可变、可塑的过程"。[①]

我想，从有助于建构两岸文化认同的角度考虑，是否可以把上述内涵加以区分，找出那些目前已经存在或必须建构和可能建构的要素，作为近期的目标，而把其余的要素作为中期到远期的目标，这样就可能较快地见到成效，在两岸和平发展进程中获得成就感。

我认为两岸共同价值，应当包括三个部分：（1）"全人类共同价值"；（2）中国传统文化、当代大陆文化、台湾文化中两岸可以共同接受的要素；（3）当前两岸必须共同建构的要素。

2015年9月28日，习近平主席在纽约联合国总部出席第七十届联合国大会发表讲话指出，"和平、发展、公平、正义、民主、自由，是全人类的共同价值，也是联合国的崇高目标"[②]。这当然也是两岸的共同价值。社会主义核心价值观：富强、民主、文明、和谐，自由、

[①] 倪永杰：《两岸共同价值的意涵与形成机制》，《中国评论》2009年9月号。

[②] 《习近平在第七十届联合国大会一般性辩论时的讲话》，http://news.xinhuanet.com/world/2015-09/29/c_1116703645.htm，访问日期：2017年3月16日。

平等、公正、法治，爱国、敬业、诚信、友善。台湾方面提出的"六大核心价值：正直、善良、勤奋、诚信、进取、包容"[①]。台湾社区所推崇的尊重、包容、欣赏、分享。以上这些要素都可供选用。

两岸共同价值应当兼顾世界、国家、社会、个人、两岸五个方面的要素，以下是个人的初步方案，提供讨论的参考。第一，世界：和平发展，公平正义。第二，国家：民主文明，法治富民。第三，社会：自由平等，和谐友善。第四，个人：诚信爱敬，自强进取。

关键是要用什么要素作为两岸群际之间的共同价值。在这个方面，两岸已经有了一些共识。例如，习近平提出：两岸同胞要以心相交、尊重差异、增进理解[②]。大陆方面一再强调："要尊重彼此对发展道路和社会制度的选择"。"关键是我们都要从一家人的角度出发，多一点理解，多一点尊重，多一点体谅"。两岸和平论坛"充分体现了参与各方相互尊重、理解与包容"。"心灵契合要求两岸人民要相互理解，相互尊重"[③]。如果两岸能够承认并尊重差异，更能够让两种制度和谐相处，彼此适配并相得益彰，更有利于"两岸心灵契合"。[④]台湾方面提出"以'异中求同'、'同中存异'、开放、包容、尊重歧异的心胸，使中华文化脉络与各地方的'本土化'结合。两岸'互看'看出包容尊重理解"[⑤]。"包容也是两岸的唯一的核心价值，只要有包容就海阔天空，两岸的政治领导人物，应该有这种共识，只要有

① 《台湾中央社八十五周年社庆 马英九谈六大核心价值》，http://tw.people.cn/GB/9066741.html，访问日期：2017 年 3 月 16 日。
② 《习近平总书记会见中国国民党主席朱立伦》，http://politics.people.com.cn/n/2015/0505/c1001-26947541.html，访问日期：2017 年 3 月 16 日。
③ 张文生：《习近平对台重要思想解析》，《台海研究》2016 年第 2 期。
④ 李秘：《习近平"国家统一思想"初探》，《台海研究》2016 年第 2 期。
⑤ 《海峡两岸"大陆人看台湾、台湾人看大陆"第五届征文比赛颁奖典礼举行》，《中山日报》2015 年 2 月 2 日。

包容与同理心,所有问题都可以解决"①。"尊重两岸人民不同的感受、以求同尊异的观照处理彼此之间历史的纠葛"……由此可见,"尊重""包容""理解""体谅"是两岸关系中双方十分重视的原则,而要做到这一点需要两岸群际的良性互动,共同建构。因此,在上述四个方面的要素之后,应当加上:"第五,两岸:尊重包容,互动共建",并且把它作为近期建构的目标。

新加坡在建构共同价值方面有一个经验:"'共同价值观'没有过高的理想和不切实际的要求,而只是将一些最基本的,也是最重要的,且人人都必须遵守,人人都能做到的要求加以提炼推广"②。以上提出"两岸共同价值"五个方面 20 个基本要素共 40 个字,也就是一些基本要求,简明扼要,不要求过高过多,不强加于人,通过两岸共同建构,应当可以成为两岸共有的,可以认同的,可以遵守的规范,这样就有助于两岸走向文化认同与群体认同。

二、对待两岸价值观念差异的基本原则

要形成两岸共同价值并非易事。英国著名学者威廉斯认为,"某一文化的成员对其生活方式必然有一种独特的经验,这种经验是不可取代的。由于历史或地域的原因置身于这种文化之外,不具备这种经验的人,只能获得对这种文化一种不完事或抽象的理解"③。两岸在价值观方面存在的差异,彼此很难有深刻的理解。就以上述 40 个字

---

① 《台湾媒体名人李涛:包容是两岸唯一核心价值》,http://www.crntt.com/doc/1041/5/5/1/104155110_2.html?coluid=7&kindid=0&docid=104155110&mdate=0311003412,访问日期:2017 年 3 月 16 日。

② 郑汉华:《新加坡共同价值观及其启示》,《高等农业教育》2006 年第 1 期

③ 罗钢等主编:《文化研究读本》,中国社会科学出版社 2000 年版,第 8 页。

来说，从字面上看没有什么差异，但在理解上却有很大差异。以"民主"为例，大陆学者项久雨提出："当代中国价值观念所特指的'民主'，究竟是什么样的'民主'？与西方世界的'民主'的差别与相通之处何在？而我们要在国际社会传播开来的'民主'又具有怎样的独特蕴含？"[①] 就两岸而言，由于社会制度不同，有的是指"自由主义民主"，有的是指"社会主义民主"，此外两岸对于"民族主义民主""民粹主义民主""程序民主""实质民主""参与制民主""代议制民主""直接民主""间接民主"等等都有不同的解读。同样的，两岸对于"自由""平等""公正""法治"等等也有不同的理解。

如何对待此类问题？我想，主要有两条：一是"尊重包容"，习近平总书记指出："我们尊重台湾同胞自己选择的社会制度和生活方式"[②]。对于两岸的差异，应当互相尊重、互相包容、互相体谅。二是"文化整合"，两岸文化通过交流，互相渗透、互相吸收、互相融合，把双方的优点和长处变成两岸的共同价值，"将各自优秀的文化资源变成中华民族的文化资源"[③]。这两条应当是面对两岸差异的基本原则，这样才有助于走向两岸认同。

三、两岸共同价值要由两岸共同建构

两岸共同价值是不会自然形成的，它是两岸行为体之间群际互动

---

① 项久雨：《当代中国价值观念国际传播的策略》，《光明日报》2016 年 4 月 20 日第 13 版。
② 习近平：《共圆中华民族伟大复兴的中国梦》，http://www.xinhuanet.com/politics/2014-02/19/c_119394028.htm，访问日期：2017 年 3 月 16 日。
③ 李鹏：《和平发展视阈下两岸文化整合的功能与路径》，《台湾研究》2010 年第 2 期。

建构的结果。我曾经提出两岸"双向刺激—回应"模式，认为一方的政策主张会对另一方造成"刺激"，从而予以"回应"，如果对方采取"正面的解读"，给予"正面的回应"，就有可能达成共有知识。① 我还提出"双管双向互动模式"，认为两岸需要依靠双方的努力，共同建构"集体记忆"和"共有观念"，才可能实现相互认同。② 王贞威认为："在跨两岸的群际互动实践中，会不断地进行知识生产，形塑新的群际意义系统（群际共有知识），影响甚至改变某施动群原有群内意义系统，弱化彼此差异性的知识存在，进而实现文化的和谐共存和包容性弥合。"③

但是，由于两岸目前存在一些政治分歧，诸如一个中国原则与"台湾主体意识"的分歧，建构两岸共同价值怎样才能成为两岸共同的意愿是一个值得研究的问题。台湾学者柳金财提出"建构民族共同体意识"的建议，他指出："两岸交流和合作的最高目标，应建构一个'共存共荣'、互惠而不歧视、和平而非冲突、对等而非从属的关系。同时，应框架出未来两岸关系发展指向一样的'想象的共同体'、'民族命运共同体'空间为最大共识"。"两岸可借由建构公民社会联盟，培养更为成熟的民主文化，也透过两岸文化交流形塑共同价值、信念及共识，如此两岸方能'心灵相契'、建立真正一家亲的命运共同体意识。"④ 另一位学者陈春霖说，大陆越来越设身处地看待台湾问题，"这一点非常触动我的心灵"。两岸交流合作要持续向更深、更广的层面推进，必须设身处地为对方考虑。只有设身处地为对方考虑，才能发现两岸错位发展带来的差异化价值，而不是仅仅看到对方的缺

---

① 陈孔立：《台湾学导论》，台湾博扬文化出版社 2004 年版，第 291—293 页。
② 陈孔立：《台湾民意与群体认同》，九州出版社 2013 年版，第 211—213 页。
③ 王贞威：《文化结构：试论两岸关系研究新视角的引入》，《厦门大学学报》（社会科学版）2017 年第 4 期。
④ 柳金财：《以文化交流解开两岸关系僵局》，台湾《观察》2016 年 9 月号。

点，也只有这样才能把这种差异化价值发挥得更好，为两岸带来持久和平与繁荣 ①。倪永杰也对形塑两岸共同价值的机制与路径提出具体的建议 ②。这些意见是否能够得到两岸的认同和接纳还需要观察。

四、建构两岸共同价值的"施动者"

两岸共同价值的建构是两岸群际互动的结果，而"施动者"则是两岸交往的行为主体。从两岸来说，施动者是掌握公权力的政府、拥有相当影响力的政党、社会公众与社会团体。可以说，凡是参与两岸交流的团体和个人都可能成为施动者，他们对于建构两岸共同价值可以发挥或大或小、正面或负面的作用。

应当指出，拥有公权力的政府和执政党对于建构两岸共同价值更具有重大作用。如果双方当局能够坚持共同的政治基础，有建构共有观念、共同价值的意愿，就能开展良性的两岸群际互动，发挥正面的作用。反之，就无法进行良性的群际互动，那就只能起负面的作用。台湾方面的主要施动者，随着"政党轮替"而发生变化，对待两岸群际互动的态度也有明显的差异。现在民进党当局作为台湾方面主要的施动者，在建构两岸共同价值方面将起怎样的作用是不难预料的。

那么，除台湾当局以外其他的施动者是否可以有所作为呢？答案是肯定的。民间的交流与互动仍在积极开展，正面的效益会继续显现。从流行文化来看，两岸"更能找到共同语言、共同价值观，能够互相尊重、互相包容、互相欣赏、互相接纳，通过交流可以实现'心

---

① 《更多体谅 更见真诚——两岸专家解读俞正声海峡论坛讲话》，http://www. gov.cn/xinwen/2014-06/15/content_2701313.htm，访问日期：2017 年 3 月 16 日。

② 倪永杰：《两岸共同价值的意涵与形成机制》，《中国评论》2009 年 9 月号。

灵的沟通'。因此必须重视两岸流行文化的交流，并把它与'两岸共同价值'对接起来，使它在建构两岸命运共同体、实现两岸心灵契合过程中发挥积极的作用"①。两岸社会公众与社会团体应当可以发挥更大的正面作用。应当强调，大陆方面作为主要的施动者，需要有全面的顶层设计、系列的政策措施、坚实的制度保障、有意识有目的地推动两岸群际互动，建构共同价值，促进互相认同，这才是关键所在。

我们针对两岸学界有关两岸共同价值的观点，就共同价值的基本要素、对待差异的基本原则、两岸共同建构、施动者的作用等方面提出个人的看法，希望能够引起进一步的讨论。当然，建构两岸共同价值还存在一些困难和障碍，需要经历相当长的过程，但我相信最终是会建构起来的，这一信心源于对文化的自信。

两岸都继承了中华文化的优秀传统，吸收了当代文化的先进要素，在互相交流过程中，已经形成了不少共有知识，诸如"两岸关系应当和平稳定发展""两岸关系不能倒退""两岸同属中华民族""中华文化""求同存异""合作双赢"等等。

更重要的是两岸的文化并非停留在既有的水平上，而是处在不断变化、不断创新的过程中。大陆强调既有的文化要"创造性转化，创新性发展，使之与现实文化相通相融，共同服务以文化人的时代任务"②。台湾方面也强调要让既有的文化"创造更能够符合世界潮流的新发展"③。两岸文化通过创新，必然会有更多的共识。

美国社会学家、政治家丹尼尔·帕特里克·莫伊尼汉有这样的名

---

① 陈孔立：《流行文化与两岸共同价值》，《台湾研究集刊》2017 年第 2 期。
② 李军：《坚持"创造性转化、创新性发展"方针 弘扬中华传统文化》，《光明日报》2014 年 10 月 10 日第 1 版。
③ 马英九：《创造具台湾特色的中华文化》，中央网络报，2012 年 3 月 4 日。

言:"保守主义的核心真理是:文化,而不是政治,决定一个社会的成功。自由主义的核心真理是:政治可以改变一种文化并使之获得拯救。"① 这说明了文化与政治的关系。

从中国大陆来说,"从'以阶级斗争为纲'到'以经济建设为中心',从'以物为中心''以经济增长为中心'到'以人为本'、科学发展、'以质量为中心',正是对人类共同的文明成果和'共同价值'的吸收、融合和升华的结果②"。中共十一届三中全会提出"以经济建设为中心"取代"以阶级斗争为纲",新的政治文化、新的价值观带来了思想解放,经济腾飞,国力增强,人民生活显著改善,带来了全面发展和"中国崛起",这就是"政治改变文化""政治拯救文化"的一个典型实例,也让我们提高了对中华文化的自信。"建构两岸共同价值必然取得成功,两岸终将走向互相认同"的信心就建立在这种文化自信的基础上。

① 转引自亨廷顿:《文化的重要作用:价值观如何影响人类进步》,新华出版社2010年版,前言。
② 戴木才:《全人类"共同价值"与社会主义核心价值观》,《光明日报》2015年10月28日第13版。

流行文化与两岸共同价值

当前两岸文化交流已经取得相当大的成绩，但要达到"增强两岸命运共同体的意识""实现心灵契合"还有很大距离。笔者曾经提出："两岸既要开展文化领域各个项目的交流，又要开展两岸主流文化的交流，而且应当特别重视两岸主流文化的交流；既要开展'同'的文化交流，又要开展'异'的文化交流，而且应当特别重视'异'的文化交流，这是两岸文化交流深化的两个要点，也就是两岸文化交流深化的正确取向"。[①] 现在看来这个看法是不全面的，因为它忽视了流行文化的交流。

一、应当重视两岸的流行文化

现在流行文化已经成为重要的社会文化现象，它渗透到社会生活各个领域，渗透到政治、经济、教育、文学、艺术和日常生活的各个

[①] 陈孔立:《两岸文化交流深化的取向》,《台湾研究集刊》2016年第4期。

方面，并且成为一种力量，在社会发展中发挥重要作用。流行文化随着人类社会的现代化、全球化以及科学技术的进步而不断发展，体现出不断创新的精神，开拓了文化的视野，丰富了社会文化生活，增加了社会文化的活力，对于整个社会文化的发展也具有重要的影响力。"流行文化已经成为观察和分析社会文化变动的一个重要指针和关键因素。"①

流行文化是时尚的大众文化，具有以下特性：它是在现代工业和市场经济条件下兴起于都市的一种文化；它是受大众欢迎、能吸引大众参与的普及性文化；它是由商人投入资金形成文化产业所生产的商品文化；它是有现代媒体参与炒作、借用现代科技进行批量制作的、具有时代感的现代文化；它是具有娱乐性、趣味性的休闲文化和消费文化。

流行文化的具体内容可以包括电视剧、电影、流行歌曲、通俗文学、平面媒体、网络媒体、手机媒体、卡拉OK、广告、流行服饰、家居设计、饮食文化等等。可口可乐、爵士乐、瑜伽、哈利·波特(Harry Potter)、3D动画电影《愤怒的小鸟》以及"鸟叔"骑马舞等等曾经或仍在风靡全球，成为当代流行文化的代表性制作。

当前从两岸交流的发展趋势来看，大家已经关注到以下两个方面：第一，强调文化交流，认识到文化交流是两岸持续发展的重要动力，是拉近心理距离，实现心灵契合的必要途径；② 第二，强调两岸青年人的交流，青年是两岸交流的主力军，③ 俞正声指出，"两岸关系

---

① 高宣扬：《流行文化社会学》，中国人民大学出版社2006年版，第8页。
② 《文化部：文化交流是两岸关系持续发展的重要动力》，http://www.taiwan.cn/xwzx/la/201210/t20121011_3163882.htm，访问日期：2017年3月16日。
③ 《国台办交流局王冰：青年是两岸交流主力军》，http://www.crntt.com/doc/1042/6/3/3/104263388.html?coluid=93&kindid=5670&docid=104263388&mdate=0611174546，访问日期：2017年3月16日。

未来的重任在两岸青年人肩上"①。

针对这两个重点，两岸文化交流就不能只重视中华传统文化和现代文化的交流，还应当重视两岸之间流行文化的交流。因为流行文化无论在中国大陆或台湾都已经成为大众文化的重要组成部分，已经渗透到日常生活的各个角落，拥有许多受众。流行文化体现时代精神，与时俱进，张扬个性，富有朝气，崇尚科技创新，特别在两岸青年人中产生了巨大的影响。

二、两岸流行文化的共同性和差异性

由于两岸社会制度的不同，在价值观上也存在差异，同时由于大陆的市场经济形成较晚，流行文化出现的时间也较迟，大陆与台湾在流行文化上存在差异是难免的。两岸流行文化及其特点，可以从发展过程、大众参与、商业经营、媒体介入、科技制作、社会影响等等诸多方面进行比较研究，这里仅从两岸关系的角度进行考察。

总的来看，两岸流行文化的差异表现在：台湾的流行文化体现出多元、包容、在地化、"特色走向"、个性化、"活出自己"以及"小清新""小确幸"等等特色。而大陆的流行文化起步较晚，因而存在大量引进、模仿外来流行文化（包括港台流行文化）的特点，但是在引进的基础上，也有所创新，根据大众的需要制造出自己的流行文化，特别重视流行文化与主流文化、核心价值观的衔接，强调"励志效应""弘扬主旋律"和"正能量"。

尽管两岸流行文化存在差异，但这些差异未造成两岸之间互相抵

---

① 《俞正声：两岸关系未来的重任在两岸青年人肩上》，http://news.xmnn.cn/xmnn/2016/06/11/100053699.shtml，访问日期：2017 年 3 月 16 日。

触，反而让彼此都有新鲜感，因而出现互相欣赏、借鉴、引进、模仿、合作与共享，这对于增进两岸关系是有好处的。更重要的是，两岸存在可以共同接受的流行文化。以流行音乐来说，"从邓丽君、罗大佑、费翔、齐秦、蔡琴、费玉清，以至周杰伦、蔡依林、S.H.E.，30年来这些台湾歌手伴随着大陆一代又一代的青年人成长，对大陆社会的影响不曾间断，并深入他们的生活、心灵中"；"在台湾歌手和流行音乐走红大陆的过程中，从1984年起正式登场的央视春晚，对于传播台湾流行文化发挥推波助澜的作用"；"透过这种无形的影响力，将台湾流行文化散播到大陆每个角落，也难怪知名的台湾文化人南方朔说，流行歌曲10多年来早已'统一两岸'。"[1] 最近厦门大学1986级学生毕业30周年返校聚会，他们特地举办了一个"怀旧联欢晚会"，组织者表示："我们邀请的李宗盛、赵传、成方圆等人，都是20世纪80年代青年学生们喜爱的歌手，可以说，我们就是听着他们的歌成长的。此番邀请他们登台，为的是借助这些'老'歌手的歌声，重温当年多彩的校园生活。"[2] 他们把台湾歌手视为"自己的"歌手。正如一篇文章所说的："大陆的观众，对台湾的演艺人员并不'见外'，他们在这些节目中变成了'哈台族'，觉得张惠妹、庾澄庆等都是'自己人'。唱的台湾歌曲，无论是袁惟仁（小胖老师）作曲作词的《征服》，还是赵传的《我是一只小小鸟》，都觉得这是地道的中国当代流行歌曲，不会分什么台湾和大陆"。[3] 同样的，古龙的武侠小说、琼瑶的言情小说、刘墉的励志作品、痞子蔡的网络小说、几米的

---

① 《从邓丽君到周杰伦，台湾歌曲"征服"大陆》，http://news.163.com/09/0824/08/5HFIB8UB000120GU_all.html，访问日期：2017年3月16日。

② 《千余名1986级校友"回家"》，http://news.xmu.edu.cn/a5/9b/c1552a173467/page.htm，访问日期：2017年3月16日。

③ 《两岸流行文化交流"零距离"》，http://www.huaxia.com/tslj/jjsp/2013/09/3548922.html，访问日期：2017年3月16日。

漫画、李安和侯孝贤等人的电影，都受到大陆民众的喜爱，被大陆同胞所接受。

"台湾音乐、电影、电视、文学等流行文化之风在大陆很盛行，对大陆同胞尤其是青少年的影响也越来越深。而大陆流行文化也开始被台湾同胞所关注和接受。"[①] 例如，"近年来，一些大陆优秀的综艺节目、影视作品'逆袭'宝岛，引发观看热潮。除了《爸爸去哪儿》，《我是歌手》《星跳水立方》和《全能星战》等节目，由于制作精良、创意吸引人，不少节目还有台湾知名艺人踊跃参与，因此很受台湾电视观众和网友喜爱"。[②] 大陆的电影和电视剧也在台湾受到欢迎，琅琊榜成为"最受台湾观众欢迎的大陆电视剧"，《寻龙诀》则是"最受台湾观众欢迎的大陆电影"。台湾作者指出："《甄嬛传》在大陆和台湾同步播出时，很多大陆网民在论坛上跟台湾网民热烈讨论，非常和谐。原来能把两边的人心拉近的事情，可以不涉及意识形态，而是一些最生活化的事情，让大家产生了共鸣。"[③]

类似这样两岸可以共同接受的流行文化，从兴趣、爱好到审美乃至价值观等等方面，真正发挥了"心灵的沟通"的作用。

三、流行文化对两岸关系的影响

流行文化对两岸关系已经和将要产生什么影响？请看以下事实：

---

① 王菲菲：《到台湾品味流行文化》，《人民日报（海外版）》2010年8月9日第3版。

② 《大陆综艺节目火热台湾荧屏〈爸爸去哪儿〉第三季在台首播》，http://henan.china.com.cn/culture/2016/0108/1363843.shtml，访问日期：2017年3月16日。

③ 《聚焦：这些年台湾人追过的大陆剧》，http://www.taiwan.cn/plzhx/zht/201512/t20151209_11202927.htm，访问日期：2017年3月16日。

先看台湾流行文化对大陆的影响。有人指出："数十年来，大部分大陆民众是透过声音、文字或影像来认识台湾"，"出现在流行歌曲和通俗文学中似曾相识的街道，这些融入个人情感经验的记忆，形成大陆民众想象中的台湾文化景观"，[①]"正是这样的文化氛围，使两岸在流行文化上出现'零距离'。每一个音符都像一个精灵，钻进了那些解除了武装的心扉，冲破了政治的藩篱，让彼此都想多知道一点对方的文化、社会、经济和政治"。[②]

再看大陆流行文化对台湾的影响。近年来大陆的一些影视、综艺节目引起台湾民众的观看热潮，甚至"土豪""淡定""决杀""给力""靠谱"等等来自大陆的文字与用语，也在台湾流行。台湾大妈也跳起广场舞，唱两句"小苹果"。今年以来，《花千骨》《琅琊榜》等大陆优秀电视剧延续之前的《后宫·甄嬛传》收视热度，在台湾引发一波波的收视热潮"。[③]华视文化董事长邓长富在接受新华社记者采访时表示，《琅琊榜》大受欢迎体现了台湾观众对中华传统历史文化的喜爱。[④]

为了进一步了解流行文化对两岸关系的影响，我想重点介绍两岸共同关注的两个节目，看看它究竟有什么影响，以及为什么会产生这样的影响。

[①] 《从邓丽君到周杰伦，台湾歌曲"征服"大陆》，http://news.163.com/09/0824/08/5HFIB8UB000120GU_all.html，访问日期：2017年3月16日。

[②] 《两岸流行文化交流"零距离"》，http://www.huaxia.com/tslj/jjsp/2013/09/3548922.html，访问日期：2017年3月16日。

[③] 《港台怀旧情怀：两岸三地流行文化"密码"》，《人民日报（海外版）》2015年12月23日第3版。

[④] 《〈琅琊榜〉登陆台湾再掀大陆剧收视热》,http://news.xinhuanet.com/newmedia/2015-11/13/c_134811579.htm，访问日期：2017年3月16日。

（一）"周杰伦现象"

台湾歌手周杰伦已经成为两岸青少年的偶像，受到"80后""90后"的普遍欢迎，拥有众多的粉丝。大陆学者管宁从音乐和古典文化等方面对此做了深入细致的分析，特别重视周杰伦能够把古典文化中的经典元素改变成"一种全新的审美意趣"；能够"融合中国民间音乐和古曲的旋律，把熔铸着丰富古典元素的现代情歌演绎成流行音乐的精华之作"；能够"将传统文化元素与来自西方的流行音乐结合，不仅赋予传统内涵的表现以时尚和流行形式，而且关注于音乐的生活性和愉悦性特征，将抽象的文化符号与概念转化成生动、欢快的节奏"；能够"与偶像借助音乐共同追怀逝去的纯情年代、舔舐曾经的别离伤痛，向青春致敬，由此成为他拥有大批粉丝的核心要素"等等。因而认为"就音乐而言，周杰伦的追求就是要酷，要与众不同、新奇特异，艺术本来就需要不断出新，需要超越，需要引人入胜；但歌词内容，杰伦则强调要保持传统，要有正能量，体现中国风。如此结合，使正能量的内容以酷（新颖奇特、另类别致）的方式得到真正有效的传播"，作者预言：周杰伦的"这一批古典韵味隽永、现代意趣浓厚的中国风歌曲"最终会流传于世。作者引用教育部前发言人王旭明话说："文化不是大话堆起的、巨资买来的和牛皮吹出的，文化不是豪华包装和巨资制作的空洞，文化就要多点周杰伦！"给予"周杰伦现象"高度的评价。[①] 另一位作者也肯定了周杰伦的音乐"能够引导青少年树立起自尊心、自信心和自豪感"，指出："2005年周杰伦的《蜗牛》就因其积极向上的思想内容而入选上海中学生爱国主义

---

① 管宁：《传统文化与流行音乐——以周杰伦为考察中心》，《学术评论》2015年第6期。

歌曲推荐目录的 100 首爱国歌曲。因此，像'中国风'音乐这种能够对青少年起到正面影响意义的流行歌曲，我们都不能忽视。运用青少年所喜爱的流行音乐形式，向其传达正确的思想内涵，对培养其正确的审美观具有重要意义"。[①]

（二）"中国好声音"

中国大陆的流行音乐节目《中国好声音》在大陆早已受到普遍欢迎，一些年轻人认为这个节目"为我们带来了巨大的音乐思潮，在享受流行音乐带来的丰富多变的感官体验的同时，我们也了解到流行音乐热情、奔放、浪漫而又反映现实生活，它正如青春、魅力、时尚而又矛盾的大学生，两者相互影响、相互促进"。这个节目 2013 年为浙江卫视赚取 13 亿人民币的广告收入，现在"已经成为大中华地区最具号召力的文化品牌之一"，引起台湾方面的重视，希望争取"与大陆合作并创造双赢的机会"[②]。近年来有好几位台湾音乐人参加这个节目，成为"导师"，受到观众的欢迎；也有一些台湾歌手成为"学员"，获得在大陆舞台上表现的机会；还有不少台湾歌曲在这个节目中出现，因此有人说："《中国好声音》集结了两岸娱乐、传媒的优势，在资源、知识产权、人力等方面你中有我、我中有你，从导师、学员到曲目，都体现了两岸联合的力量。"[③] 这个节目已经在台湾演出，据报道，"第二梯次的《中国好声音》台湾校园行，同样安排 5 天的音

---

① 《小议周杰伦的中国风音乐》，http://3y.uu456.com/bp_1baqx3dlfq670et7bbds_1.html，访问日期：2017 年 3 月 16 日。

② 《中国好声音也是两岸好声音》，《人民日报（海外版）》2015 年 2 月 9 日第 3 版。

③ 《中国好声音也是两岸好声音》，《人民日报（海外版）》2015 年 2 月 9 日第 3 版。

乐交流，每天两场的顶级体验，掀起青春梦想风暴。不仅赢得台湾年轻人的追捧，活动每到一地，都引发了当地青年的热烈追捧和积极参与，各个校园礼堂座无虚席，现场互动高潮迭起。通过流行音乐载体，开启了两岸交流新思路，增进两岸莘莘学子的情感沟通，以歌会友，用天籁之音传递青春正能量。"[1] 这次赴台巡演的负责人表示："希望用《中国好声音》在两岸之间架起一座音乐的桥梁、情感的桥梁、心灵的桥梁。"[2]

从以上两个事例可以看出，这些流行文化之所以能够获得两岸受众的欢迎，首先是适应时代的潮流，符合年轻人的需求，既有传统又有创新，具有青春的活力，体现出两岸年青一代共同的价值观。其次是要能吸引两岸民众的共同参与，促进情感的交流、心灵的沟通，让它能够为两岸所接受，成为两岸共同拥有的节目，成为"我们自己"的节目。

写到这里，应当讨论流行文化交流在两岸文化交流中的地位与作用。

两岸文化交流，包括中华传统文化与当代文化的交流，前者可以分为精英文化与民间文化，后者包括当前两岸的主流文化、文化领域各个项目的交流（例如历史、文学、书法、摄影、民俗、民间信仰等等）、流行文化的交流。

从近年来的两岸流行文化交流来看，它的成效是其他各项文化交流无法比拟的，这一点就已经表明了它在两岸文化交流中的重要地位。有人指出："在两岸全方位的交流中，流行文化可成为先行者。

---

① 《中国好声音台湾校园开唱　热烈飙歌尖叫连连》http://www.shanghai-taiwan. org/gb/shtw/n32/n89/u1ai61851.html，访问日期：2017 年 3 月 16 日。

② 《台高校唱响〈中国好声音〉》，《海峡导报》2015 年 6 月 2 日。

相对于精英文化，流行文化有着更强的感染力，更容易被普通人所接受。透过流行文化，两岸同胞的了解加深了，话题多了，感情也加强了。品味流行文化，体味别样的彼岸韵味，或可成为两岸交流的新领域。"① 前文化部部长蔡武在谈到对外文化交流时指出："'走出去'的文化产品还偏重于传统文化，在当代文化和流行文化方面的传播力度不够，导致国外民众对当代中国情况缺乏全面准确的了解"。② 我认为这句话也适用于两岸交流，因此，今后在开展两岸文化交流时，必须重视流行文化的交流。

流行文化交流其所以能够取得较大的成绩，是因为在这个方面两岸更容易找到共同语言、共同价值观，因为流行文化含有"全人类共同价值"的元素。尽管两岸流行文化在交流与碰撞过程中，存在某些差异，但由于有了共同语言、共同价值观，就能够做到互相尊重、互相包容，在增进感情的基础上，发挥文化交流促进双方了解、理解和融合的作用。

流行文化的地位与作用，表明了它对建构"两岸共同价值"的重要意义。因此，今后在流行文化交流中，应当把它与"两岸共同价值"对接起来，使它在建构两岸命运共同体、实现两岸心灵契合过程中发挥积极的作用。这是值得大家重视的一个课题。

---

① 王菲菲:《到台湾品味流行文化》,《人民日报（海外版）》2010 年 8 月 9 日第 3 版。

② 《文化部长：中国当代和流行文化对外传播力度不够》, http://news.163.com/11/0719/09/79AL931V00014JB5.html , 访问日期：2017 年 3 月 16 日。

第二篇

台湾文化研究

第一章
台湾特色的中华文化

"台湾特色的中华文化"的建构

2009年10月10日马英九首次提出"台湾特色的中华文化"这个概念，[①] 他说："60年来，台湾人民秉持正直、善良、勤奋、诚信、进取与包容的核心价值，以'台湾精神'完成改革，打造具有台湾特色的中华文化。"从此，台湾当局对"台湾特色的中华文化"的建构就开始了。2010年5月19日马英九又提出"文化兴国"的说法，对于"台湾特色的中华文化"，除了重复以上所说的"核心价值"之外，还补充说："表现在外的就是海洋文化、多元文化、创新文化，以及志工文化和爱心文化"。以上就是马英九所说的"台湾特色的中华文化"的基本概念。本节试图就"台湾特色的中华文化"的内涵、特性、建构的意图以及两岸文化的相互关系等问题进行探讨。

① 台湾新闻主管部门在辑印2009年度"马英九言论选辑"的编辑说明中指出：2009年11月8日，马英九首度提出"具有台湾特色的中华文化"，这种说法把时间推迟了一个月，出现了差错。

一、"台湾特色的中华文化"的内涵

根据马英九上述"表现在外"的五种文化,其内涵应当包括以下五个方面。

1. 海洋文化。马英九指出,台湾在美国、中国大陆、日本三大经济体竞合中求发展,把博大精深的中华传统与开放进取的海洋文明,糅合成"具台湾特色的中华文化"。又说:"海洋文化",这是"开放与创新"的方面,是"创造",特别是"吸收西方当代文明的精华"。

2. 多元文化。台湾一般指的是包括闽南文化、客家文化、先住民文化、大陆各省文化以及日本文化、西方文化等在内的多元的文化。有人指出:两岸文化虽来自共同泉源,但台湾吸收了葡萄牙、西班牙、荷兰、日本、美国等文化的影响,尤其是在1949年后与"迁徙到台湾的大陆各省文化融合",让台湾发展出"独特具有台湾特色的中华文化"。具体的表现如:"在台湾包容与热闹已成为台湾的夜市风情,外来美食在台湾落地生根成为在地文化,如油条杏仁汤、东山鸭头、山东馒头、新疆羊肉串、中东沙威玛、日本寿司、泰式酸辣料理等。台湾夜市的美食充分展现出台湾的文化包容性"。

3. 创新文化。有如下的说法:台湾保留了完整而丰富的中华文化传统,从人文精神到生活美学,它融合古老的涵养与现代的创新。台湾创造了新的中华文化。"台湾更有海洋文化的开放与创新,中华文化在台湾,早已吸收西方当代文明的精华,创造新的艺术表现。从舞蹈、音乐、戏剧、视觉艺术到影视等等都得到世界高度肯定。"此外,台湾还有"文化创意产业发展法",创造更能够符合世界潮流的新发展;台湾民主化之后形成了"多元社会与自由主义传统","这两者令台湾具有一些新的想法和自由的创作环境"。

4.志工文化。马英九强调台湾有"兴旺的志工运动"。"志工运动是很重要的学习，因学到的比付出多，志工运动是具台湾特色的中华文化，尤其区域志工走到国外服务，代表积极、进取精神，这在中华文化相对较弱。他还说："台湾的志工运动是非常了不起的一种文化和社会现象。红十字会和国内其他宗教团体所组成的志工团队，形成很了不起的台湾特色文化。志工无怨无悔，捐钱、捐时间、捐血、捐大体、捐器官，这是自由民主环境及富裕的社会才会出现的自动自发的行为。"

5.爱心文化。马英九以台湾的佛教为例，说明佛教徒从事关心弱势的工作，这是"入世化"；把佛教当事业来经营，这是"企业化"；有成千上万的志工从事社会服务，这是"志工化"；在世界各地建立许多佛寺这是"国际化"；以上都是爱心文化的体现。"台湾的爱心无远弗届，而宗教扮演了关键的角色，发挥安定人心作用，宗教团体的效率不亚于大企业。""台湾人充满爱心，认养逾28万名国内外贫童，捐血比率接近总人口的百分之八，而台湾民众在日本发生三一一震灾后，共捐输新台币60亿元，令日人相当感动，获得日本各界感谢。这些都显示台湾对全世界都关心，也凸显台湾人就是有爱心，提升台湾的形象。"

换一个角度，即文化学的角度，从文化的层次来考察，可以把"台湾特色的中华文化"的内涵表述如下：

1.物质文化。或称器物文化，是由物化的知识力量构成，是人的物质生产活动及其产品的总和，是可感知的、具有物质实体的文化事物。包括生产工具、生活工具，例如建筑、器皿、衣、食等等。在这个方面，他们讲得不多。马英九提到台湾的小吃美食、牛肉面等等，他说：在饮食方面，台湾社会发展了许多庶民的美食小吃，像"牛肉面"，原来中国大陆是没有的，而台湾老一辈的人也不吃牛肉。据考证，牛肉面是来台老兵在眷村所发明，马英九执掌台北市政，举办"台北牛肉面节"，现在已扩大而为"国际牛肉面节"。① 此外，还提到台湾的出版事业，"台湾地方虽小，却是世界华文出版中心，每年出版图书达五万多种，中国大陆人口是台湾的五十七倍，但新书出版图书种类只有台湾的三至四倍，可见台湾的出版能量居华文世界之冠"。此外，还有"启动大故宫计划""台湾文化八宝箱"等等。

2. 制度文化。这是通过规范的习惯或文字文本形式固定下来的作为人们生产、生活典范的文化成果。包括社会的法律制度、政治制度、经济制度以及人与人之间的各种关系准则（法律、制度、规章、条例）等等。提到的有："废除台湾长期存在的养女制度，并力推民法上的一夫一妻制，明显提高妇女地位"，以及"扎实的公民社会""多元的社团宗教""自由的媒体舆论""普遍使用的正体字"等等。

3. 行为文化。这是指通过日常生活中的各种行为方式进行表达的文化形态。包括当地一些习惯性的规定。马英九说：中华文化中"善良"与"诚信"的核心价值已融入台湾的日常生活。"台湾的爱心真是无远弗届"。又说，通过宗教力量，"引领民众存好心、说好话、做好事"。此外，还提出要建立"富而好礼"的社会。台湾民众在日常生活中表现出的诚信、感恩、分享、有礼貌、守秩序、尊重对方、乐于助人等等，受到广泛的称赞。

4. 精神文化。马英九讲得最多的是精神文化，一方面强调"台湾保留了完整而丰富的中华文化传统，从人文精神到生活美学，它融合古老的涵养与现代的创新，有非常多值得大陆借鉴的地方"。"台湾也是全球实践儒家思想最普遍、最彻底的华人社会。仁义、孝亲、尊

---

① 石丽东：《记一席"文化兴国"的演说》，www.ocwwa.org/culture.htm，访问日期：2017年3月16日。

师、勤奋、善良、纯朴等儒家倡导的美德，早已成为民众生活的一部分"。另一方面强调"台湾因为有海洋文化的开放与创新，使中华文化在台湾，吸收了西方当代文明的精华"。由这二者"糅合"成"具台湾特色的中华文化"。当然，在许多场合，他一再强调"公民素养""民主制度""自由精神""普世价值""人权法治"等等，强调两岸的差异在于"生活方式与核心价值"。

显然，精神文化决定一个国家、地区、民族文化的特色或差异，是文化的灵魂和中枢，决定并在一定程度上支配其他文化形态的存在。研究"台湾特色的中华文化"，就应当对它的精神文化部分所体现的实质给予特别的重视。

二、"台湾特色的中华文化"的特性

关于"台湾特色的中华文化"的特性，台湾方面有如下几种不同的解释。

（一）马英九的"三个特质"说

一是公民素养植根最深厚；二是传统文化保存最完整；三是传统与现代的衔接转化最细致。民主制度造就了台湾的公民社会，公民社会中开放的风气、自由的精神，成为创作家的土壤。

（二）盛治仁的"两个部分"说

传统部分："以中华文化为底蕴"的传统文化，保存得比大陆好；

创新方面：因民主自由制度结合欧美、日本文化，形成创意的文化激荡。因此，传统部分更传统，创新部分更创新。盛治仁强调台湾文化与大陆文化的差异，他说："我们已经发展出一套与中国大陆在本质上和形式上都不太一样的、很有特色的本身的文化。"

（三）杨渡的"三个特色"说

第一，历史上的台湾移民从大陆带来了传统中国文化，从大陆带来的宗教、民间信仰、宗教礼俗、生活习惯等等已经深入生活，成为台湾文化最重要的根基。第二，1949 年前后的大迁徙所带来的大陆各地的文化特色。第三，"文革"时期很多传统中国文化被破坏，台湾则积极推动中华文化复兴运动。他还指出，台湾独特的多元文化有三个基本优势："首先，相较于其他华人地区，台湾有比较深厚的中华文化底蕴。其次，台湾本身有海洋文化的包容，也是移民社会，在汉文化为主体之外，还受到日、美文化的影响。再次，民主化之后形成了多元社会与自由主义传统，这两者令台湾具有一些新的想法和自由的创作环境。"

杨渡的看法与盛治仁有所不同，他强调"中华文化是根基"，"台湾文化始终是中华文化的一个组成部分。没有中华文化，就没有所谓的台湾文化。中华文化是根基、是范畴、是特色，是台湾文化赖以生存发展的阳光和空气。如果把两者的关系颠倒过来就贻笑大方了"。因此，他认为马英九提出"台湾特色的中华文化"概念，"这个说法不是台湾文化驾驭中华文化的'台独'文化概念"。①

---

① 《台专家：马英九"台湾特色的中华文化"非"台独"概念》，http://taiwan.huanqiu.com/liangan/2010-01/694216.html，访问日期：2017 年 3 月 16 日。

（四）林中森"四个非常"说

台湾特色的中华文化就是每个人都非常殷实，每个人都非常忠厚，每个人都非常善良，每个人都善尽社会责任。①

其实，从马英九的言论中可以看出，他还强调指出"台湾特色的中华文化"有两个特点：第一，他说："因为中华文化与台湾本土文化结合，结合成一个非常完整且新的东西。"这说明必须是"二者结合的"，而且是"新的东西"，既不是原来的中华文化，也不是原来的台湾本土文化。第二，他说："台湾人用台湾的空间，用台湾的人力，发展出一个丰富中华文化的模式，这就是发展了一个具有台湾特色的中华文化。"② 这说明它必须是"台湾的"，由台湾人建构的。这样，就把"台湾特色的中华文化"与不是"二者结合的"、不是"台湾的"文化区别开来了。当然，它还一直保留"中华文化"的名称，承认"中国文化和传统是台湾文化的根源"，承诺要"传承中华文化"。正如台湾官员所指出的："马英九政府显然希望借由文化，标示台湾的不同，不否认与大中华文化的血脉相承，但更突出台湾最近六十年发展中逐渐巩固的自由、民主、多元价值。"由此可见，"台湾特色的中华文化"是一种传承中华文化但又不同于大陆的中华文化，而是60年来在台湾发展出来的"中华文化"，这才是它的特性。

---

① 《林中森：打造有台湾特色的中华文化》， http://www.vos.com.cn/news/2012-12/09/cms713944article.shtml，访问日期：2017 年 3 月 16 日。

② 《马英九表示要打造具有台湾特色的中华文化》，www.chinanews.com/tw/tw-twyw/news/ 2009-10-10，访问日期：2017 年 3 月 16 日。

三、建构"台湾特色的中华文化"的意图

建构主义的核心观点是:"观念不仅是指导行动的路线图,观念还有建构功能,可以建构行为体的身份,从而确定行为体的利益。"[①]建构"台湾特色的中华文化"这一观念,可以表明台湾现有文化的身份(认同),以此作为"我者"并与"他者"相区别。

为什么需要这样的身份(认同)呢?社会认同理论认为"个体有一种获得自尊的基本动机","人们有对自尊的需求",社会认同则是"满足自尊的需要"。[②] 建构"台湾特色的中华文化"首先是为了满足自尊的需求。

建构"台湾特色的中华文化"是在如下的历史背景下展开的。一方面,台湾经过李登辉、陈水扁时代的"去中国化",对中华文化造成很大的伤害。原来的"中华文化复兴总会"被改名为"国家文化总会",他们强调"台湾文化",而把中华文化说成是"台湾文化的一部分",甚至把中国文化说成是"劣质文化",主张"彻底抛弃"。马英九上台以后不能不面对这个问题。建构"台湾特色的中华文化"目的之一就是要与独派"台湾文化"相区别。另一方面,2008年以后两岸关系有所发展,在签订 ECFA 之后,大陆方面积极提出签订两岸文化交流协议,加强两岸同胞的精神纽带,共同发扬中华文化优秀传统。台湾方面感受到这是"大陆中华文化的攻势"。[③]他们出自"自尊的需求",企图在文化方面争取主动,掌握话语权,并且认定台湾

---

① 秦亚青主编:《文化与国际社会:建构主义国际关系理论研究》,世界知识出版社 2006 年版,第 26 页。

② 莹瑞、佐斌:《社会认同理论及其发展》,《心理科学进展》2006 年第 3 期。

③ 参阅江素惠:《两岸三地情:中华文化两岸较劲》,http://orientaldaily.on.cc/cnt/news/20110123/00184_005.html,访问日期:2017 年 3 月 16 日。

在"保存中华文化"和"创造台湾精神价值"这两个方面有优势,以此与大陆相比较,用以显示他们在文化上的领先地位,并与大陆的文化相区别。

为了建构"台湾特色的中华文化",就需要通过社会比较,即把"我群"与"他群"相比,而且"放大内群(我群)相对于外群(他群)的优越性和有利地位","最大化内群的相对优越性"。强调"我群"的优势,实际上就是强调"他群"的劣势,所以"对外群的刻板印象通常是负面的和贬抑性的"。[①]

应当强调指出,"台湾特色的中华文化"的建构着重是通过与大陆的社会比较而展开的。他们公开提出如下一系列"超越大陆"的论点:

(一)台湾的中华文化已经超越大陆,台湾要做"中华文化的领航者"。

"未来一百年,'中华民国'要做中华文化的领航者。台湾没有大陆的'文革'动乱,六十多年来,台湾保存了中华文化的深厚底蕴,从生活美感到艺术美学,它的传统韵味,让世界惊艳。"

台湾要扮演"中华文化领航者"的角色。"事实上,许多中华文化的特色在台湾实践的程度已超越大陆甚至任何一个华人社会。""只有在台湾,才能学到正统的汉字与完整的中华文化。""台湾也是全球实践儒家思想最普遍、最彻底的华人社会。仁义、孝亲、尊师、勤奋、善良、纯朴等儒家倡导的美德,早已成为民众生活的一部分。台湾也具有扎实的公民社会、多元的社团宗教、自由的媒体舆论、兴旺的志工运动。""只要发挥文化的创造力,台湾的魅力可以吸引全世界。唯有台湾,最有条件成为中华文化的领航者。"

---

① 迈克尔·豪格:《社会认同过程》,中国人民大学出版社2011年版,第66、92、55页。

（二）台湾的中华文化是在台湾"打造"的，是大陆所没有的，并且受到各国的肯定。

"我们的根，当然是来自于中国大陆，但是在台湾这块土地上，我们播下的种，产生出过去在中国大陆不曾出现的一些现象、精神。"

"近年来，世界上已逐渐熟悉台湾表现出的文化；现在共有131个国家或地区给予台湾居民免签证的待遇，正代表着我们的民众素质受到世界各国的肯定，这就是一种文化的表现。"

（三）台湾要做"中华文化的领航者"，不担心会触怒大陆，不怕与大陆相比。

"台湾要作为'世界中华文化的领航者'，他（马英九）不担心此举会触怒大陆，因为大家各凭本事，谁能够把文化展演得更好，才能够配称文化的领航者，良性竞争。"

"讲到中华文化，有些人常会想到中国大陆就在我们的隔壁，我们怎能跟他们比呢？事实上，很多到过中国大陆与台湾的人都知道，台湾在中华文化的落实与生活化方面，不但不比大陆差，有些方面还更彻底，因为大陆毕竟经历过'文革'等风雨，台湾则是在一个相对稳定的环境下发展，保有中华文化温柔敦厚的气质，许多来台湾的人士都感受得到，尤其是大陆观光客的感受更是具体。"

"台湾推动民主、自由与多元，使得许多活动、许多现象，展现了台湾很重要的特色"。"台湾与大陆往来，应可展现更大自信，不必担心会吃什么亏，因为自由、民主'已变成我们活生生、每天都存在的生活方式'，这种方式不但影响台湾，也一定会影响周边的华人社会。"

（四）大陆的中华文化受到摧残，甚至已经"断绝"。

"四十多年前，大陆还是在搞'文革'，中华文化受到很大的摧残；可是四十年后，大陆不但不再批判孔子，反而在各地设立孔子学院。"

"大陆的主流思想逐渐回归中华文化,让人感到庆幸。台湾多年来一直是捍卫中华文化、发扬中华文化的重要基地,希望透过民国百年的活动把这些展现出来。""世人不仅希望看到大陆'和平崛起',更希望看到大陆是'文明的王道崛起',也就是'对外行王道、对内行仁政'。"

特别需要提到的是,许嘉璐接受台湾《旺报》专访时讲到的一件事:马英九曾经说过,中华文化在大陆"断绝"了,而且"断绝"这个词用过三次。[①]

以上全部出自台湾地区领导人的讲话,罗列这么多言论,读者应当会有"咄咄逼人"之感,也只有罗列这么多言论,才可以看出他们要与大陆文化"切割"的急切心情。其实,这是社会认同过程必然产生的现象:为了满足自尊的需求,往往把本群体和外群体的区别最大化,力图提升对本群体的积极评价,在形成对内群体的"偏好"的同时,也形成对外群体的"偏见"。

写到这里,台湾当局建构"台湾特色的中华文化"的意图已经十分明白了,那就是要在台湾建构起对"台湾特色的中华文化"的认同,以此为"我者",以大陆为"他者",不认同大陆的中华文化,不认同一切没有"台湾特色"的中华文化。另一方面,强调"台湾特色的中华文化"优于大陆、"超越大陆",只能由他来"领航"。这意味着在两岸文化交流方面,只能由台湾来主导,如果要签文化协议,可能要靠台湾"让利"给大陆了。

应当说,两岸由于社会制度不同,在传承与发展中华文化方面存在差异,各有长短,需要进行深入的研究。单方面地讲自己的优势,

---

① 许嘉璐:《中国只不过想恢复祖宗基业》,《旺报》2013 年 2 月 24 日。

而不讲对方的优势，本来就不公平。至于说上述"超越大陆"的现象是否存在，也是可以讨论的。

更重要的是，"台湾特色的中华文化"还不一定能够获得多数台湾民众的认同，在这方面只要举出两个实例就可以说明问题了。有一部分人反对"台湾特色的中华文化"的说法，认为这是把台湾文化"边缘化""矮化"，"把台湾文化附庸在中华文化之下"，"中华文化才是主体，而台湾特色只是这个主体的装饰品"，他们主张台湾文化"自为主体"①。另一部分人认为马英九提出"台湾特色的中华文化"是与"去中国化"的政策相区隔，但他走的是"文化中华"的路，而且"有些胆怯"。马英九"宣示要让台湾成为中华文化的领航者，这更是对大陆想推动两岸的文化交流，做出明确的政策性回应，也代表了在未来两岸的文化交流中，'中华民国'将会和大陆竞争中华文化的诠释权以及话语权"②。由此可见，"台湾特色的中华文化"是否能够得到台湾大多数人的认同还是一个问题，因此，有人认定"台湾特色的中华文化是台湾民众的集体记忆"，我认为要下这个结论为时尚早。

四、两岸文化的差异与交集

两岸都肯定中华文化，表示要继承与发扬中华文化优秀传统，促进中华文化在全球的传播，这表明两岸文化存在一定的相同与相似之处。但是，台湾当局从 2009 年开始建构"台湾特色的中华文化"，中

---

① 《自由时报》社论:《中华文化部？》，2012 年 5 月 23 日。
② 《文化中华，政治偏安，马英九新路线》，http://hk.crntt.com/crn-webapp/doc/docDetailCreate.jsp?coluid=93&docid=101566276，访问日期：2017 年 3 月 16 日。

国大陆则从 1997 年开始建构"中国特色社会主义文化",这说明两岸在文化上存在着"我者"与"他者"的差异,即认同的差异。

"中国特色社会主义文化"的建构是建设中国特色社会主义的组成部分,强调"一定要坚持社会主义先进文化前进方向,树立高度的文化自觉和文化自信,向着建设社会主义文化强国宏伟目标阔步前进"。显然,中国特色社会主义文化是在中国大陆社会主义建设特定的环境下建构的,强调的是社会主义文化,这就和一切非社会主义的文化区隔开来。而"台湾特色的中华文化"则是在台湾特定的政治、经济和社会制度下,以"台湾精神"打造出来的民主、自由、多元的文化。由于两岸社会制度、背景条件以及发展方向的不同,在制度文化、行为文化,特别是精神文化方面存在很多差异。在近年来两岸交往、交流的过程中,大家都有亲身的感受。两岸文化"同根不同质",应当强调指出,两岸无论在主流文化、传统文化和外来文化方面都存在着"本质的差异",这是不可忽视的现实。①

但是也应当看到在全球化、现代化的今天,在两岸关系和平发展的新形势下,两岸文化都应当适应形势的发展,体现时代的特征,因此两岸在文化上也已经出现一些共识、互动和交集。台湾方面提出两岸民间合编"中华大辞典"的主张,立即得到大陆方面的善意回应,并且由两岸数百名专家共同编出《两岸常用词典》。此外,台湾方面还提出"加强两岸文化交流","在中华文化的智慧指引下,用和平方式解决双方争议"等等。大陆方面则高度肯定"中华文化在台湾根深叶茂,台湾文化丰富了中华文化的内涵"。中共十八大报告提出:"大力弘扬民族精神和时代精神,深入开展爱国主义、集体主义、社会主义教育,丰富人民精神世界,增强人民精神力量。倡导富强、民主、

---

① 陈孔立:《两岸文化的本质差异》,《台湾研究集刊》2013 年第 4 期。

文明、和谐，倡导自由、平等、公正、法治，倡导爱国、敬业、诚信、友善，积极培育和践行社会主义核心价值观。"对此，刘亚洲指出：富强、民主、文明、和谐；自由、平等、公正、法治；爱国、敬业、诚信、友爱"这24字从国家、社会、个人三个层面构建了社会主义核心价值体系"。"对于凝聚全国人民对中国特色社会主义的认同、汇聚各族人民的力量、推进社会主义现代化和中华民族伟大复兴事业，具有极其重要的作用。"① 显然，报告中的这段话就是对"社会主义核心价值观"的最新概括，这与台湾方面所强调"正直、善良、勤奋、诚信、进取与包容的核心价值"就有交集，也可以说这些"核心价值"并非台湾所特有。

总之，台湾建构"台湾特色的中华文化"的意图是与大陆的文化区隔开来。大陆建构"中国特色社会主义文化"也与台湾方面有明显的差异。看不到这一点，以为两岸文化是一样的，两岸文化交流和文化认同没有什么困难，那就可能带来负面的影响。另一方面，也要看到两岸文化存在交集、共识、互动、合作的可能性与现实性，这样才能在共同推进两岸文化交流合作方面发挥更大的效益。

---

① 　　刘亚洲:《八字精神与二十四字表述》,《同舟共进》2012 年第 12 期。

台湾特色的社会关系文化

所谓社会关系文化，指的是社会化的行为规则、惯例，是人们处理和认识社会关系的活动方式，亦即社会关系的模式化、固定化。[1]台湾在社会结构、政治体制、精神文化等因素变迁的历史过程中，逐渐形成一些具有台湾特色的社会关系文化，尽管有时它不一定合法，但却成为得到许多人认可的社会规范、通行的惯例，在台湾社会中产生广泛的影响。

本节选择以下四种文化加以解读。

一、关说文化

"关说"一般指的是通过某种关系，进行疏通，为自己或帮助他人办成原本很难做到的事。按照台湾官方的定义，则涉及违法问题，它指的是不循法律程序，为本人或他人向公务员以及代表政府或公股

---

[1] 参阅涂可国主编:《社会文化导论》，山东人民出版社 2014 年版，第 64 页。

的相关人员提出请求，且该请求有违反法令、营业规章或契约之虞。台湾方面还有关于请托关说登录查察的规定，依法可以提出陈情、申请、游说等关说行为，必须向相关的政风机构登录。关说涉及行政、执法、人事、工程、投标、采购等诸多方面。关说是"施"（"请"）与"受"的关系，受托者为请托者获取受益，请托者给受托者以回报，当事双方都会受益。既然有人受益，其他人的权益就可能受害。

在台湾，关说盛行，已经成为一种文化。媒体报道说：从乡民意代表、县市议员到"立法委员"，关说无所不在。有帮忙买火车票、机票、在各级机关安插人事、年终考绩、学生打架、行车擦撞纠纷、闯红灯与超速、被警方临检酒测等等，生老病死全包。选民往往一通电话，民意代表的服务就要到。更严重的是，"立法机关"也盛行请托、关说文化，影响到同意权的行使。所以，关说文化成为台湾民众痛恶的"立院"积习之一。军队里也盛行关说，柯文哲亲身有过这样的经历：他是台大医学院毕业生，当兵时，大家认为他一定会留在师部卫生营，可是别人"都去找一颗星、两颗星的大官关说，结果所有的凉缺都被占掉了，我最后被下放到步兵营"。[1] 有的学者指出："关说表面上只是人情请托，大家互相给面子，实则却是动摇法治社会的基石。"[2] 还有人说："关说影响社会风气，造成民众丧失对司法的信赖，并非台湾之福。"[3]

台湾为什么会盛行关说文化呢？有人认为台湾人重视人情，在"情理法"中，"情"居首位，"法"处末席。也有人认为与选举有关。因为"张张选票都有投资报酬率的期待。那些平时能够为选民去关

---

[1] 柯文哲：《改变成真》，台北三采文化出版社 2014 年版，第 94 页。

[2] 转引自兰崇仁：《"什么才是关说？"——解析台湾官场的关说文化》，《廉政瞭望》2013 年第 11 期。

[3] 《台湾舆论热议关说丑闻引发的"政治风暴"》，http://www.taiwan.cn/taiwan/jsxw/201309/t20130912_4868192.htm，访问日期：2017 年 3 月 16 日。

说，并且还能关说出成果的民意代表，选举时自然占尽先机"。因此民意代表必须为选民关说，否则就没有选票。还有人认为"行政程序不透明才是关说的源头"，台湾当局也曾表示要做好"民代关说制度化、透明化的设计"。

实际上，按照台湾现行制度，只要不被查到有金钱交易的关系，关说就不要负担罪责，因此，民意代表、关系良好的政治人物乃至权力通天的商人，只要手法够巧妙，都可"合法关说"。

不涉及金钱交易的关说，甚至会博得台湾社会的同情和支持。王金平关说柯建铭案，就是一个典型的实例。台湾媒体报道：他们数度向"法务部长"曾勇夫部长与"台湾高等法院检察署署长"陈守煌检察长关说，指示检察官在柯建铭获判无罪后不要上诉。[①] 由于两人没有金钱交易，台湾民间认为"这就是朋友帮忙，柯建铭是'立委'，尽管和王金平不是一个党，出了事找'立法院长'帮忙，非常正常，而王金平不问对方是不是自己的一个党，慷慨帮忙，堪称肝胆。在法治社会所不允许的事情，在江湖中却是义气。所以更多的人认为王金平是在'关心'，而非关说"。[②] 台湾学者指出："台湾司法的防线还未确立，关说、施压无处不在，行贿也常有所闻。奇妙的是，这种现象的盛行，是由下至上的。也就是'人民'的人情使然。不管一般人嘴里怎么说，能够通过关说、施压而解决问题的时候，台湾人民通常就会那样办；民意代表也知道，如果不帮'人民'的忙，票就没了。"[③] 这种社会关系文化给民进党提供了有利的机会，他们公然为国民党人王金平鸣不平，矛头显然指向马英九。在这种情况下，坚持反对政治

---

① 《台当局"法务部长"涉关说被移送"检察院"》，http://taiwan.huanqiu.com/roll/2013-09/4331123.html，访问日期：2017 年 3 月 16 日。

② 邹振东：《这是台湾政治转型的阵痛》，http://www.calaw.cn/article/default.asp?id=8980，访问日期：2017 年 3 月 16 日。

③ 范畴：《与中国无关》，八旗出版社 2014 年版，第 128 页。

关说、捍卫司法独立的马英九被视为"不讲情面"的人，无法得到社会公众的支持和谅解。《联合报》社论指出："王柯关说案爆发至今七个月，结果是揭弊者遭到判刑，成为全案最大受害者；这样的发展，相当程度反映了当下台湾诡异的政治气候和社会氛围。"[①]

直到现在，柯文哲当选市长以来，"每天都有人打来跟他关说人事，他觉得很烦"。他警告说要公布关说者的名单。柯文哲能不能改变台湾的关说文化，这要看台湾社会给予什么样的答案了。

二、密室文化

所谓"密室政治"指的是不公开、不透明的暗盘交易。这种台面下的"黑箱作业"或"分赃政治"，在台湾已经成为一种惯例，上自"总统府"下至村里长办公室，无处不在，无时中辍。至于政治人物与工商界大佬的餐叙场合，"每日晚间，在酒家上演的各党各派立委借酒色调解的权钱交换游戏"，更是司空见惯。所以在台湾已经形成一种具有特色的密室文化。

台湾最高当局向来采用密室决策。"党内是没有民主的"，这是李登辉的名言。在他主政时，国民党的中常委、副主席等人都没有参加决策，"副总统""行政院长"等人也被排斥在外，而由他本人和少数智囊在密室中做出决策。陈水扁主政时，由"副总统"、党主席、中常委等人参加的"9人小组"并不是决策机构，只能提供决策参考，重大决策是由陈水扁个人与少数贴心幕僚在密室中做出的。[②]至于马

① 《黄世铭下台，关说案也就随风而逝？》，台湾《联合报》2014年3月22日。
② 以上参阅陈孔立：《心系两岸》，九州出版社2013年版，第9—35，145—152页。

英九时代，所谓"府党院5人决策小组"也不是决策机构，大家公认他是由"小圈圈"决策，决策的核心只是围绕在马、金（金溥聪）周围的极少数人。

台湾密室文化在"立法院"的"朝野协商"中表现得更加淋漓尽致。由于朝野"立委"只关心选区的利益，对"立法"不感兴趣，也无心进行监督，因此各种委员会没有实质作用，许多议案都无法取得共识；同时，由于"立委"审查政府提案时，几乎都为自己政党的权益算计，争议连连，很难有共识，议案无法顺利审查，只好交付"朝野协商"（即"党团协商"）。于是，党团协商的位阶凌驾于各种委员会和院会之上。而党团协商只有"国会议长"和全党"党鞭"参加，即只有"立法院长"和国民党、民进党、"台联党"三党的三长共10人参加，这就是说，许多重要法案只有这10个人说了算，这就形成了密室政治，其他"立委"无法介入。所以有人说："'立法院长'和党鞭才是真正的立法者。"

不仅如此，党团协商必须达成共识，经过各党团负责人签名，才算是有结论。而所谓"共识"，就是"一致同意"，只要有一个党不同意，就不能通过。这样，在"立法院"中有64个席位的国民党，就与只有3个席位的"台联党"处于同等的地位，多数党的地位被"阉割"了。国民党提出的许多议案都无法通过。"两岸服务贸易协议、两岸协议监督条例、'自由经济示范区'、'粮食管理法修正草案'、'老农津贴暂行条例修正草案'，都躺在'立法院'，迟迟无法完成立法程序。"此外，由于党团协商没有达成共识，国民党籍"行政院长"的施政报告多次受阻，被迫"离席"。台湾舆论指出："党团协商是违背民主代表与民主监督原理的密室政治机制，架空了常规的国会议事程序"①,"'立法院'缺乏民主法治精神,现已沦为乔事、藏污、腐化、拜托、关说之圣地,成为台湾的乱源之一"。

密室文化有一个重要的特色,台湾称为"乔"。所谓"乔",就是协调、协商的意思。这是正面的含义,实际上"乔"往往是在桌面下进行的。在"朝野和谐"的标榜下进行"朝野协商",让许多法案在密室中交换。主持人压低多数席次同党"立委"的权力,拉高少数席次在野党委员的筹码,少数党通过密室协商杯葛法案。这种以"乔事"方式修出来的法案,必然让在野党"立委"感恩不已,不得不"涌泉相报"。

有人把王金平称为"乔王之王","他真正的业绩全都是在台面下的密室之中做成,包括预算和法案的朝野协商,以及政商界寻求人事、钱事、政事、司法事的畅通,甚至连'立委'想安排小孩念一个挤破头的私校、台塑创办人王永庆遗产纠纷,都曾拜托王金平帮忙乔"。②

民进党人姚一多指出:"王金平什么都能乔,政治能乔,人事能乔。基本上,他就是靠施予恩惠,并且在适当时候要求别人偿还的绝妙工夫,在台湾政坛上挣得一席之地。""这么多年的'立法院长'任内,没有任何人可以指出他过去到底为台湾做了什么,也没有任何人可以记得他曾经为台湾的发展提出什么有见解的方向。不过,历史的吊诡就在于,这场充满神圣性格的'太阳花学运'之完美结局,竟然是由这样一位政坛暗黑界的代表一手乔出来的。"③有许多人把"立法院"称为"乔家大院",因为它体现了"密室文化"的精髓。

《中国时报》社论指出:"多年来朝野政党为联手垄断政府预算资

① 朱云汉:《修宪难以治愈台湾政治沉疴》,《天下》2014年12月第563期。
② 田习如:《"乔王之王"王金平》,https://www.ettoday.net/news/20140421/348646.htm,访问日期:2017年3月16日。
③ 姚人多:《一位国会议长的诞生?》,http://news.pchome.com.tw/magazine/print/po/new7/ 10364/139697280038460001001.htm,访问日期:2017年3月16日。

源、遂行政治利益交换，党团协商竟逐渐'密室化'，良法美意已破坏殆尽。"可是，有人却美其名为："尊重少数党"，"保护少数党利益"。①熊玠教授明确地指出："民主政治的规律就是多数决定的政治"，"国民党在'立法院'的人数超过三分之二，但最后所有马英九要过的法案都通不过去"，就是因为"不懂民主政治学的规律"。②

不仅如此，在野党、"太阳花"、柯文哲也都出现"密室决策""密室交易"的情况，可见密室文化已经成为台湾政坛无法摆脱的恶习。尽管民间早已厌恶这种黑箱政治、密室文化，已经发出"废除朝野协商"的呼声，但并未得到社会公众的广泛支持和响应。因为密室文化在台湾民间已经成为一种习惯，在选举过程中，贿选、买票、拉票、配票乃至"搓圆仔汤"等等都在台面下进行。"搓圆仔汤"是台湾政界常用的术语，有人写道："搓圆仔汤式的选举也是台湾的民主特色，是一种围标式的选举"，"参选的人以一定金额或代价给其他参选人，要求其他参选人放弃竞选，让其一人当选，就是搓圆仔汤式的选举"。③投票拿钱，人情拜托，黑道漂白，付出代价赢得选举等等，虽不光彩，但已司空见惯，大家不去计较，也不会受到公众的谴责。因此，密室文化已经盛行于台湾社会，从上到下、从下到上都能通行无阻。可是，在台湾也经常出现"反黑箱"的言行，甚至把不是密室说成是黑箱。例如，有人把两岸服贸协议说成是"黑箱"，有人提出"反马英九黑箱加入亚投行"。关于前者，实际上"服贸谈判前早已公开，签署前向'国会'进行过3次项目报告，'经济部'就46种服务业的公会代表264人，展开111场的沟通，并在'立院'召开20次

---

① 《朝野协商"密室化"必须改变》，《中国时报》2013 年 9 月 22 日。

② 《熊玠：马英九败在不懂民主规律》， http://www.chinatimes.com/realtimenews/20150113003351-260407，访问日期：2017 年 3 月 16 日。

③ 黄石城：《权力无私，我的从政建言》，台湾远流出版社 2007 年版，第 290 页。

公听会。签署后，又召开 144 次说明会，更依据产业别办了 16 场公听会，其中民进党办了 8 场。3 月 18 日前，服贸协议在'立院'，准入逐条审查、表决"。[1] 这怎么可以说成黑箱呢？后者则刚刚提出意向书，还没有开始运作，就被说是黑箱。真是欲加之罪何患无辞，对黑箱、密室的看法已经到了颠倒黑白的地步。所以可以说，目前台湾不论是执政党、反对党或是社会公众，既没有能力也没有意愿改变这种密室文化。

三、帮派文化

所谓帮派，通常指的是以地缘、族群或其他关系组织起来的、为个人和小群体的利益从事非法活动的黑社会团体。同时也指那些为个人或团体利益而组织起来的地方派系、政党及政党内的派系等等。在台湾，大到蓝绿两派、各个政党、政党中的派系、各县市的地方派系，小到基层的宗亲、氏族、乡里等等，都形成大大小小的帮派。帮派文化指的是，维护并极力争取扩大本帮派的利益和影响；在本帮派的势力范围，不让外力立足、参与竞争或分享他们的资源。这种帮派文化在台湾普遍盛行，在选举过程中表现得更为突出。

从基层来看，台湾的地方派系有所谓"角头""椿脚"等名目。"角头"是历史上形成的地缘性同宗、同乡组织，共同维护自身和村庄的安全，多数以庙宇为凝聚的中心。在选举时为了共同利益，共同投票支持自己的候选人，候选人当选之后就要回馈角头。"椿脚"是地方帮派中的骨干，也是各地有一定影响的人物，如宗亲会、农会、

---

① 《服贸严审有何黑箱可言》，http://www.chinatimes.com/cn/realtimenews/20140326003950-260407，访问日期：2017 年 3 月 16 日。

庙宇的负责人，按动员能力的大小（主要是能够提供多少选票），有大桩脚与小桩脚之分。桩脚是候选人与选民的中介，其主要功能在于买票。蓝绿两派和国、民两党各有自己的桩脚，分布在台湾各地。

台湾的政党实际上也是帮派。前台北县长周锡玮指出，选举时各政党团结对阵，壁垒分明，像是两派打群架。提名获得政党承认，就具有正当性，倘若违背，会遭全党及支持者唾弃。为了胜选，什么坏花招都用，甚至买电视广告来攻击对手，却不是说明自己的理念。[①]担任过"中选会"主委的黄石城指出："台湾的政党虽名为'政党'其实是帮派而已。""这些帮派式的政党，根本无法发挥政党政治的功能，他们只顾个人利益和党的利益都不够了，哪有心情去为国家人民设想。""这些以桩脚为中心进行买卖而当选的人，主导台湾的政治生态，称为'桩脚政治'。""桩脚政治是黑金结构，长年来台湾的政治在桩脚政治的操弄和控制下，政治人物的质量低劣，真正贤能之士，闻选色变，无法出头。造成劣币驱逐良币的反淘汰政治。"[②]那些没有理念、没有抱负的政党，但谋一党之私，也只能算是帮派了。

国民党和民进党内部都有派系，派系的利益超过政党的利益。国民党的黑金的地方派系，严重影响党的形象，而且长期勒索中央，每次到了选举，就要钱要职位，如果不给，就会倒向民进党。马英九本来也是在帮派势力支持下上台的，可是他却以国民党改造的名义，对地方派系开刀，结果以失败告终。民进党的派系则表现为"人头党员""党员大户"以及派系的"角头化"上面，各个派系为自己的利益互相争斗。"权力就是真理，道义只是摆设，利益主宰一切。"在这

①《前台北县长：台湾政党像帮派 选举像打群架》，http://taiwan.huanqiu.com/taiwan_opinion/2011-09/2047295.html，访问日期：2017年3月16日。
② 以上见黄石城：《权力无私，我的从政建言》，台湾远流出版社2007年版，第296、297、355页。

种情况下，许信良、施明德、林义雄以及"十一寇"等都在民进党内帮派斗争中受到排斥。民进党人许添财声称："台湾的政党已帮派化，政党里被帮派占据，这是搞什么！"①柯文哲对民进党的派系有自己的看法："民进党是部落政治，里面派系很多，其中谢系与苏系是死对头，众所皆知。回顾历年的每一次台北市长选举，只要谢长廷参选，苏系就按兵不动，若是苏贞昌参选，谢系一样一动也不动；所以一直以来，任何一个派系都无法驱动全部的民进党。"②有人指出："红衫军"时期，大家在讨论陈水扁事件时，心中最痛恨的是什么？就是陈水扁与当时民进党的"帮派文化"，把台湾搞得乌烟瘴气。

还应当看到帮派文化往往是与密室政治相结合的。朱高正讲了这样一个故事：2004年陈水扁当选后，国、亲两党面临是否能够联合共同对付民进党的问题。于是展开了一场台面下的政治交易。由国民党敦请李焕出面与宋楚瑜私下沟通，宋提出要担任国民党第一副主席兼中央党部秘书长，第二年改选时要当国民党主席。国民党无法答应这些条件，因而打算让出"立法院副院长"的职位给亲民党，党主席连战不便自己出面，只好请王金平向"副院长"江丙坤提出，王金平果然"乔"定了，结果让亲民党的钟荣吉当上"副院长"，出现了国亲再度合作的局面。③

此外，"搓圆仔汤""酬庸"等等也是帮派文化的黑箱操作。有关"搓圆仔汤"问题，上文已有介绍。所谓"酬庸"指的是给予为本帮派做出贡献的人一定的报酬。不论哪个政党执政，都有酬庸的问题。包括公务职位、公营事业单位的"肥缺"等等。2000年民进党上台

---

① 《许添财批民进党"政党帮派化"》，http://news.ifeng.com/taiwan/1/detail_2010_08/27/2339759_0.shtml，访问日期：2017年3月16日。
② 柯文哲：《改变成真》，台北三采文化出版社2014年版，第106页。
③ 朱高正：《允执其中：朱高正六十自述》，台湾商务印书馆2014年版，第717—718页。

时，一下子有上千个官职，而民进党所用的人多是酬庸，给予"金主""大椿脚"和助选有功之人。有人指出："现制'总统府资政'、'国策顾问'、顾问、'行政院顾问'、各级'政府'的顾问，大部都是属酬庸性的行为，是公私不分的产物。"

台湾学者指出：当今台湾政治"所制造的拉帮结派、政党权谋、贿选胁迫、利益分赃、选票绑架、阳奉阴违，恐怕神仙来了都无法协调"。[①] 黄石城则一再强调并且呼吁："以少数帮派分子绑架整个'国家'和全民，主宰'国家'命运和全民的生存，是'国家'和人民的不幸"；"台湾是帮派式的政党。帮派怎能'治国'，帮派怎能统治人民"。"消除帮派式的政党，才能建立真正的民主政党。"[②] 这种美好的愿望恐怕是很难实现的。

四、民粹文化

所谓"民粹"，没有公认的定义，一般指的是"平民治理"，这似乎是一个中性的名词，实际上，民粹是通过对"人民"的号召和动员，将"人民"与"人民"以外的"他者"（包括某些政治人物、现存的政治体制以及统治集团）相敌对，其核心价值是直接诉诸民意。俞可平认为"民粹主义既是一种政治思潮，又是一种社会运动，还是一种政治策略"。作为褒义词，民粹主义"被视为崇尚全民利益、直接民主、平民化、大众化、爱国主义、反帝国主义、反外来干涉、反个人专制"等等；作为贬义词，"常常被等同于蛊惑人心、假民主、

---

① 范畴：《与中国无关》，八旗出版社 2014 年版，第 87 页。
② 黄石城：《权力无私，我的从政建言》，台湾远流出版社 2007 年版，第 357、240、354 页。

狭隘的平民主义、极端的民族主义、盲目的排外情绪、非理性选择等等"。"民粹主义的基本意义就是极端平民化。"① 曹沛霖指出,民粹主义"无视宪政、反对法治、轻视制度,使民主变成民粹主义政治家玩弄权术的工具,使人民失去享有一切政党民主的保障"②。

有关台湾的民粹主义,从李登辉的"民粹威权"到陈水扁的"民粹式民主",已经有许多人做过研究,也存在不少争议。现在所谓"民意第一""以民意为依归",几乎渗透到社会生活的各种层面。台湾学者高希均指出:"'民主',是那么艰难地获得,却是那么容易被'民粹'取代,台湾民主之根尚未稳固,民粹——激情言论、偏执立场、冲撞对立——之飓风已使它地动山摇。"③ 台湾媒体也说:"地方政府或利益团体又往往从自己利益出发,以'民怨'为由,提出令政府畏惧的民粹反对意见,终使任何改善措施都胎死腹中。民粹风气在台湾其实流传已久,大至两岸政策与水电能源问题,小至地方建设施政,常为了少数人的特殊反对因素而放弃,因噎废食。政府看待民怨,诚然应该戒慎恐惧,但到了一味恐惧的地步,也就庶几乎无可作为了。"④ 这说明民粹文化已经在台湾盛行。这里仅以所谓"太阳花学运"为例,对台湾现存的民粹文化加以剖析。

台湾的民粹文化在所谓"太阳花学运"中可以说是展露无遗。

从参与"运动"的民众来看,他们由于对台湾现实的不满,认为现有的政府和立法机构都无法解决他们的问题,因而直接诉诸民意,以反对服贸协议的"黑箱操作"为名,企图通过发动街头运动,积

---

① 俞可平:《现代化进程中的民粹主义》,http://news.sina.com.cn/c/pl/2007-01-11/144212011315.shtml,访问日期:2017年3月16日。
② 郭中军:《台湾地区民主转型中的民粹主义》,学林出版社2014年版,序一第2页。
③ 高希均:《政客变君子,台湾走出政治雾霾》,台湾《远见》2015年第4期。
④ 《北宜高塞车无解 反映台湾民粹成风》,台湾《联合报》2015年4月12日。

聚力量，迫使当局"顺从民意"，满足他们的要求。他们占领"立法院"20多天，阻挠"立法机构"正常议事，否定代议制；他们曾经一度占领"行政院"，否定现有体制的合法性，破坏法治；他们声称为平民代言，却不允许有不同的声音；他们口称和平，却采取非理性的甚至是暴力的手段煽动民众。他们"明明违法在先，却在警察依法处置时，质疑警方违法，甚至还包围警察局；只要他们的诉求没有获得满意响应，他们就会号召人马包围官署，连'行政院'都不能避免"。他们"自行封锁道路、盘查路过民众身份、拦检车辆、限制官员和'立委'出入的自由；对于报导与其立场不同的媒体，或是不准其采访，或是在现场围堵恐吓，完全不尊重新闻自由"。这一切明白地显示出"太阳花学运"民粹主义的性质。

从媒体来看，在整个"学运"的过程中，部分媒体集中报道冲突、对抗的火爆场面，不断刺激大众的情绪，极尽煽动民粹之能事。这里仅以《自由时报》为例。该报从"学运"开始到结束，每天都以十几版的篇幅，用特大的字号、醒目的标题进行报道，并且经常发表社论和进行各种言论进行煽动。该报一开始就提出"学生光复民主，公民重返'国会'"，"公民开创新局"，"学运遍地开花"等等，给"学运"戴上"公民运动"的桂冠，把一切违法的行为都说成是正当的。该报社论指出："人民即使用体制外的手段，例如街头抗争、瘫痪政府机能等，逼其下台，也都是正当性的做法。"[①]该报还发表了大量攻击马英九当局和"服贸协议"的言论，甚至制作"服贸协议将抢走你的工作"这样的专版制造对签署协议的台湾当局和大陆的仇恨。他们提出"马英九、江宜桦必须听从'国家'主人的指挥"，"重新检讨黑箱服贸的程序"。该报还发表"独派"人士支持"学运"的言论，

---

① 《马政府面临全面崩盘危机》，台湾《自由时报》2014年3月24日。

例如，林义雄说这是学生发出的"义愤"，他要每天在"立法院""陪学生"；李登辉说："学生为了国家，替大家说话，根本不是暴民"，是台湾的"第二次民主革命"等等。在"太阳花"退场时，他们发表社论，赞扬"太阳花"式的民粹"占领'国会'，前所未有，不仅持续，而且得到广大民意的支持"，[①]"为台湾奄奄一息的政治歪风注入一股清新的蓬勃朝气"，他们竟然说经过这次"学运"，"台湾已经从选举民主向公民民主转型了"。[②] 这样的媒体充当了煽动民粹的重要角色，成为破坏民主的罪人。

从一些政治人物来看，他们也极力赞扬这场民粹"运动"。除了上述林义雄、李登辉之外，当时的民进党主席苏贞昌表示，我们支持学生们所做的决定，这次学运已唤醒"国人"参与公共议题的热情，和平、理性、非暴力的过程，台湾的年轻世代展现了高度的民主成熟。"学运"结束之后，台北地检署起诉台湾"太阳花"学运118人，民进党主席蔡英文声称，"如果追求民主是一种罪，我们统统都有罪"。此外，还有人赞扬"太阳花"是台湾"高素质的公民社会"，"50万人上街，秩序井然，主持人一宣布散场，半小时内现场清空，连一包垃圾都没留下"。还有人赞扬"太阳花"是"台湾四五十年来最伟大的运动"，等等。他们把人们理想中的公民运动低俗化，这是对公民运动的亵渎，是一种有意或无意的"捧杀"。

民粹文化已经成为台湾社会关系文化的组成部分。台湾社会已经出现这样的看法："台湾的民主有很大的民粹成分"，"台湾民主不自觉地走向民粹"，"台湾不是民主社会，而是民粹社会"。"马政府已经无法判断什么是真正的民意、什么是不正常的民粹，只好被民粹牵着

---

① 《与年轻世代为敌，马"党国"没有明天》，台湾《自由时报》2014年4月11日。

② 《"太阳花开"，英茸宛在》，台湾《自由时报》2014年4月9日。

鼻子走。"在这次学生"占领'立法院'"事件中，陈文茜希望台大学生不要民粹化，她说："如果台大生只用自己的聪明扮演民粹领导者，声援几件'不是那么合理的抗争'，对社会的破坏程度，比土石流还可怕。"杨照指出："台湾现在整个民主基本上是非常民粹的。"[①]因而有人评论说："我们难以想象，在台式民粹之下，台湾可以推动任何有实质意义的政策。任何议题，都会瞬间无限上纲；压力之下，已经失能的政府经常未经法治程序就行动，讨好了民粹就失信于国际，讨好了国际就失信于人民。"[②]以上事实充分说明，在台湾民粹化的行为模式和价值观已经被许多人认可，已经成为一种社会关系文化。

五、几点启示

台湾的社会关系文化还有很多，列举以上四种就足以说明如下问题。

（一）台湾社会关系文化是台湾特色中华文化的一个组成部分，是较深层次的部分。

近年来前往台湾旅游的大陆同胞逐渐增加，大家感受到台湾民众重视文明礼貌，有人情味，有公德心，温文尔雅，乐于助人。因此有人说："台湾最美丽的风景是人。"是的，这是台湾文化的一部分，即较浅层次的部分，也是比较优秀的部分。台湾学者范畴说道："在生活层次，台湾人几乎可说是无懈可击"；"在公众事务及政治上，台湾

---

① 《台湾民主的进与退——访谈杨照先生》，http://www.21ccom.net/articles/zgyj/thyj/article_2012020353012.html，访问日期：2017年3月16日。
② 范畴：《与中国无关》，八旗出版社2014年版，第107页。

连扪心自问的能力都快丧失得差不多了"。①这后一部分，即台湾文化较深层次的部分，是一般旅游者很难了解的。本节所提供的就是这一部分，我不是有意给他们"抹黑"，只是想告诉大家，不看到这一面，是不全面的，因为它也是台湾特色中华文化的组成部分。

（二）台湾社会关系文化保存了中华文化的某些因素。台湾当局以保存中华文化为傲，他们说："台湾保存了中华文化的深厚底蕴"，"台湾是全球实践儒家思想最普遍、最彻底的华人社会"，"台湾是捍卫中华文化、发扬中华文化的重要基地"。正因为这样，台湾既保存了中华文化的精华，也就不可避免地保存了中华文化的糟粕。范畴指出："在政治道德标准上，台湾民众对'关说'、'密室利益交换'这类中国式传统的习以为常，显示了即使憎恶中国的人其实本身行为就很中国"。②由此可见，台湾所保存的并不都是中华文化的精华。

（三）台湾社会关系文化受到西方文化的影响。台湾当局强调"中华文化在台湾，吸收了西方当代文明的精华"。他们认为吸收的都是西方优秀的文化，实际上，正如赵刚所说："他要当现代的公民、世界的公民，他想象台湾是东方的瑞士、东方的香格里拉，是太平洋上的海岛乐园。因此，他超西方地认同西方，只要是西方有的，我们都有，而且我们比西方还西方。西方占领华尔街，我们占领'立法院'；西方人反二手烟，台湾人对行路吸烟者侧目以对；西方人垃圾分类，我们连街头运动也要垃圾分类；西方有国家废死，我们也要努力跟上。"③因此，台湾所吸收的西方文化并非都是"正能量"，这一点往往被人们所忽视。

---

① 范畴：《与中国无关》，八旗出版社 2014 年版，第 129 页。
② 范畴：《与中国无关》，八旗出版社 2014 年版，第 130 页。
③ 赵刚：《学运过后，台湾依旧风雨飘摇》，http://www.guancha.cn/ZhaoGang/2014_07_30_251300.shtml，访问日期：2017 年 3 月 16 日。

正因为有如上几个特点，我们把这种文化称为"台湾特色的社会关系文化"，希望有助于从另一个侧面加深对"台湾特色中华文化"的理解。

"棒球文化"

棒球在台湾，正如乒乓球在大陆一样，是广大人民引以为傲的体育项目，而且台湾人对棒球的痴迷程度远远超过大陆人对乒乓球的热爱。有人说："台湾人对棒球的热爱，超越所有运动"，"棒球是台湾社会的最大公约数"，"棒球是台湾唯一能够超越族群党派，将台湾人心凝聚起来的运动"。在历史上，棒球也确实为台湾争得了不少荣誉，所以台湾地区有人把棒球说成"国球"和"国魂"，把棒球高手称为"台湾之光"，给予极高的荣誉。

棒球承载了台湾人的自尊心和自豪感，棒球赛被看作是台湾人尊严的展现，重要的棒球比赛被视为体坛大事，一定有许多人观看。2008 中华台北队进军奥运资格赛关键场次的与澳大利亚队之战，不只是现场挤进了 14000 名爆满观众，还有数以百万计的人守在电视机或收音机前紧盯球赛进展。以棒球为题材的电影《KANO》首映时，嘉义就有 6 万人参加，上映前已经有 100 场包场，超过 3 万人观看，预售票达到 3000 万新台币。万人空巷，封街游行，所谓"台湾人疯棒球"由此可见一斑。

不仅民间如此，政界也十分关注，因为政治介入了棒球，棒球介入了政治。棒球联系着民意，关系到选票，谁也不敢掉以轻心。有人指出："在台湾，如果说不上几场痛彻心扉的国际赛事或者大快人心的'逆转胜'，你大可以怀疑这个人其实是观光客或者有'高功能反社会人格'。"所以，可以说，棒球已经成为"台湾人认同"的一个标志，是划分"我群"与"他群"的标志之一，也是"爱台湾"与否的一个界限。因此，不论党派、不论蓝绿乃至各个政治人物，都对棒球给予高度的重视，也都对棒球怀有深藏的神秘的自发的心理状态，各种不同的"棒球情结"，形成一种特殊的文化。

棒球究竟对台湾政坛的过去、现在发生什么样的影响，这是值得我们观察的问题。

一、从《KANO》谈起：不同的历史记忆

台湾的棒球运动是从日本殖民统治时期开始的。电影《KANO》描写日据时期一支由日本人、汉人和"原住民"组成的嘉义农林棒球队 [简称"嘉农"（KANO）]，在日本教练指导下，1931 年拿下全岛冠军，并且参加日本的"甲子园大会"，以"奋战到底，不放弃任何一球"的精神，感动了场上 55000 名观众，以三胜一负的成绩获得亚军，为台湾棒球史留下了光荣的一页。该片除了少数场景夹杂着闽南语，几乎全用日语对白。《KANO》2012 年开始拍摄，2014 年在台湾放映，引起全岛的轰动。

对于《KANO》，有人认为它是"修复历史""荣耀再现"，"找回台湾的美好年代"，显示日本人和台湾人共同缔造的美好记忆。有人认为这是"美化殖民"，反映了"怀旧媚日"的情结，彰显的是日本

武士道棒球的荣光。为什么会有如此截然不同的评价呢？那是因为人们根据各自不同的经历、不同的历史记忆作出不同的评价。

这里有一个事例，有人写道："台湾电影《KANO》与《军中乐园》，是台北市长参选人柯文哲最常提到的两部电影，《KANO》承载了经历日本殖民统治时代本省人，例如柯文哲家族的记忆，而《军中乐园》则反映出像姚立明这种外省人的哀愁。"2014年台北市长选举时，姚立明担任柯文哲的竞选总干事，他在竞选时，讲述了和柯文哲一起看《KANO》的感受。他说，全场电影一半都在讲日文，他听不懂，而柯文哲却很感动。因为柯想起他的祖父（"二二八"受难者），他哭了。而姚立明看了《军中乐园》中喊出"妈妈我想你"的呼号，就想起从小父母亲要他跪祖父母照片拜年的情景，也会流泪。后来他和柯文哲交谈，"他问我你为什么会哭，我问他说你为什么会哭啊，我们才发觉我们有不同的历史经验"。

不同的经历、不同的历史记忆会导致不同的政治心理，产生不同的情结。

二、国、民两党的棒球情结：不同的政治需求

1968年台东红叶少棒队以7：0的成绩打败日本少棒冠军队。时任"救国团"主任的蒋经国接见全体队员，给予慰勉，希望他们要继续用功读书，力求上进。他还赠送队员每人一套特制的球衣，并且答应将来要到台东红叶村去看他们。从此，棒球运动开始受到台湾社会的重视。

1969年8月台湾金龙少棒队前往美国威廉波特参加比赛前，蒋经国又勉励队员"将爱国家，守纪律、有生气、肯上进的中国少年

良好精神，带到国际去"。比赛结果，金龙少棒队获得世界冠军，整个台湾轰动了。9月7日成千上万人涌向松山机场，迎接金龙队的凯旋。队员每人乘坐一辆吉普车，在市区游行，台北市万人空巷，人人争睹。1970年七虎少棒队前往美国卫冕世界冠军失败，蒋经国到机场迎接小队员，勉励他们不要气馁。至今还保留着当年蒋经国为小队员打伞的照片。1971年蒋经国还曾经去看望少棒队员，并且检查棒球鞋的质量。80年代台湾成人棒球也取得傲人的成绩，棒球高手吴俊良还先后获得蒋经国、李登辉的接见。后来另一位高手王贞治也先后受到李登辉、陈水扁、马英九三任台湾地区领导人的表彰。

台湾国民党当局重视棒球是和台湾的政治处境有关的。对此，台湾媒体提供了如下解读：

1971年10月以后，"台湾的国际处境日益艰难，唯有透过这些少年们的球棒，才能找回国家与民族自信心。因此，每一位棒球选手，都被媒体以'棒打洋人'的'民族英雄'视之"。

"棒球场上的胜利让台湾人找到了情感的寄托"。"将台湾球员刻苦打败强国球队的事迹，转化成台湾人在国际压迫下的胜利，使棒球的胜负与台湾人的民族认同联系在一起，借此安抚颓丧的民心。"

从1971年台湾当局退出联合国，到1979年美台"断交"，"台湾在国际'外交场域'遭遇中国大陆全面打压而日益孤立，但经济正在起飞的它持续称霸世界青少年棒球赛，多少为台湾民众的国族自信打了强心针"。

"在那个年代，台湾当局的'外交'连连遭遇挫折，国际局势不利，台湾民众士气低沉，这一切使得棒球更多是被赋予了一些民族主义的色彩，产生了莫大的激励作用。""（那时）台湾不被国际社会接纳，所以利用各种方式曝光，棒球还算满有效，所以棒球也被国族主义围绕。"

马斯洛的"需求层次理论"指出，人们有五种（或六种）不同的需求，其中的"尊重需求"指的是，对内要显示有实力、能胜任、充满信心、能独立自主，对外，要显示有地位、有威信，受到别人的尊重、信赖和高度评价。当年国民党当局处在困境下，对内既有维护自信的需求，对外又有受到尊重的需求，而棒球场上的胜利，成为一剂提高自尊和自信的激励台湾社会的强心针。棒球在一定程度上满足了它的尊重需求，这就是国民党当局的棒球情结之所在。

民进党上台以后，也十分重视棒球的作用。当时台湾经济萧条，失业率高，民进党虽然执政，却是一个少数党，在国际上处境也十分艰难。民进党当局希望通过举办大型的棒球赛事，一方面"满足民众对棒球热情的需求"，另一方面"达到他所渴望的政治领导权，进而得到人民的支持及选票，并且带来经济上的收入、增进国际'外交'，以及建构台湾认同等效益"。

2001年由台湾举办第34届世界杯棒球赛，陈水扁宣告"2001年是台湾棒球年"，11月6日比赛在台北天母球场开幕，民进党当局的陈水扁、张俊雄等人参加了典礼。2007年又举办了一次世棒赛，有人指出："举办2001年与2007年两届世棒赛皆带给台湾'政府'及社会许多正面效益"，"世棒赛带给台湾'政府'最重要的效益在于非经济面向，包括了'政府'的'外交'拓展与台湾的'国家'认同感。"①

那时棒球高手王建民取得十分突出的成绩，台湾当局通过各种媒体大量传播王建民参加比赛的新闻。他们把出王建民说成是"台湾之光""台湾之子""台湾人的骄傲"，有关王建民的报道，都与"国族认同"联结。《自由时报》写道："建仔发光，台湾沾光""全世界

---

① 林建宇、李炳昭：《运动与政治——2001与2007世界杯棒球赛之政治意涵》，台湾《兴大体育学刊》2010年第10期。

都看到台湾"，是他"使得不受国际社会承认的台湾得以在'国际上'露脸"。有人指出："王建民透过棒球，使台湾地图与台湾形象深植全世界爱好棒球的人心。因为王建民的伸卡球，台湾再度站上国际体坛，2006台湾最佳代言人非王建民莫属。"[1]

显然民进党人关心棒球有十分明确的目的。例如，游锡堃担任党主席时，强调台湾棒球选手发挥了"台湾精神"，而民进党的台北市候选人谢长廷、高雄市候选人陈菊都是"台湾价值""台湾精神"的代表。有人指出，在民进党执政时期，"台湾球队去美国比赛时，就有些侨胞是带青天白日满地红（"中华民国"国旗）过去，但有些民进党人士是带民进党旗子去的。都是为同一群孩子加油，他们都是为台湾在比赛，可是大人就是各自表述。"

民进党的棒球情结，如果按照"需求层次理论"，应当是属于"社交需求"层次，强调的是"归属感"。他们极力建构"台湾认同"，表明只有自己才是"爱台湾"，才是"正港的台湾人"，以此建构"我群"，而把自己的政治对手列为"他群"。棒球在一定程度上满足了它的政治需求，从而体现了民进党的棒球情结。

三、政治人物与棒球：不同的情结

台湾的政治人物不论蓝绿大多数都与棒球结下不解之缘。这里只提出当今几位主要政治人物加以介绍。

马英九：他对棒球的重视，可能是一般人想象不到的。2009年马英九把棒球称为"国球"，表示"政府一定会全力支持棒球的发

---

① 仁佐、张家昌：《浅论王建民现象》，《彰化师大体育学报》2007年第7期。

展"①。同时还专门召开"棒球国是会议"（这可能是空前绝后的一次），提出振兴棒球方案，②并且"保证4年内将投入12.6亿设立成棒队"，③他和他的夫人在五年时间内"观赏职业棒球赛超过60场比赛"。

马英九为什么如此重视棒球呢？恐怕不能用个人喜好来解释，还应当从政治角度来考察。人们都说，马英九在台湾有"外省人的原罪感"。他要摆脱这种"原罪"，就需要不断地显示自己忠于台湾、认同本土。所以他极力表白自己虽然不是在台湾出生，"但是在台湾长大、一岁就来台湾，从小吃台湾米、喝台湾水长大，我将来一定也会死在台湾、葬在台湾，烧成灰都是台湾人，我一定用我的生命来捍卫台湾的安全，但我也要用我的智慧，来开创台湾的未来"。我曾经指出：这显然是出自获取"群体资格"的迫切需要。④如果人们不承认他是台湾人，他就不可能获得台湾这个群体成员的资格，就不可能获得社会的认同。心理学家弗洛姆指出："个人不希望被孤立的倾向极深也极强"⑤，马英九为了摆脱被孤立的倾向，他必须把棒球这个"台湾人认同"的标志，牢牢地贴在自己的身上。"把自己包覆到这种归属感里面，事关尊严与自尊，亦即自己如何被别人看待，以及自己如何看待自己"。⑥所以，力争加入"台湾人棒球队"，获取群体资格，这就是马英九的棒球情结。

---

① 《马英九：棒球是"国球"台当局全力支持发展》，《环球时报》2009年10月31日。

② 《提振台湾棒球运动 马英九明将召开"国是会议"》，http://www.taiwan.cn/taiwan/tw_PoliticsNews/200911/t20091130_1158352.htm，访问日期：2017年3月16日。

③ 《台湾棒球吃败仗 马英九：台当局要负责》，http://www.taihainet.com/news/twnews/twdnsz/2009-04-07/392787.html，访问日期：2017年3月16日。

④ 陈孔立：《台湾民意与群体认同》，九州出版社2013年版，第168—169页。

⑤ 哈罗德·伊罗生：《群氓之族：群体认同与政治变迁》，广西师范大学出版社2015年版，第73页。

⑥ 哈罗德·伊罗生：《群氓之族：群体认同与政治变迁》，广西师范大学出版社2015年版，第87页。

王金平：他曾经担任台湾职棒大联盟会长。他不仅在世界棒球比赛时极力为中华台北队加油，而且曾经在美国为棒球赛开球，"他把球直接扔进大都会教练阿洛玛的手套中，赢得现场观众的满堂彩，王金平随即挥手向全场球迷致意"。王金平善于调和，政党之间的争执他都能"乔"得过来，所以人们说他"只有朋友，没有敌人"。民进党人柯建铭说他是"整合者"，也是"资源分配者"。正因为如此，他能"蓝绿通吃"，成为台湾政坛的"万年院长"和不倒翁。在棒球方面也是这样，除了对外比赛，他没有不支持的球队，他不偏不倚，"队队通吃"，不管哪一队赢，都是他的胜利。在台湾"政治棒球赛"中，蓝绿之间争得你死我活，王金平显示出他的圆融性格，始终自居于"中立"的地位，当大家陷入困境时，由他出来收拾局面。

台湾学者江岷钦指出："王金平只是一位捕手，球队重点、关键人物是投手，也就是马英九，但球队却不能没有捕手，王的角色就是被动防范不出风头，将所有风头都集中在投手身上。但也因为投手只懂得配球，常常不懂得善后，马英九担任党主席后，最大问题将是资源分配不均时，引发的后续问题，这时候捕手就须在投手，投出暴投后进行善后。"[1]螳螂捕蝉，黄雀在后。"黄雀""通吃""整合者"，这就是王金平的棒球情结。

朱立伦：酷爱打棒球，小学时，"光着脚丫子在田里打棒球，梦想成为棒球选手"，他的人生就是以"少年棒球梦"作为起点。他在《做，就要做好》一书的序言中写道："人生就像一场棒球比赛，每一个光芒万丈的投手，都是经过无数的苦练，才有机会站上投手台。然而，球赛一旦开打，最重要的不仅是胜负，而是你有没有尽心尽力，打一场漂亮的球赛"。媒体说他还有一套"棒球政治学"：无论是从

① 《专访江岷钦：马政治不沾锅更显王金平重要》，http://news.cnr.cn/nhtw/200906/t20090622_505374894.html，访问日期：2017 年 3 月 16 日。

二垒手调到一垒手，还是从左外场手被调到自由人，朱立伦都可以接受，以此强调自身的全能"工具人"角色；就像游击手，随时要补位，有时在二垒、有时到本垒、有时也要到他目前所在的外野。而他念兹在兹，是可以指挥全局的捕手；所谓先发或救援，都只从投手角度出发，然而球队中其他位置一样重要。有人问他究竟是灵活突击的游击手，还是肩负扭转赛局胜败大任的救援投手？他回应说，"不要太在意自己的位置。"

朱立伦究竟要当一名游击手，还是救援投手呢？他的回答是：黑田博树。那是日本的棒球队员，"他或许不是可以吸引镁光灯的明星球员，却可以帮助球队稳稳赢球"①。显然，朱立伦在政治棒球场上要当一名"工具人"，在任何位置上都要"尽心尽力"，现在到了最重要的位置上，就要当一名救援投手，帮助国民党"稳稳赢球"，"让国民党再站起来"。这就是朱立伦的棒球情结。

陈水扁：他曾经说过："棒球是台湾历史最珍贵的资产，必须用心呵护，不允许外在不良的因素伤害这个属于台湾人民的国魂"。他所谓"呵护"就是"利用"和"消费"。利用世棒赛来建构"台湾认同"，利用王建民来冲淡"倒扁"运动的气氛。2006 年在红衫军"倒扁"的高潮时，陈水扁"大打王建民牌"，多次提到王建民，并且在"双十"致辞时，展示王建民的签名球。台湾网民警告陈水扁：不要再"消费王建民"，不要把王建民当做"挡箭牌"和"遮羞布"。2007 年陈水扁的处境更加艰难，正如棒球赛已经到了九局下半，陈水扁当局情况吃紧，企图通过更换救援投手，实现"逆转胜"。结果"行政院"换上来主投的，"根本不是张俊雄，而是陈水扁自己"。媒体说道："扁式棒球就他一个人玩"，"前七年不断的喊'一边一国''制宪

---

① 《朱立伦盼党成团队，人人都是主将》，http://www.chinatimes.com/cn/realtimenews/20141213003215-260407，访问日期：2017 年 3 月 16 日。

公投'，在'执政'最后一年，却幡然憬悟，要在两岸议题上赢得政绩，实在是匪夷所思。"①"利用""消费""一个人玩"，这就是陈水扁的棒球情结。

谢长廷：他和棒球的关系，大家记忆犹新的是 2008 年在竞选台湾地区领导人时，谢长廷团队高喊"逆转胜"的口号。媒体报道说："谢长廷现在不断喊出'逆转'口号，意思就是，棒球赛打到九局下半，尽管一路输，但最后一局一定要翻盘。"谢长廷下达"逆转胜"作战任务"MSN 昵称与签名档都改为投一号，逆转胜"，他亲自传简讯催票，要大家"挺一号投长昌"。他们曾经举行"挺台湾、救民主、百万击掌逆转胜"活动，谢长廷到场时，民众高喊"当选、加油"，他宣示以台湾利益为最高利益的立场，呼吁大家勇敢站起来，争取逆转胜，接着由谢长廷领军全台同步转帽，逆转胜击掌开步走。可是这次"逆转胜"并没有实现。

有人为谢长廷写传记，书名就是：《逆中求胜：谢长廷的生命美学》。谢长廷为该书写的序言中说道："我认为在逆境中如何自处，如何在失败时维持再跃起的力量，才更重要。郭小姐从逆中求胜的角度来看我的人生，或许有些经验对年轻人有所启发，所以很高兴为她写序。"②"逆转胜"是谢长廷的生命美学，也就是他的棒球情结。他为此坚持了大半辈子，估计还要继续坚持下去。

蔡英文：和马英九相反，蔡英文不必千方百计地通过对棒球的"亲近"，争取"群体资格"，她天生就有这种资格，天生就爱台湾，因此完全不必刻意去亲近棒球。2008 年她"没想到政治可以变得如

---

① 《九局下半情况吃紧 扁式棒球就他一个人玩》，http://news.ifeng.com/taiwan/4/200705/0518_354_120157.shtml，访问日期：2017 年 3 月 16 日。

② 郭琼瑚：《逆中求胜：谢长廷的生命美学》，天下远见出版公司 2007 年版。

此年轻时尚，很高兴自己是（民进党）'逆转世代'主席"①。这就与棒球沾上了边。2011年在竞选台湾地区领导人时，她与马英九的民调陷入胶着状态，这时，陈水扁给她下"指导棋"，指出：有必要展现更鲜明的感情与丰富的想象，最后再透过大型造势活动强化竞选主轴、感动选民，否则2012就可能"好好的赢局赌到输输去"，一句话，诀窍在于"博感情"。陈水扁1994年台北市长选举和2000年台湾地区领导人选举，都曾用过，出现了选情逆转。可是蔡英文在这次选举中也没有实现"逆转"。

陈文茜形容蔡英文是"站在山峰高处的一只野豹，攻击性强"，"有着天生的自信"。她曾经说："台独"是年轻世代的"天然成分"，实际上就是她自己的天然成分。不仅如此，"台湾领土未定论""两国论"也是她的天然成分，是她"天生的自信"的体现。不管是谁碰撞到她的天然成分，必然受到她的攻击，即使是陈水扁也不能幸免。大家都记得2000年她逼着陈水扁把可能接受"九二共识"的话"活活地吞回去"，同年她以"与现行法令不符"的理由，不准谢长廷访问厦门。总之，凡是不符合"两国论"的她都要攻击。此外，她自称"我是中国风险论者"②。有人写道："2012年'台湾大选'饮恨落泪，绿营盟主蔡英文是败在了'两岸关系'这块民进党的天生短板上。"带着这许多"天然成分"的"逆转世代党主席"，将会导致两岸关系怎样的"逆转"？这可能谈不上是蔡英文的棒球情结，却是大家需要观察的一个政治议题。

应当指出，台湾政坛上许多人都有自己的棒球情结，这里只是提供六位政治人物加以简介。棒球情结是一种政治心理，反映了各人不

---

① 《蔡英文：我是逆转世代党主席》，http://www.taihainet.com/news/twnews/twdnsz/2008-06-28/268121.html，访问日期：2017年3月16日。

② 《蔡英文：我是中国风险论》，台湾《工商时报》2003年4月11日。

同的政治认知、政治情感、政治动机和政治态度，从而影响到他们的政治行为，并且对台湾的政治局势和政治变革产生不同的作用。

四、选举与逆转胜

台湾在选举过程中，处于劣势的一方往往会提出"逆转胜"的口号，希望能够通过最后的努力，扭转不利有局面，获得选举的胜利。但是，这样的可能性是较小的，高喊"逆转胜"的人多数以失败告终。

上面讲到 2008 年谢长廷和 2012 年蔡英文，都曾经提过"逆转胜"，结果都无法实现。

这里再举出 2014 年选举中的一些事例：

台北市国民党的连胜文提出"一人拉 20 票，就能逆转胜"，而且请了"酷酷嫂"周美青登台救援，结果失败了。

新北市民进党的游锡堃邀蔡英文到场，表示要拼尽全力"逆转胜"，结果也失败了。

台中市国民党的胡志强民调低于民进党的林佳龙，国民党认为胡有可能逆转胜，结果还是失败。

台南市国民党的黄秀霜，面对高民调的赖清德，她强调"我绝不是炮灰"，展现出打逆势选举的拼战精神，却以失败告终。

高雄市国民党的杨秋兴表示，自己与陈菊民调只差 6 个百分点，未来 10 天他有信心逆转胜，相信可以赢在终点，结果未能如愿。

其他县市国民党的候选人如基隆市谢立功、宜兰县邱淑媞、屏东县简太郎、花莲县邱启塔、嘉义县翁重钧、澎湖县苏崑雄，民进党的候选人如苗栗县吴宜臻，都曾提出"逆转胜"，但都失败了。

当然有 4 位逆转获得成功，其中 3 位是民进党的候选人——桃园市的郑文灿、新竹市的林智坚、嘉义市的涂醒哲，1 位是亲民党的候选人——金门的陈福海。

总之，逆转成功的是少数。有一位作者认为"逆转胜"是"失败者的美学"，期待的是"一记全垒打便可逆转形势"，"大家都企图借棒球来作为梦想的寄托，但能够借此扭转人生的，毕竟凤毛麟角少之又少"。[①] 台湾的选举为这一观点提出了一些可供参考的依据。

五、台湾政局与逆转胜

2014 年"九合一"选举，国民党大败，有些人已经把目光聚焦在 2016 年，看看台湾是否出现再一次政党轮替，国民党能不能"逆转胜"。对于台湾的选举，我一向认为应当尊重台湾人民的选择。我关心的是台湾政治能不能"逆转胜"。

为什么说"逆"？请看几位蓝绿社会精英的看法：

赵少康说："大陆一旦松绑开放，立刻翻滚沸腾一飞冲天，挡都挡不住"；而台湾"近年来有一怪论，认为经济发展不重要，公平正义才重要"，"有经济未必有一切，但没有经济一切都是空"，"台湾自己把自己玩死了"。[②]

朱高正说："国民党不倒的话，台湾绝对没有希望。新型、健康、本土、反独的政治势力没有办法崛起，因为国民党对付'台独'分子过于软弱无力"。"国民党已经摇摇欲坠了，整个国际环境中台湾已

---

① 汤祯兆：《人间开眼：日本文化病理学》，三联书店 2015 年版，第 113 页。

② 赵少康：《台湾不知死之将至》，http://www.crntt.com/doc/1034/7/8/5/103478588. html?coluid=7&kindid=0&docid=103478588，访问日期：2017 年 3 月 16 日。

经无路可以走。但台湾还不知道好好和大陆搞好关系，这是台湾的愚蠢""台湾的民主早已走调，走向本土化，变成'反中''爱台'，无法与大陆发展建设性的关系。"①

苏起说："台湾'九合一'炽热的选情让人不小心就被灼伤，但我更关心的是炽热选情下的冷漠。这冷漠反映的早已不是对哪个政治人物的失望，而是对两大政党的厌恶、对媒体的厌烦、对包括'立法院'在内的公权力的不满，甚至对民主制度的信心。"②

林浊水说："代议体制本身如再不决心做彻底的改造的话，一旦民众愈来愈相信，只有愈来愈神秘和愈激烈才足以解决问题，'我国'将从宪政危机走向体制崩溃。"③

台湾把自己玩死了，台湾已经无路可走，对两大政党厌恶，对民主制度冷漠，走向体制崩溃，这就是对台湾政治"逆"的概括。当民主走向民粹的时候，当少数服从多数原则被否定的时候，当少数人的言论自由压制了沉默大众的时候，当代议制民主不被信任只能走上街头推行直接民主的时候，当违法行为被捧为"争民主"而受到声援的时候，你难道不认为台湾政治体制已经出现了问题吗？

这样的台湾政治局势要不要逆转，能不能逆转，要转向何处，动力何在，谁来充当"救援投手"，谁来打出一记"全垒打"？总之，台湾政治能不能实现"逆转胜"？我想，这才是台湾政坛乃至整个台湾社会应当关注的焦点。

① 《朱高正语中评：国民党的选举形势不乐观》，中评网，2014 年 11 月 13 日，访问日期：2017 年 3 月 16 日。

② 《苏起：台湾应当打出"和"的品牌》，http://app.taihainet.com/print.php?contentid=1338269，访问日期：2017 年 3 月 16 日。

③ 《林浊水看街头 代议体制有崩溃危机》，《中时电子报》2014 年 5 月 6 日。

第二章
台湾文化民族主义

第
一
节

"台湾文化民族主义"的建构

随着两岸关系的和平发展,增强两岸文化交流、签订两岸文化交流协议的问题已经提上议事日程。有些人急切地希望两岸能够早日商议文化交流协议,促进两岸的文化认同。我认为,这个意愿是好的,但是如果不了解两岸文化事实上存在的差异,不了解两岸文化认同存在的阻力和障碍,就不能正确地面对现实,就无法有效地开展文化交流,也无法实现两岸的文化认同。现在就"台湾文化民族主义"的建构问题加以探讨,希望有助于了解两岸文化交流方面存在的一个不可忽视的问题。

一、"文化民族主义"与"中华文明圈"的解构

关于"文化民族主义"有许多不同的界定,一般认为"文化民族主义,是指表现文化领域内的一种强调本民族共同文化认同,维护本民族文化独立性的民族主义倾向。""文化民族主义是民族主义在文化上的诉求,是一个民族在文化上的自觉和觉醒,它先于政治上的自觉

和觉醒，并对后者起推动作用"。有的认为"文化民族主义，实为民族主义在文化问题上的集中表现。它坚信民族固有文化的优越性，认同文化传统，并要求从文化上将民族统一起来"[1]。此外，还有另一种解释，认为"文化民族主义""它主要是指现代国家运用政治手段来塑造国家的主流文化"[2]。本节使用后一种界定来讨论台湾的"文化民族主义"问题。

李河在《东亚国家的文化民族主义与中华文明圈的解构》一文中，以韩国、日本为重点，讨论了东亚国家运用政治手段建构"文化民族主义"，并且对中华文明圈解构的问题进行研究。作者指出，20世纪60年代韩国在首都光化门广场上建造了李舜臣塑像，他是一位在1592—1598年朝鲜李氏王朝与中国明王朝共同抗击日本侵略战争中建立了功勋的将军，被称为"武圣"。到了2009年又在广场上建造"世宗大王雕塑"，他是朝鲜第四代国王，创制了朝鲜字母，由于韩国政府在1968年规定彻底禁用汉字，于是世宗大王的地位被提升为"文圣"，而原来被称为"韩国的孔子"思想家李退溪（1501—1570）的地位就被取代了。与此同时，韩国出现"去中国化"的现象，淡化和抹杀中国与韩朝在历史上的亲密合作关系，而强调中国在历史上对韩朝民族的压迫，强调韩国的独立文明。日本则强调"东亚文明中心从中国转移到日本"，日本"从中华文明中心主义走向欧化中心主义"。作者进而指出，汉字文化、儒学文化、佛教文化构成中华文明圈的主体范围，而现今东亚国家解构了中华文明圈，例如韩国、朝鲜都进行去汉字化，越南也废止汉字及其衍生的"喃文"，同时这些国家实行"去中国化"，而坚定地采取"自我中心化"。作者认为东亚国家在现

---

[1] 郑师渠:《近代中国的文化民族主义》,《历史研究》1995 年第 5 期。
[2] 李河:《东亚国家的文化民族主义与中华文明圈的解构》,《战略与管理》2012 年第 9—10 期。

代化进程中，有"西方取向"与"自我中心化"这两个"驱力"，使他们逐渐疏远于"中华中心主义"。

在东亚地区，类似的情况还可以举出很多。例如，韩国首都汉城改名为首尔，"企图向世界宣告摆脱中华文化的束缚，并建立独特的文化与民族"。在韩国、越南、蒙古的博物馆和纪念馆中，可以看到他们所纪念的多是"抗击中国"的英雄人物。蒙古在修史时，力图抹杀与中国的历史关系；在文化上、心理上、历史上与中俄两国划清界限；极力彰显蒙古自古是独立国家，拥有独特的文化传统。越南政府大力推行带有本土色彩的民族传统教育，把雄王塑成越南民族始祖；在历史传统教育中，凡是涉及中国的内容，通常被描绘成一部越南"抗击外敌"的爱国史，李常杰、陈兴道等抗击中国封建王朝进攻的头领成为越南的民族英雄；越南教科书淡化了中越两国的历史关系和文化渊源，中越文化同源的说法受到严厉的批判。马来西亚华人占总人口 23% 以上，但华文教育却受到很大的限制；等等。

列举以上事实，是为了说明由政府运用政治手段建构"文化民族主义"，解构"中华文明圈"，已经成为一种现实，一种潮流，它已经在东亚诸国现代化的进程中发生影响。从东亚的大背景下考察台湾，可以发现在台湾现代化的进程中也存在上述两个"驱力"，"台独"势力受到这股潮流的影响，试图疏远于"中华中心主义"、建构"自我中心化"的"台湾文化民族主义"是不难理解的。

二、建构"台湾民族主义"的困境

一般意义上的"台湾文化民族主义"，早在日据时期就已经开始建构，根据朱双一的研究，认为那是"近代中国民族主义运动的一环，它与祖国大陆的文化民族主义，有着相同或相似的主题、表现形态和话语形式"，是在日本统治下"传统文人萌生和滋长了强烈的民族主义思想，转而对本国的历史和文化传统，持极力坚守和维护的立场"。[①] 两蒋统治时期的"文化民族主义"，强调传统文化与现代化的结合，讲的仍然是中国文化。

而这里所界定的"文化民族主义"，即"现代国家运用政治手段来塑造国家的主流文化"，在台湾则主要体现在李登辉、陈水扁当政时期。李登辉指出："长期以来，在国民党党化教育下，台湾人被灌输大中国意识，台湾历史文化被打压，台湾人民无从真正认识自己的历史文化，也因而无法确立对台湾的国家认同。"[②]"独派"学者也指出："台湾过去处于'去台湾化'外来政权统治下，个人主体难以获得身体性，以之成为独立运行的行为主体。同样的，社会也因不能自主结社，而不能有自主形成的社会（社群）。这种现象到九十年代李登辉主政时期开始有了转变。"[③]

应当指出，在此之前，一些知识分子已经开始进行类似的建构的活动了。"文化民族主义"理论认为："文化民族主义往往包括知识分子·文化精英把关于本民族独特性的思考方式加以体系化，而其他受教育程度较高的社会集团则将其与自身的社会、经济、政治等其他活动相结合而对这一思考方式作反应、接受的过程。在这一过程中，知识分子，文化精英的本民族独特论就在社会中得到传播。"[④] 台湾也不例外。根据萧阿勤的研究，"台湾文化民族主义"是在 20 世纪 80 年代台湾党外运动影响下，由"支持台湾民族主义运动的人文知识分

① 朱双一：《日据前期台湾的文化民族主义》，《台湾研究集刊》2003 年第 3 期。
② 李永炽等：《"台湾主体性"的建构》，李登辉学校，2004 年，李登辉序。
③ 李永炽等：《"台湾主体性"的建构》，李登辉学校，2004 年，第 33 页。
④ 吉野耕作：《文化民族主义的社会学》，商务印书馆 2004 年版，第 8 页。

子"建构起来的，它的出现"要比政治反对运动的民族主义动员稍晚"，而且具有"企图将台湾文化'去中国化'之后再'民族化'的特色"，以及"高度的政治化性质"。①

在李登辉、陈水扁当政时期，由当局极力建构的"台湾文化民族主义"，学者江宜桦称之为"台湾社会文化主体性建构运动"，其目标是"彻底建立一个与中华文化传统互不涵摄的台湾文化传统"，"试图形成一个台湾民族独立建国的文化基础"。②

但是，李扁当局在建构"台湾文化民族主义"方面无法获得成功，这是因为建构"文化民族主义"需要有本群体固有的传统、道德、习俗、宗教、哲学以及价值观等等，以此与其他群体区别开来。他们在这些方面都做了许多努力，但却遇到许多困难。

在语言文字方面：语言文字是文化的载体，要说明文化上的不同，首先要看语言文字上有没有根本的差别。台湾地区与韩国、朝鲜、越南等等不同，台湾不可能制造出与中国不同的语言和文字。有人试图用所谓"台语"（闽南语）取代"国语"，用"台语文字"取代汉字，但是都无法成功。"独派"不得不承认他们无法摆脱汉字、汉文化的困境。庄万寿指出："台湾不是要摆脱汉字、汉文化，而是把台湾自己的汉文化'独立'于中国之外，切断中国的文化情结，才能使之与南岛、日、美等文化融合成一现代的台湾新文化。"③ 既无法摆脱汉字、汉语、汉文化，又要"切断中国文化情结"，这是建构"台湾文化民族主义"的一大困境。

（二）在所谓"台湾特有文化"方面："独派"企图"切断与中国

---

① 萧阿勤：《1980 年以来台湾文化民族主义的发展》，《台湾社会学研究》1999年第 7 期。

② 江宜桦：《中华文化认同在两岸关系发展中的作用》，《中国大陆研究教学通讯》第 18 期，1997 年。

③ 庄万寿：《台湾文化论——主体性之建构》，玉山社 2003 年版，第 281 页。

文化的脐带"、建构"台湾特有的本土文化",但凡是被认为是台湾特有的东西,往往经不起推敲,人们发现它无不来自中国文化。庄万寿无奈地承认:"必须切断与中国文化的脐带,让台湾文化'独立'发展。可是当人们推展台湾文化活动时,又会发现越是追寻本土,越是'中国',如南管、北管、乱弹、傀儡,都来自大陆;连独立发展的歌仔戏,也难与来自大陆的传统戏剧无关,而才子佳人的戏目,亦皆唐山的故事。此外,文学作品,现代的也难摆脱五四白话文运动的影响,古典的旧诗文,更是唐山的对象。这些矛盾,令人懊恼不已。一般简单的解决方法是把它分为文化中国及政治中国,台湾对文化可以认同,对政治不能认同。但这样是十分肤浅空泛的说法。"①也有人主张,"不必全盘否定中国文化,而应将之去芜存菁,融入台湾文化之中,成为台湾新的文化"②。"独派"学者李乔也承认:"无法找出台湾特有的文化,只好依赖主观上的认同。以'认同'来确定'我是台湾人'是最佳最实际的途径。"③

(三)企图强调外来文化的影响,以此把台湾文化与中华文化区隔开来。"独派"极力寻找台湾文化与中国文化的差异,强调台湾文化受到日本文化与西方文化的影响。所以他们把日本殖民统治看成是对台湾的一种"资产",而不是一种"负债"。李登辉声称,台湾受到中国大陆、西欧和日本文化的影响,中国文化对台湾文化并未有最浓厚的影响。他认为台湾文化和日本文化更为接近,二者都可说属于"混合文化"。④李乔认为"日本人遗留下来的法治基础、正直性格,

---

① 庄万寿:《中国论》,玉山社 1996 年版,第 95—96 页。
② 李永炽等:《"台湾主体性"的建构》,李登辉学校,2004 年,第 96 页。
③ 李乔:《我的心灵简史:"文化台独"笔记》,台北望春风文化事业股份有限公司 2010 年版,第 109 页。
④ 《李登辉对日本媒体称中国文化对台湾无最浓厚影响》,http://www.chinanews.com/2002-11-05/26/240141.html,访问日期:2017 年 3 月 16 日。

欧美影响而来的民主自由，理性法治、科学观念等"，"造就了台湾人惊人的旺盛生命力，而生命力正是文化精神的具体呈现"。① 庄万寿则认为"现代的台湾可以说是一个颇美式文化的社会，这种内在已有多元的本质，外在又有吸收融会的能力。而今日经济文化又有颇浑厚的底子，这些都是亚洲各国所无法比拟的，也是台湾独有——创造世界性文化的潜力。"② 因而有人进一步做出总结，指出中国文化不能成为台湾的主流文化。纪舜杰说："台湾的多元文化应该包含中国文化，中国文化也可以丰富台湾的文化内涵，但是中国文化不能成为台湾的主体文化，其文化原因为台湾需要一个可以清楚自我认同和他人辨认的文化，在历经西方和日本殖民后，台湾的文化内涵早已脱离中国文化的全盘控制，加上台湾在现代化的程度上一直是超越中国，在文化位阶上即使我们不自大地认为我们是在上层，也不可以自卑地认定自己是位于其下方。"③ 这是企图从外来文化的影响，说明台湾文化与中国文化的区别，但却无法摆脱中国文化。

（四）企图建构所谓"海洋文化"，这也是"独派"作为台湾文化与中国文化不同的一个重要观点。他们认为台湾文化是一种海洋文化，而中国文化则是大陆文化，二者不仅有本质的差别，而且有先进与落后的区分。大陆文化以农立国，安土重迁，民族观是内向的，所以是封闭的、保守的；海洋文化开放、自由、进取，又自谦自卑，所以是求新的、求变的。二者成为对立物。"独派"叫嚷"海洋正是台湾脱离中国，建构主体的归乡"，④ "台湾已经形塑出有别于中国文化

---

① 李乔:《台湾文化的过去、现在与未来》，cls.hs.yzu.edu.tw/hakka/author/li-qi，访问日期：2017 年 3 月 16 日。
② 庄万寿:《台湾文化论——主体性之建构》，玉山社 2003 年版，第 61 页。
③ 纪舜杰:《认同的力量——政治力与非政治力的作用》，施正锋主编:《台湾"国家认同"》，"国家"展望文教基金会，2005 年，第 75—76 页。
④ 李永炽等:《"台湾主体性"的建构》，李登辉学校，2004 年，第 62 页。

的‘台湾底海洋文化’，已经逐渐造就为自己的‘自主体系’。这就是跟中国‘必能分立’的深层基础。"①但是，这样的二分法并不能说服大家，有些民进党人也指出，台湾文化带有大陆性与海洋性双重性格，既不完全属于海洋，也不完全属于大陆。

（五）强调价值观的不同。外来文化、海洋文化都不足以否定中国文化，因而有人企图从价值观方面提出依据。李乔强调台湾有自己的价值观，"台湾人特有的宗教行为、宗教态度，共有的价值观、爱情观、人生观、生命观等。终而形成、提升为台湾人特有的哲学思考（存在观、价值体系等）"②。但这种"特有的"价值观究竟是什么，并没有得到具体的回答。有人强调台湾的文化属于公民文化，而中国大陆则属于臣民文化。谢长廷也指出："近代台湾社会文化的发展过程中，民主、自由、人权已经成为台湾主流的价值，也是台湾社会的共识，更是普世的价值，这些都是中华文化所缺少的。"③但是，"独派"也承认，台湾并没有形成特有的价值观，黄文雄问道："台湾人的普通价值观是什么？如何建立正面又积极的台湾人价值观？"他认为"台湾人的价值观是仍未成熟的价值观，是仍然形塑中的价值观，充满了可变性与可能性"。④

综上所述，可以看出，"独派"企图建构"台湾文化民族主义"遇到许多困难，已经陷入困境，其论点和论据都无法自圆其说、令人信服。关键在于台湾无法摆脱中华文化，也无法建构出台湾特有的"自我中心化"的主流文化，因此，"台湾文化民族主义"的建构是无

---

① 曾贵海:《台湾文化临床讲义》，春晖出版社 2011 年版，第 179—180 页。
② 李乔:《我的心灵简史:"文化台独"笔记》，台北望春风文化事业股份有限公司 2010 年版，第 101 页。
③ 谢长廷:《台湾文化在国际上的地位》，www.shadowgov.tw/1946185083_0_sg.htm?page_no=0，访问日期：2017 年 3 月 16 日。
④ 曾贵海:《台湾文化临床讲义》，春晖出版社 2011 年版，第 179—180 页。

法成功的。

三、台湾"去中国化"的成效

尽管台湾建构"文化民族主义"在"立"的方面，即制造台湾自我中心的主流文化方面无法获得成功，但他们在"破"的方面，即"去中国化"方面却取得一定的成效。有关"去中国化"的问题已经有过许多研究，我在《台湾"去中国化"的文化动向》一文中，对"去中国化"的"理论"与实践及其政治目的、形成原因、发展前景做过一些论述。[①] 本节着重就"去中国化"的成效进行一些探讨。

"去中国化"的成果主要体现在认同问题上，它已经导致许多人以"台湾人"为"我群"，以"中国人"为"他群"，认同自己是"台湾人"，而不是"中国人"，进而认为"台湾是台湾，中国是中国"，"台湾（或'中华民国'）是主权独立的国家"，"台湾前途要由2300万台湾人民决定"。这种"去中国化"的成效，即认同的变化在2008年之后仍然继续发展。许多论文都采用政治大学选举研究中心、《远见》杂志或TVBS等的民意调查资料来说明问题。本节则准备引用台湾不同政治背景的学者、不同的民调资料所提供的数据，以及学者不同的看法加以分析。

民进党执政时期曾经担任台湾陆委会副主委的游盈隆提供的资料表明，2011年台湾选民认同台湾人的有73%，既是台湾人又是中国人的有11%，认同中国人的只有8.6%。他的结论是："台湾认同"已经获得"压倒性的胜利"。[②]

[①] 陈孔立：《台湾"去中国化"的文化动向》，《台湾研究集刊》2001年第3期。
[②] 游盈隆：《天人交战》，允晨文化出版社2012年版，第39页。

另一位同样担任过台湾陆委会副主委的童振源则运用政大选举研究中心和《远见》杂志的民调说明：在马英九执政之后，台湾人认同不断强化，中国人认同下降；赞成"独立"的比例增加，赞成统一的比例减少。[①] 最近他又指出：马英九执政以来，"并没有化解台湾人民对中国的不信任，也没有让台湾人民更加认同中国及支持统一，反而相当多的台湾人民仍持续认为中国对台湾人民充满敌意，更多台湾人民认同自己是台湾人而不是中国人，而且支持'台湾独立'与反对两岸统一的比例愈来愈高"。马执政后，"台湾认同指数增加远比陈水扁时期要快速很多"；"台湾累积的反对统一、支持独立的民意相当惊人。"[②]

两岸统合学会理事长张亚中先是引用民调数据说明："从认同的角度来看，2007 年民进党陈水扁执政末期，主张自己既是中国人也是台湾人的认同约 44.7%，主张自己是台湾人的认同是 43.7%，主张自己是中国人的认同是 5.4%。马英九执政后，这个趋势并没有改变。2011 年 6 月民调显示，认同自己是中国人的比率下滑至 4.1%，是中国人也是台湾人的降到 39%，认为自己只是台湾人的则逐年增加到54.2%，这是台湾在自己族群属性认同方面的改变。有关统独选项的改变，相较于 2008 年以前，马英九执政期间，主张永远维持现状与偏向独立的民调比率均有上扬的趋势。2011 年 6 月，台湾民众支持维持现状再决定的有 33.3%，永远维持现状者 26.8%，维持现状以后独立的是 17.4%，维持现状再统一的剩下 10.6%，希望尽快统一的只有 1.6%。"从而他得出结论："马英九执政四年以来，整个认同并没

---

①　童振源：《台湾的中国战略》，新锐文创 2011 年版，第 99—100 页。
②　童振源：《促进两岸互信与认同》，《"台北会谈：强化认同互信，深化和平发展"论文集》，2012 年 12 月 10—11 日。

有改变扁时期的趋势，反而幅度持续加剧当中"。① 最近他又引用一份"专门为马英九做的民意调查"说明，年纪在 19—29 岁的年轻人中，有 27.78% 认同自己是"中华民族的一分子"，有 66.67% 认同自己"是台湾民族，而不是中华民族"。他指出："这个答案应该足以触目惊心"，他说："不到二十年的时间，台湾的青年，已经从曾经参加青年反共救国团时主张'一族一国'（一个民族、一个国家）、'坚持统一'（完成国家统一）的信念者，变成了到了李登辉鼓吹的'一族两国'（一个民族、'两个国家'）的支持者，现在朝'两族两国'（'两个民族'、'两个国家'）在走。"② 张亚中的结论是：2008 年以后，"我是中华民族一分子，我的国家是'中华民国'，我是'中华民国国民'，我是台湾人"已经是马当局的主流认同论述。因此，他也肯定"去中国化"已经收到效果，他说："从 1994 年迄今，'去中国化'的认同已收效果，愈来愈少的台湾人会认为自己也是中国人。'我是中国人'的认同快速消失，已经没有人说'中国就是"中华民国"'，而是以'"中华民国"是个主权独立的国家'来表述"。"目前台湾所有民意调查对于'我是中国人'的认同均呈现愈来愈少的现象。"③ 以上几位学者提供的数据和观点，都说明了不仅在李扁时代，而且直至今日，"台湾人认同"的趋势仍在上升。

当然"台湾人认同"的上升，有多方面和复杂的原因，但"去中国化"肯定是其中重要原因之一。认同的变化既是"去中国化"的主要成效，也是建构"台湾文化民族主义"的一个进展。有的台湾学者指出：经过李扁时代的"制度调整与教化，台湾人民的制度认同，

---

① 《从台湾历史教科书看两岸认同危机》，《中国评论》2012 年 7 月号。

② 张亚中：《"台北会谈"主办单位的话》，http://page.renren.com/601344480/note/888750611，访问日期：2017 年 3 月 16 日。

③ 张亚中：《两岸和平发展期应是以统合深化认同与互信》，《中国评论》2013 年 1 月号。

逐渐由传统'泛中国'的制度认同，转向台湾'本土制度'认同"。[①]
这说明上述认同上的变化，涉及社会生活的方方面面。从文化认同来说，通过李扁时期政治社会化的推展，"台湾人意识""台湾精神""台湾魂"得到广泛传播，而"中国""中国人""中华文化""中国人意识"则受到排斥。以台湾的历史教科书为例，它展现出的是"一边一国"的架构，台湾学者谢大宁指出："经过这个架构下所教育出来的年轻世代国民意识，不可能具有中国认同。"潘朝阳也说：初中到高中的历史教育，"本身就是在作切割，把台湾的青年学生，从中国认同切割出去，完全成为台湾人的认同"[②]。这说明在台湾文化民族主义建构过程中形成的强调认同"台湾文化"而不认同中国文化，力图把台湾从文化上与中国大陆区隔开来的思想，已经在台湾社会产生严重的影响。

　　综上所述，李登辉、陈水扁当局以"政治手段"来建构的"台湾文化民族主义"，这一事实表明，台湾内部确实存在一股抵制中国文化的力量，他们企图否定中华文化是台湾的主体文化，企图建构一个与中国文化不同的台湾文化，这是一股两岸文化交流的阻力，对于两岸文化认同必然发生阻碍作用。因此，在开展两岸文化交流过程中不可忽视这一阻力及其影响的存在，而且必须给以认真地面对。

---

　　① 赵建民、刘文斌：《从中华民国到"中华民国"（台湾）——自制度面解释"国家认同"问题》，施正锋主编：《台湾"国家认同"》，"国家"展望文教基金会，2005年，第121页。
　　② 《从台湾历史教科书看两岸认同危机》，《中国评论》2012年7月号。

◇第二节◇

蔡英文的文化观

　　文化与政治脱离不了关系，什么是蔡英文的文化观，它对台湾政治及两岸关系会有什么影响？这是值得探讨的一个问题。目前很多人从"文化台独"角度开展批判，但尚未对她的文化观和文化政治进行比较全面的考察，这里试图从文化观、思想渊源、文化政治三个方面加以初步探讨。

一、蔡英文的文化观

　　在蔡英文的政治生涯中很少触及文化领域，她说过文化不是她的专业，但 2013 年却有一次居然与赖锡三、杨儒宾、何乏笔等几位学者专门座谈了"中华文化"这一课题①。当年她作为民进党的主席，在学者们的追问下，回答了她对中华文化的相关看法。此外，她在其他场合的谈话也偶尔涉及文化问题，从而透露了她的一些基本的文化

---

① 思想编委会：《在台湾谈中华文化》，联经出版公司 2014 年版。

观，比较突出的有以下几点：

（一）台湾是多元文化

在台湾每一个人都有复杂的文化背景，有很多成分。台湾是多元的社会，除了受到中国的文化影响，还受到其他许多文化的影响。对蔡来说，西方的文化也是她自己很重要的文化经验的来源。以台湾为主体的多元文化成为社会共识。必须建立多元文化共同体，台湾逐渐蜕变成一个以多元文化为傲的新社会。

（二）台湾人对"中华文化"反感

台湾人对汉文化并没有很大的排斥感，但"中华文化"是和国民党政权放在一起的，成为统治者的工具，所以对"中华文化"也有反感。

（三）台湾文化的"主体性"

台湾文化本身有着一定程度的包容力，是一种传统跟现代的融合，也是东方跟西方的一种融合，也是一种大陆跟海洋的融合，也是一种继承跟反叛的融合，这是目前所彰显出来的、以后也将日渐鲜明的台湾文化的"主体性"。他们都希望，台湾不仅仅是一个"主权独立的国家"，更能够是一个拥有独特文化身份的"国家"。

（四）"在地意识"与"社区（在地）文化"

重建与再现人民与土地的共同记忆从小区出发：从生活的"所在"推动社会的进步，形塑在地意识，提升公民参与的文化知能与小区文化涵量。深耕在地文化，国际合作在地化，在地文化国际化。

（五）台湾文化与国际联结

善用文化软实力重返国际社会：以具台湾特色的文化创造与国际联结，运用"文化外交"让世界重新认识台湾。文化之路将让台湾从在地通往世界。

显然，这些观点不完全是她"自己的"，它反映了一种倾向、一种态度、一种立场，但她没有讲得很明白。不过，如果把这些观点与其他民进党人和"独派学者"的观点联系起来考察，那么它的政治意图就会显现出来。

二、蔡英文文化观的来源

民进党人中研究文化问题的人不多，1995 年谢长廷出版了《谢长廷新文化教室》可以说是民进党人罕见的一部文化著作[①]。此外，台湾从 20 个世纪 80 年代以来，就有一些人试图建构"台湾文化民族主义"，发表了一系列论述，其中包括一些绿营或"独派"学者的著作，例如，李乔的《我的心灵简史：文化"台独"笔记》《台湾文化

---

① 谢长廷:《谢长廷新文化教室》，月旦出版公司 1995 年版。

造型》，庄万寿的《台湾文化论：主体性之建构》，曾贵海的《台湾文化临床讲义》，施正锋的《台湾文化》，李永炽等的《"台湾主体性"的建构》等等。[①]萧阿勤指出，这些文化论述有几个重要特色，"第一，台湾文化与中国文化被二分对立，中国文化被描绘成僵硬的、封建的、反动的、压迫的、定着于土地的，而台湾文化则被赞扬为有弹性的、现代的、进步的，民主的、海洋导向的。"第二，强调台湾文化多元，"不应被简单归并于汉人的中国文化中"。第三，中国文化只是台湾文化的一部分，"邪恶的中国文化"导致"政治压迫、社会沉疴、道德沦丧"，清除中国意识"是创造台湾新文化的先决条件"。第四，要"创造主体性的台湾文化"[②]。这些在绿营圈子乃至台湾社会中广为流传，蔡英文的文化观不能不受到他们的影响。

这里仅就上述蔡英文文化观的三个方面，分别观察其中的渊源关系。

（一）多元：他们强调台湾文化是多元的，首先指的是，中华文化只是台湾文化的一部分，而且不是主体文化。例如："中华文化是台湾文化的一部分"[③]，"中国文化不能成为台湾的主体文化"[④]。其次是指台湾文化已经"超越中国"，与中国文化"大不相同"。例如，"台湾的文化内涵早已脱离中国文化的全盘控制，加上台湾在现代化的程度上一直是超越中国，在文化位阶上即使我们不自大地认为我们是在

---

① 李乔：《我的心灵简史：文化"台独"笔记》，台北望春风文化事业股份有限公司 2010 年版；李乔：《台湾文化造型》，派色文化出版社 1992 年版；庄万寿：《台湾文化论：主体性之建构》，玉山社 2003 年版；曾贵海：《台湾文化临床讲义》，春晖出版社 2011 年版；施正锋：《台湾文化》，李登辉民主协会，2014 年；李永炽等：《"台湾主体性"的建构》，李登辉学校，2004 年。

② 萧阿勤：《追求中族：1980 年代台湾民族主义的文化政治》，思想编委会：《走过八十年代》，联经出版公司 2012 年版，第 92 页。

③ 谢长廷：《谢长廷新文化教室》，月旦出版公司 1995 年版，第 61 页。

④ 纪舜杰：《认同的力量——政治力与非政治力的作用》，施正锋主编：《台湾"国家认同"》，"国家"展望文教基金会，2005 年，第 75—76 页。

上层，也不可以自卑地认定自己是位于其下方。"[①] 台湾是一个"颇美式文化的社会"，台湾有"创造世界性文化的潜力"[②]，"在台湾，事实上已然具备有别于中国文化、有主体性的'台湾文化'或'台湾新文化'。"[③] 李乔说得更明白：台湾文化已经与中国文化"大大不同"，形成"异族异国"了。[④] 再次，他们认为中国文化是有"毒素"的（而对其他文化却从未提到"毒素"），强调多元，可以"冲淡"台湾文化中的"原乡毒素"，[⑤] 也就"冲淡"了中国文化的主体地位。

（二）中华文化：他们首先把中华文化说成是落后的。他们认为大陆是"大陆文化"，台湾是"海洋文化"。"台湾这五十年来的统治者是大陆文化，应对的是海洋文化，大陆文化是保守、僵化的，比较不会变动，海洋文化是冒险的模仿的，比较求新求变"。[⑥] 从文化角度来观察，"二二八事件"发生的"原因是文化较低的族群要来统治文化较高的族群"[⑦]。其次，强调中国文化是统治者的文化。李乔说，所谓"中国文化"，是"统治者主导的文化"[⑧] 第三，主张必须"切断"中国的文化情结。"台湾不是要摆脱汉字、汉文化，而是把台湾自己的汉文化'独立'于中国之外，切断中国的文化情结，才能使之与南岛、日、美等文化融合成一现代的台湾新文化"。[⑨] 第四，认为崇尚

---

① 纪舜杰：《认同的力量——政治力与非政治力的作用》，施正锋主编：《台湾"国家认同"》，"国家"展望文教基金会，2005 年，第 75—76 页。

② 庄万寿：《台湾文化论：主体性之建构》，玉山社 2003 年版，第 61 页。

③ 李乔：《台湾文化造型》，派色文化出版社 1992 年版，第 278 页。

④ 李乔：《我的心灵简史：文化"台独"笔记》，台北望春风文化事业股份有限公司 2010 年版，第 159 页。

⑤ 李乔：《我的心灵简史：文化"台独"笔记》，台北望春风文化事业股份有限公司 2010 年版，第 170 页。

⑥ 谢长廷：《谢长廷新文化教室》，月旦出版公司 1995 年版，第 73 页。

⑦ 谢长廷：《谢长廷新文化教室》，月旦出版公司 1995 年版，第 34 页。

⑧ 李乔：《李乔文学文化论集（一）》，苗栗县政府国际文化观光局，2007 年，第 28 页。

⑨ 庄万寿：《台湾文化论：主体性之建构》，玉山社 2003 年版，第 281 页。

第二篇　台湾文化研究　　193

中华文化就是中国人，不是台湾人。"认同台湾，愿为台湾努力奋斗，就是台湾人。怀抱民族情感，崇尚中华文化，不忘记中国统一 的理想， 就是中国人。"①

（三）"台湾文化主体性"：他们强调"台湾文化主体性"就是要说明"台湾文化有别于中国文化"，就是要建构"文化的台独论"。李乔说得很明白："'台湾主体文化'就是体现台湾是居民认同的终极目标的文化；'台湾主体文化'就是证明成就'台湾是一个"独立国家"'的文化"。②"因为文化的原因，台湾必须与中国分开；又因为文化的原因，台湾必能脱离中国而'自立'。"③"当台湾社会是一种新文化、新社会的园地时，名称上独立与否已无关紧要了。事实上，不独立也不可能了！"④"创造自由独立的台湾,从文化层面做起。"⑤这就是他们的"文化的台独论"。李贵海也说："有'独立'的台湾文化，才有'独立自主'的台湾。"⑥"个人以为应全力建构台湾主体性，凝台湾'国民'意识，则台湾人民建立一个'独立'的台湾文化时期，必指日可待。"⑦民进党的"族群与文化政策白皮书"也说："台湾必须把自己界定为和中国是不相同的名字，否则不能存在。"⑧

从以上蔡英文和绿营学者"文化台独论"的论述中，我们不难看出其中的渊源关系，它们基本上是一脉相承的，同源于"台湾文化民

---

① 李登辉:《台湾的主张》，远流出版公司1999年版，第77页。

② 李乔:《李乔文学文化论集（一）》，苗栗县政府国际文化观光局，2007年，第235页。

③ 李乔:《台湾文化造型》，派色文化出版社1992年版，第317页。

④ 李乔:《台湾文化造型》，派色文化出版社1992年版，第322页。

⑤ 李乔:《我的心灵简史：文化"台独"笔记》，台北望春风文化事业股份有限公司2010年版，第199页。

⑥ 曾贵海:《台湾文化临床讲义》，春晖出版社2011年版，第4页。

⑦ 李永炽等:《"台湾主体性"的建构》，李登辉学校，2004年，第63页。

⑧ 民进党中央党部:《多元融合的族群关系与文化政策白皮书》，1993年，第58页。

族主义"。当然,蔡英文并没有像"文化台独论者"说得那么明白、那么露骨,蔡英文的文化观是否就是"文化台独论",她的政治意图究竟是什么,这还需要在她自己的言行中探寻。

三、蔡英文的文化政治

这里引用一个概念:"文化政治"。学界认为:"文化本身,就其最根本、最内在的文化属性和终极追求来说,本身就完完全全是政治性的。""在国家竞争和文明冲突中,文化本身是具有自我肯定的意志和战斗性的社会组织和观念系统,本身就具有政治性。这种政治性在理论概念上,叫做文化政治。"① 这说明,文化与政治脱离不了关系,要从政治的角度来看文化观。

那么,蔡英文文化观与政治有什么关联、它的政治性何在呢?

我们从蔡英文有关文化的言论中,可以看到以下四个关键词:认同,主权,客体,走向。

她在"十年政纲"里强调,"台湾应以新文化、新文明的再造为使命,形塑新的文化形象,为台湾的发展转型提供新的可能性",提出要"让台湾拥有一个独特的文化身份"。② 身份就是认同,以台湾文化为认同主体,以台湾文化为"我者",其他文化为"他者"。不过,她讲的"认同",仍然是比较模糊的,例如,认同台湾,认同"中华民国",认同一个"拥有独特文化身份的国家","每人不该为自

---

① 张旭东:《"文化政治":文明国家的存在理由》,http://www.guancha.cn/ZhangXuDong/2016_09_10_374008.shtml,访问日期:2017年3月16日。

② 《民进党十年政纲》,http://iing10.blogspot.com/2011/08/blog-post_08.html#more,访问日期:2017年3月16日。

己的认同自责也不该逼别人为自己的认同道歉"。①

她表示作为台湾文化核心的"台湾主体意识已经成为这个社会的共识",可以用包容性的本土观与"主权"联结,在包容性的本土观下,台湾是一个生命共同体,"这个生命共同体的主权是我们自己的",这个"台湾共识"的核心是"台湾是一个'主权独立的国家',名称是'中华民国','主权'及于台、澎、金、马"。② 在她担任台湾陆委会主委期间,在两岸文教交流方面也定下了这样的原则:"两岸关系的定位,既然是政治主权、法律体系互不隶属,在文教交流上我们就要坚持尊严对等的立场。"③ 她强调台湾文化就是要强调"台湾主权"。

她还强调,"'中国性'和'台湾性'必须要来调和,使其成为一动态性的'新台湾性'的想象。更要理解与尊重外省族群对中国的想象、情感与认同,不要将其污名化。也要让'中国性'回归其文化的价值,恢复其客体的地位。在这社会基础上,共同来建构一个新台湾"。④ 她认为中国文化与台湾文化已经发生"主客易位",可以尊重外省族群对中国文化的认同,但中国文化在台湾只能处于"客体"地位。

2015年她在竞选时提出"文化政策七大目标",表示要"以具台湾特色的文化创造与国际连结,运用文化外交让世界重新认识台

---

① 蔡英文:《团结台湾是领导人的责任》,http://tieba.baidu.com/p/4005872630,访问日期:2017年3月16日。

② 蔡英文:《"以新本土观捍卫台湾"》,台湾《中国时报》2009年3月22日。

③ 陆委会编印:《坚持"主权、民主、和平、对等"四个原则的两岸关系》,2008年,第93页。

④ 蔡英文:《调和"新台湾性",尊重中国文化认同》, http://www.taiwanus.net/news/news/2010/201005251226271843.htm,访问日期:2017年3月16日。

湾"。① 这就是说，台湾文化"从在地走向世界"，不必经过中国文化就能走向世界。这种观点和她提出的国民党"只能透过中国（大陆）走向世界"，而"民进党是走向世界，跟世界一起走向中国（大陆）"是完全一致的。②

至今蔡英文尚未打出"文化台独论"的旗帜，与一些"独派"学者相比，她没有那样露骨，有些模糊，似乎还留有余地。但是，从以上言论，特别是"认同""主权"的表述，可以看出她的文化观的政治性。

应当指出，蔡英文也讲过以下这些话：

"'中华文化'，或者是这个'汉文化'，它是在台湾多元文化当中的一种必要、不可或缺的元素。"③

"在一个民主社会里我们就要学习相互尊重，例如一个人来自中国文化的成分比较重，我们尊重他，一个人在地家族的成分比较多，我们也尊重他。如果我们要体现一种现代的文化观，我觉得最重要的就是一个包容、民主的态度。"④

"儒学是东亚文明最重要的文化成分之一，而儒学的价值、文化及思想，更是东亚各国共同拥有的珍贵文化资产之一。"⑤ 等等。

她为什么会说出这样的话呢？这就是蔡英文的特点。她自己有一个信念："什么事情都不能不考虑代价，而且这个代价是不是能够负

---

① 蔡英文：《文化政策七大目标，带动国家整体进步》，http://www.dpp.org.tw/news_content.php?sn=8282，访问日期：2017 年 3 月 16 日。

② 《蔡英文阐述民进党两岸政策：跟着世界走向中国大陆》，http://taiwan.huanqiu.com/news/2011-08/1937436.html，访 问 日 期：2017 年 3 月 16 日；《蔡英文"十年政纲"总纲称"从世界走向中国"》，http://taiwan.huanqiu.com/news/2011-08/1937436.html，访问日期：2017 年 3 月 16 日。

③ 思想编委会：《在台湾谈中华文化》，联经出版公司 2014 年版，第 188 页。

④ 思想编委会：《在台湾谈中华文化》，联经出版公司 2014 年版，第 186 页。

⑤ 《蔡英文参拜台南孔庙　赐赠"德侔道昌"匾额》，http://www.ettoday.net/news/20161105/806093.htm?feature=88&tab_id=89，访问日期：2017 年 3 月 16 日。

担得起。"① 因此，她通常采取"平衡策略"，在台湾内部、在两岸乃至在国际上都采用平衡策略。她上台以后，考虑到"平衡"，就不能完全倒向"独派"一边，任用了不少"前朝蓝营人士"，即所谓"老蓝男"；把宋楚瑜聘为"资政"，作为参加 APEC 的代表；两岸协议监督条例取消了"国与国"的版本；在两岸关系上，坚持"维持现状"，不对抗、不挑衅、无意外，而不是接受"基本教义派急独的主张，如此等等，引起独派的不满。"可以看出，蔡英文对此都考虑到"代价"，因而采取"平衡策略"，与"独派有所区隔"。正因为如此，目前还不能就把蔡英文与"文化台独派"等同起来。

结论是：蔡英文的文化观与"台独文化论"是同"源"的，但她还没有像"台独文化论"那样露骨，比较模糊，还留有弹性空间。因此她的文化观是否与"台独文化论"同"质"，还有待观察。只要她保持"不挑衅，不对抗，无意外"，与"台独路线有所区隔"，就应当给予时间，看看她究竟朝哪个方向转变。

当然，转变可能有两个取向，一是彻底倒向"文化台独论"。按目前台湾"文化台独"气焰嚣张的形势发展下去，蔡英文可能"挡不住"，这种可能性是较大的。另一种可能则认为蔡英文可能看到"文化台独根本不成气候"，而愿意与大陆"共同推展中华文化"。例如，曾任"台联党"主席，又担任过"中华文化总会"秘书长，现任金马台澎两岸交流协会会长的苏进强就认为："民进党的'去中国化'并没有那么大的力量，中华文化已经内化成为台湾人民生活的一部分"，"虽然'文化台独'值得重视，但是'文化台独'并没有强大到令台湾什么都是'台独'，更不要夸大'文化台独'，'文化台独'根本不

---

① 张静文：《蔡英文，从谈判桌到总统府》，城邦商业周刊出版，2015年，第18页。

成气候。"① 他也希望蔡英文"站在两岸中华文化同根同源的角度，一起推展中华文化，这个无损民进党的执政地位，可以拓展视野和地基，增进两岸互信"。② 这显然是一种比较乐观的想法。

如同在政治方面一样，模糊的表述终究需要改变为明确的表述。大陆学者刘国深建议蔡英文"跨出一小步"，但他预判"在'独派'压力下，蔡英文还不敢跨出这一小步"③。在文化方面，蔡英文也需要"跨出一小步"。文化的终极追求完全是政治性的。蔡英文究竟在文化上将做出什么样的抉择，苏进强的希望能否实现，让我们拭目以待。

① 《文化有何作用？两岸专家北大论理》，http://www.crntt.com/doc/1044/7/9/4/104479402.html，访问日期：2017 年 3 月 16 日。
② 苏进强：《中华文化是民共交流互信基础》，http://www.crntt.com/doc/1044/7/3/6/104473655.html？，访问日期：2017 年 3 月 16 日。
③ 刘国深：《我们有理由对两岸关系保持乐观》，http://www.crntt.com/doc/1044/9/2/6/104492655.html？，访问日期：2017 年 3 月 16 日。

第三章
台湾生活方式与"主体意识"

第
一
节

台湾生活方式

　　台湾官方和民间都一再强调自己生活方式的优越，大家引以为傲。马英九说："台湾的民主与生活方式是台湾创意与活力的来源，这是我们在华人世界的骄傲。""今天台湾所展现的活力与生活方式，已成为华人世界的标杆。""两岸问题最终解决的关键不在主权争议，而在生活方式与核心价值。"龙应台说："海峡两岸，哪里是统一和独立的对决？对大部分的台湾人而言，其实是一个生活方式的选择，极其具体，实实在在，一点不抽象。"① 有的台湾学者也说："（台湾）三十年的民主政治已经生根，民主已成为年轻世代的生活方式。"②

　　那么什么是台湾的生活方式？它包括哪些内容、有哪些特点？强调台湾生活方式的意图何在？如何正确对待？这是本节所要探讨的问题。

---

　　① 龙应台：《你可能不知道的台湾》，http://www.people.com.cn/BIG5/news/37454/37459/3424247.html，访问日期：2017 年 3 月 16 日。
　　② 陈翠莲：《民主政治已成为一种生活方式》，《新新闻》2013 年 8 月总 1379 期。

一、有关生活方式的两个基本观点

有关生活方式问题的研究，涉及哲学、社会学、文化学、政治学等领域，出现了许多不同的观点，如果不厘清一些基本概念、了解学术界对这个问题研究的进展，就很可能产生"各说各话""风马牛不相及"的情形。学术界已经提出许多有关生活方式的理论和观点，这里只能选择与本节相关的两个基本观点，加以讨论。

（一）生活方式的概念

有人说，对生活方式这个概念，已经有过几十种的定义。不同的学者从不同角度对它下了定义，但是似乎还没有"公认"的定义。因此，你如果要针对某人的观点提出异议，他可能回答说，我说的生活方式与你的不是一回事。但是，还有必要有一个大体上可以接受的说法，即一般意义上的生活方式概念。例如，《中国大百科全书》写道：生活方式是"不同的个人、群体或全体社会成员在一定的社会条件制约和价值观念制导下所形成的满足自身生活需要的全部活动形式与行为特征体系"[①]。又如："在社会学中，生活型态（或生活风格、生活方式）是一个人（或团体）生活的方式。这包括了社会关系模式、消费模式、娱乐模式和穿着模式。生活型态通常也反映了一个人的态度、价值观或世界观。""生活方式是一个内容相当广泛的概念，它包括人们的衣、食、住、行、劳动工作、休息娱乐、社会交往、待人接物等物质生活和精神生活的价值观、道德观、审美观、以及与这些方式相

---

① 《中国大百科全书·社会学》，中国大百科全书出版社 1991 年版，第 369 页。

关的方面。""当今世界经济全球化，人们的生活方式也越来越国际化，'生活方式'一般指人们的物质资料消费方式、精神生活方式以及闲暇生活方式等内容。它通常反映个人的情趣、爱好和价值取向、具有鲜明的时代性和民族性。"有的学者提出："生活方式是一定的个人、群体及社会全体成员活动的特征；这种活动主要取决于一定的物质生产方式，同时也受种种主客观条件的制约和影响；它的领域包括物质生活、精神生活、群体生活三个系统的全部总和，并以丰富的内容和形式构成一个完整的独立的社会活动体系。"① 此外，还有人把生活方式细分为劳动生活方式、消费生活方式、休闲生活方式、政治生活方式、交往生活方式、家庭生活方式、个人生活方式等等。这些广义的定义可以作为讨论的参考。

有些定义则是狭义的，例如，有人认为生活方式是指"日常生活领域的活动与行为特征"；"个人由情趣、爱好和价值取向决定的生活行为的独特表现形式"；"个人在其环境中所表现之独特的生活形态与方式"。②

当然还有一些特殊意义的提法，例如："生活方式是人们观念的一种反应"；"生活方式是不同阶层人群在其生活圈、文化圈内所表现出的行为方式"。"生活方式是指人们的日常生活活动特征和其表现形式，主要包括：工作（学习）活动、基本生理需要活动（睡眠、吃饭、洗漱等）、闲暇活动（社会交往、文化娱乐等）和其他生活活动（锻炼、喝酒、抽烟、就医等）。"美国人类学家 R. 林顿说："文化指的是任何社会的全部生活方式，如果我们把文化理解为人类活动

---

① 司马云杰:《文化社会学》，华夏出版社 2011 年版，第 430 页。
② 《云五社会科学大辞典》第九册，心理学，台湾商务印书馆 1973 年版，第 214 页。

方式、思维方式和能力的总和，那么文化的实质就是生活方式。"①台湾学者李亦园也说："文化是指一个民族具体的生活方式和行为准则，以及抽象的价值观、逻辑思维和理想典范。"②此外，值得注意的是，当代西方社会普遍认为自己处于消费时代，因而把生活方式转化为消费方式来研究。

总之，各种说法不一而足。因此，在讨论台湾生活方式时，需要明确所指的"生活方式"是广义的还是狭义的，是一般意义的还是特殊意义的，并且看清是否是正确的全面的表述。

（二）生活方式是不断发生变化的，是多元的，它具有时代性和社会性

随着时代的发展和社会的变迁，生活方式也会发生变化。何中华指出："在农业社会、工业社会、信息社会，人们的生活样态就十分不同。Internet 技术的迅速而广泛的渗透，不仅极大地改变了人们的交往方式，更深刻的在于，它还进一步改变了人们的已有观念，甚至塑造了人们的新式生存。"③现在进入新媒体时代，微博、微信以及QQ 群、"低头族"已经成为一种新的生活习惯、生活方式，这是几年前还难以想象的。同时，不同的阶级、阶层，不同的职业都有不同的生活方式。从马克思到韦伯的研究，说明"生活方式的差异与由经济决定的社会分层是对应的，你属于哪个阶级或阶层，你自然就会有

---

① 转引自陈学明：《文化软实力和生活方式》，《光明日报》2009 年 11 月 27 日。
② 转引自王力行：《文化是一种集体价值人格》，《远见》2010 年 12 月号第 294期。
③ 李霞：《生活方式的变迁与选择》，人民出版社 2012 年版，序 3 页。

哪种生活方式。"① 布迪厄曾经对不同阶级对音乐的爱好进行了调查，结果发现"不同的阶级对音乐有着完全不同的偏好。支配阶级，尤其是其中的大学教授和艺术家阶层对巴赫钢琴曲表示出特殊的喜爱，中产阶级较喜欢格舍温的《蓝色狂想曲》，而约翰·斯特劳斯的《蓝色的多瑙河》则受到中下层阶级的普遍欢迎。"② 当然，农民的生活方式与渔民的生活方式也不同，在一个社会中，生活方式是多元的。总之，由于"人们的具体劳动条件、经济收入、消费水平、家庭结构、人际关系、教育程度、闲暇时间占有量、住宅和社会服务等条件的差别，使同一社会中不同的阶级、阶层、职业群体以及个人的生活方式形成明显的差异性。"

因此，在讨论台湾生活方式时，应当明确它并非固定不变的，而是随着时代的变化而变化的；它是多元的，并非大家只有一种生活方式，应当重视的是现代台湾比较普遍存在的、具有代表性的生活方式。

二、有关台湾生活方式的表述

目前台湾官学两界提到的生活方式，往往从一些细节来表述和突出台湾生活方式及其特色。大体上可以概括如下：

---

① 高丙中:《西方生活方式研究的理论发展叙略》,《社会学研究》1998 年第 3 期。

② 朱伟珏:《社会空间与生活方式——布迪厄文化阶级理论》， http://www.socibar.com/a/theory/2010/0506/934.html，访问日期：2017 年 3 月 16 日。

（一）民主自由

对于"民主是一种生活方式"，龙应台做过十分具体的解说。她说："民主并非只是选举投票，它是生活方式，是思维方式，是你每天呼吸的空气、举手投足的修养，个人回转的空间。""如果他在市政府办事等得太久，或者公务员态度不好，四年后，他可能会把选票投给另一个市长候选人。""他习惯读到报纸言论版对政府的抨击、对领导人的诘问，对违法事件的揭露和追踪。他习惯表达对政治人物的取笑和鄙视。""如果他是个大学教师，他习惯于校长和系主任都是教授们选举产生，而不是和'上级、长官'有什么特别关系；有特别关系的反而可能落选。"民主真正的意义"无形地溶在生活点滴里"。"是民主，使台湾变了。政府机构、军事单位从长期霸占的都市核心撤走；庶民历史重要，因此历史街区得到保存；族群意识高涨，弱势的权力——不论是语言文字还是宗教信仰，得到平等保障；市民参与政府决策，因此声调的改造由市民意愿主导"。民主就是随时可以出"国"；民主就是可以凭本事上大学，不需要有特权；民主就是发表任何意见不怕有人秋后算账；民主就是没有任何禁书；民主就是享受各种自由；等等[1]。王郁琦也说："台湾因为实施民主政治，让官员因为受到监督而不敢舞弊，这正是我们引以为傲的生活方式。""事实上，政治人物感受到压力，正是民主的价值。"[2]还有人说：民主监督让官员不敢滥权舞弊；台湾重视新闻自由、言论自由和国会充分监督的制度；媒体可以针对政府的弊案穷追猛打；等等。

---

[1] 龙应台：《你可能不知道的台湾》，http://www.people.com.cn/BIG5/news/37454/37459/3424247.html，访问日期：2017 年 3 月 16 日。

[2] 《王郁琦南京大学演讲全文》，http://www.cna.com.tw/news/acn/201402120466-1.aspx，访问日期：2017 年 3 月 16 日。

（二）文明礼貌

台湾民众重视文明礼貌，"请""谢谢""不客气""对不起"等等礼貌用语经常挂在嘴边；排队成为习惯，没有人插队；没有人闯红灯；没有人占用"博爱专座"；电扶梯的左侧总是留给有急事的人；"垃圾不落地"，到处干净卫生；等等。

（三）人情味

台湾民众有人情味，有公德心，温文儒雅，乐于助人。台湾"志工"文化兴盛，已经成为台湾的一种富有特色的生活方式，他们可以为需要帮助的人解决许多困难。不仅如此，台湾民众也乐于助人，如果你向他们问路，就会得到详细的回答，或是给你画上地图，甚至还会陪你走一段路。这一切都给外来旅客留下了良好的印象。

如果与上述一般意义的生活方式的涵义相比，可以看出这里所说的台湾生活方式，主要涉及价值观和行为准则方面，是特定涵义的生活方式，而不是一般意义的生活方式，即不是生活方式的全部。但这种生活方式是比较普遍存在于台湾社会，既然台湾人引以为傲，并且也受到不少来访者的认可与赞赏，就应当得到大家的尊重。

从另一方面来看，如果只讲"引以为傲"的一面，而不讲不足的一面，就不是实事求是的态度，就不能对台湾的生活方式有一个全面的正确的认识。

三、台湾生活方式的时代性和社会性

下面要讲台湾生活方式的另外一面。

先讲时代性。今日的台湾生活方式是随着时代的发展而发展的，处在全球化、现代化的今天，处在社会变迁的环境下，处在民主发展进程中，还没有发展到成熟的地步，在这种时代背景下，台湾的生活方式必定要受到时代的影响和局限。

就以台湾方面引以为傲的民主自由来说，他们自己也承认："台湾的民主有很大的民粹成分"，"台湾民主不自觉地走向民粹"，"台湾不是民主社会，而是民粹社会"。钮则勋指出："马政府已经无法判断什么是真正的民意、什么是不正常的民粹，只好被民粹牵着鼻子走。"[①] 在这次学生"占领'立法院'"事件中，陈文茜希望台大学生不要民粹化，她说："如果台大生只用自己的聪明扮演民粹领导者，声援几件'不是那么合理的抗争'，对社会的破坏程度，比土石流还可怕。"[②] 美国《侨报》在社论中指出："民主意味着不同意见的相互尊重，意味着协商，意味着程序的正义。倘若一部分人反对就可以瘫痪议事机构，这不是民主更像民粹。"[③] 应当指出，台湾方面也承认他们处在民主化的进程中，还存在不少问题，在这里没有必要列举更多民粹化的表现，大家都可以看到霸占"立法院"、霸占主席台、不相信代议制度、"只许我代表民意，不让别人表达民意"以及"先标举民

---

① 《老马不识途跟着感觉走》，http://epaper.taihainet.com/html/20130812/hxdb460410.html，访问日期：2017 年 3 月 16 日。

② 陈文茜：《民粹比泥石流可怕》，http://www.cna.com.tw/news/aedu/201402240122-1.aspx，访问日期：2017 年 3 月 16 日。

③ 《美报：民粹操弄 谁为台湾的未来负责？》，http://www.hi.chinanews.com/hnnew/2014-03-26/341776.html，访问日期：2017 年 3 月 16 日。

主却违反民主"等等言行，这类民粹化的行为模式和价值观已经被许多人认可，甚至已经成为习惯。因此，在谈论在台湾"民主已经成为一种生活方式"的同时，是否也可以说在台湾"民粹也已经成为一种生活方式"？

至于言论自由，在台湾可以说已经表现得淋漓尽致，什么都可以说，什么人都可以批评、抨击甚至谩骂，"名嘴"嬉笑怒骂、慷慨激昂，畅所欲言，言者无罪，因而产生了负面作用。朱云汉指出："台湾媒体惯于'扩大问题'，这给社会带来的是负能量。""台湾的媒体每天都在关注'究竟谁最能博得眼球'，这种传媒生态，使得台湾政客谨小慎言，却使台湾的'名嘴'和'财团'如鱼得水，因为没有媒体敢于得罪这两个团体。"[①] 在言论自由的条件下，出现了"狗仔队"文化和"呛声文化"等等。陈文茜指出："这个言论自由最后是什么？是狗仔队取得了言论自由，而整个社会里头对社会文化，各方面发展有意义的言论自由，都在整个商业竞逐里头完全被消失掉了。"[②] 马英九曾经遭到"丢鞋抗议"、台湾行政当局负责人陈冲则遭到环保与劳工团体"呛声"，陈冲只得表示："言论自由的基础，是尊重别人言论自由，要互相尊重。"[③] 至于是否每一种言论都有自由，李敖指出："告诉你，台湾根本没有言论自由，在台湾任何一个角落，你只要提我是中国人，我支持中国统一，马上就会被骂一顿，九成的民意就开始攻击你。所以台湾的言论自由是假的。"[④] 因此，有人认为台湾是"自由

① 朱云汉：《台湾陷入了民主困境》，http://www.taiwan.cn/plzhx/zhjzhl/zhjlw/201402/t20140225_5727203.htm，访问日期：2017年3月16日。
② 陈文茜：《狗仔队与言论自由毫无关系》，http://news.ifeng.com/taiwan/jmcwq/detail_2011_07/13/7663044_0.shtml，访问日期：2017年3月16日。
③ 《鼓噪呛声成风潮 陈冲：应互相尊重言论自由》，tw.news.yahoo.com/，访问日期：2017年3月16日。
④ 李敖：《台湾的言论自由是假的》，《时代周报》第103期，2010年11月4日。

化有余，制度化不足"。那么在谈论台湾"言论自由已经成为一种生活方式"的同时，是否也可以说"民粹化的言论自由已经成为一种生活方式"？

再讲社会性。有共同的社会生活方式，也有不同阶层、不同职业、不同社会群体互不相同的生活方式，台湾的生活方式是多元的。我们姑且把上一节所说的当作台湾社会的生活方式相同的一面，那么还应当看到另外一面，即不相同的一面：富豪与平民、白领与蓝领、工人与农民、民意代表与政府官员、"黑衫军"与"白衫军"、"太阳花"与"康乃馨"等等，他们的生活方式、价值观念、行为模式是不一样的，有的甚至完全相反。有人问道："为什么某些群众对于陈水扁有这么大的失望与愤怒？为什么某些群众对陈水扁的贪腐有这么大的包容？为什么某些群众寄望于马英九？为什么又快速失望于马英九？而失望的理由竟是退居二线的他太不像个强有力的政治与道德领袖！为什么又将寄望于×××？为什么又将失望于×××？⋯⋯如何面对这个无尽的期望锁链？如何能免于对领袖的一再幻灭？如何超越并克服此中的虚无主义以及反智主义？这才是真正的、具体的、我们的民主课题。"[1] 因此，究竟是谁才能代表台湾的生活方式，还是一个疑问，所以，台湾并不是只有一种生活方式。

四、建构"台湾生活方式"的意图

台湾方面在谈论台湾的生活方式时，只讲到本节第二部分的内容，而有意地回避了本节第三部分的内容，他们是要突显台湾优秀的

---

[1] 赵刚：《民粹文革十五年：两年后重思红衫军及其之后》，《思想》2009 年第 11 期。

生活方式，其目的是突显台湾的生活方式比中国大陆优秀，从而得出这样的结论：台湾人选择的是台湾的生活方式，而不认同中国的生活方式。不过，如果只看到这一点，就未能从应有的高度认识台湾当局的战略意图。

还应当把"台湾生活方式"与"台湾特色的中华文化"联系起来考察。马英九就是这样做的，他在《"治国"周记》中谈到"具有台湾特色的中华文化"时，指出："我们发展出一套跟大陆不同的生活方式"，"自由民主的台湾不光是一个政治口号，事实上这已经变成我们活生生、每天都存在的生活方式。这种方式不但影响我们，也一定会影响我们周边的华人社会。"

台湾方面在建构"台湾特色的中华文化"的过程中，为了满足自尊的需求，极力把本群体和外群体的区别最大化，力图提升对本群体的积极评价，在形成对内群体的"偏好"的同时，也形成对外群体的"偏见"。他们极力突显"我群"的优势，极力夸大"他群"的劣势，而这个"他群"就是中国大陆。目的是不认同大陆的中华文化，不认同一切没有"台湾特色"的中华文化；强调"台湾特色的中华文化"优于大陆、"超越大陆"，只能由他们来做"中华文化的领航者"。[1]同样的，在建构"台湾生活方式"的过程中，他们为了满足自尊的需求，也极力突显台湾生活方式"优于大陆"，因而不能认同大陆的生活方式，大陆应当受到台湾的"影响"。由此可见，建构"台湾生活方式"与建构"台湾特色的中华文化"是一致的，也可以说，建构"台湾生活方式"是建构"台湾特色的中华文化"的一个组成部分，也是建构文化认同与政治认同的一个组成部分。

台湾方面建构台湾生活方式、建构"台湾特色的中华文化"有自

---

[1] 参阅陈孔立:《"台湾特色的中华文化"的建构》,《台湾研究》2013 年第 6 期。

己的需要和意图，关键是要如何正确面对两岸不同的生活方式问题，这对两岸关系和平发展会有重大影响，值得双方的重视。这里提出两点看法：

第一，世界上没有十全十美的生活方式，也不能只有一种生活方式。不同的生活方式各有千秋，也各有不足，应当互相尊重，互相包容，而不要为了满足自尊的需求而刻意贬损他人。大陆方面早已宣称："我们尊重台湾同胞自己选择的社会制度和生活方式"①，我们希望台湾方面也能以同样的态度对待大陆。这样才有利于两岸关系的和平发展，才符合世界上不同文明的相处之道。

第二，随着全球化、现代化的进程，全世界的生活方式都在变化中、进步中，没有一种生活方式是固定不变的。从全球来看，当今世界普遍存在的由工业发达国家所建立的生活方式，已经造成空气污染、环境破坏、气候变化、生态失衡等等问题，人类有必要以批判的态度，对现有的生活方式进行反省，促进人类生活方式的重大变革。从两岸来看，各自的生活方式都需要进一步提高和改善，都需要克服存在的不足与缺陷。中国大陆自从改革开放以来，生活方式已经发生了巨大的变化，有所提高，有所改善，同时也有许多不足与缺陷，已经引起社会公众的普遍重视。现在正在培育和弘扬社会主义核心价值观，把它贯穿于社会生活的方方面面，社会生活方式必将会有很大的改观。两岸现有不同的生活方式应当和平共处，各抒所长，在两岸关系和平发展的过程中，双方要以进步的价值观念、道德规范、行为模式，共同建构新型的生活方式，造福于两岸人民。

① 习近平：《共圆中华民族伟大复兴的中国梦》，http://politics.people.com.cn/n/2014/0219/c70731-24398325.html，访问日期：2017 年 3 月 16 日。

第
二
节

"台湾主体意识"与两岸关系

　　"台湾主体意识"是逐步建构起来的，本节不讨论它的由来及其建构过程，仅就当今的"台湾主体意识"与两岸关系讨论以下三个问题。

一、"台湾主体意识"仍在建构之中

　　"台湾主体意识"的核心内容是：第一，"中华民国"是"主权独立的国家"；第二，"台湾前途要由2300万台湾人民决定。"李登辉通过"两国论"、陈水扁通过"一边一国"以及编写教科书等等手段，把"台湾主体意识"建构成"台独意识"。马英九当局继承了上述核心内容，只是不认同"两国论"和"一边一国"。当今"台湾主体意识"已经成为"台湾共识"。童振源指出："台湾是一个'主权独立的国家'，其'国号'为'中华民国'，'主权'属于2300万台湾人民。

这是台湾'朝野'与民意的共识，也就是'台湾共识'"。[①] 不过，对一部分人来说，"台湾主体意识"等同于"台独意识"，对另一部分人来说则不是。现在台湾当局与台湾社会仍然在继续建构"台湾主体意识"，以下事实就是证明：

（一）台湾特色的中华文化

2009 年 10 月 10 日马英九首次提出"台湾特色的中华文化"这个概念，他说："60 年来，台湾人民秉持正直、善良、勤奋、诚信、进取与包容的核心价值，以'台湾精神'完成改革，打造具有台湾特色的中华文化"。他强调"台湾特色的中华文化"是"台湾人用台湾的空间，用台湾的人力，发展出一个丰富中华文化的模式，这就是发展了一个具有台湾特色的中华文化"。这说明"台湾特色的中华文化"必须是"台湾的"，由台湾人建构的，以此与中国大陆的文化相区隔，体现了"台湾主体性"，它是建构"台湾主体意识"的一个组成部分。

（二）台湾生活方式

2010 年元旦，马英九说："台湾的民主与生活方式是台湾创意与活力的来源，这是我们在华人世界的骄傲。"2011 年 10 月，马英九讲道："今天台湾所展现的活力与生活方式，已成为华人世界的标竿。"2008 年马英九提出："两岸问题最终解决的关键不在主权争议，而在生活方式与核心价值。"他在《"治国"周记》中谈到"具有台湾

---

① 童振源：《冻结台独党纲是推动两岸和解第一步》，http://www.crntt.com/doc/1029/5/0/9/102950910_4.html?coluid=7&kindid=0&docid=102950910&mdate=1229185732，访问日期：2017 年 3 月 16 日。

特色的中华文化"时，指出："我们发展出一套跟大陆不同的生活方式"，"自由民主的台湾不光是一个政治口号，事实上这已经变成我们活生生、每天都存在的生活方式。这种方式不但影响我们，也一定会影响我们周边的华人社会。"

这说明建构所谓"台湾生活方式"，也是企图体现"台湾主体性"，也是建构"台湾主体意识"的一项具体内容。

（三）"以台湾为主，对人民有利"

早在 2006 年时任国民党主席的马英九就提出："国民党应强调的是'以台湾为主、对台湾有利'的'台湾主体意识'，未来国民党论述会朝此方向努力。"这种"台湾主体意识"不仅体现在台湾内部事务中，而且体现在两岸关系中，2008 年上任之后他强调要坚持"以台湾为主，对人民有利"的原则推动两岸政策。江丙坤指出："马英九特别指示，要以台湾为主对人民有利，基本态度也就是在谈判基本过程当中，要理性对等尊严，但追求的目的就是要让两岸和平共荣。"此后马英九在多次重要演说中一再强调这一原则，强调与大陆签订的各种协议都是秉持这一原则，坚持"对等、尊严、互惠"的理念。有人说马英九"亲中"，他说，他一切都"以台湾为主，对人民有利"，"我只亲台湾"。在他自己的言论中充分体现了"以台湾为主"理念，例如，2012 年他说："只要我们秉持'台湾精神'，善用我们的优势，并坚持'以台湾为主，对人民有利'的施政原则，我们一定可以把台澎金马建设为举世称羡的乐土、我们引以为傲的美丽家园。"马英九在纪念辛亥百年讲话时提出："国家的前途、台湾的未来，都掌握在我们二千三百万人手中，由我们自己来决定。我们要以实力捍卫'中华民国'主权，以行动维护台湾尊严，以智慧打造台湾未来，让我们共同开创下一个百年盛世！"这说明"以台湾为主"已经成为他的核心理念，他也力图要把这一理念建构成为以"'中华民国'（或台湾）是一个'主权国家'""台湾前途要由2300万台湾人来决定"为核心的"台湾主体意识"。

实际上，这种建构还贯穿台湾当局政策主张的许多方面，实际上所谓"不统不独不武""维持现状""两岸超稳定结构""主权互不承认，治权互不否认""不应合作保钓""南海不合作"等等，也都是"台湾主体意识"的建构与强化。

民进党也在继续建构"台湾主体意识"。例如，蔡英文指出，"台湾主体意识"已经成为台湾社会的共识，她把所谓"'中华民国'是台湾，台湾是'中华民国'"，当做"台湾共识"的核心。有学者概括蔡英文"台湾共识"的核心价值是"台湾是一个'主权独立的国家'，名称是'中华民国'，主权及于台、澎、金、马，'中华民国政府'与中华人民共和国政府是互不隶属的政权关系"，并称"这是台湾民意的最大公约数。"[1]

台湾社会也在建构与强化"台湾主体意识"，"爱台湾""台湾优先""台湾价值""台湾精神""台湾路线""台湾共识""守护台湾""天祐台湾""我是台湾人"等等，这些说法本来没有什么问题，问题在于以台湾为"我群"的目的就是要与"他群"区分开来，以此强化台湾的"主体性"。台湾一些本土社团更明确地表示，要"在捍卫本土'政权'、强化台湾主体意识、守护台湾方面，发挥更大效果"。[2]电影《KANO》通过1931年嘉义农林学校棒球队的日籍教练和台籍球员的事迹，用90%以上的日语发声，讲述"台湾人与日本人携手获得荣誉的故事"，建构了"台湾人与日本人共同创造历史"

---

① 范世平：《蔡英文主导下的民共新关系》，《旺报》2014年4月17日。
② 《捍卫本土政权，台湾社成立》，《民众日报》2006年6月19日。

的历史记忆，这是与中国大陆完全不同的历史记忆，以此体现"台湾主体性"。对于所谓"太阳花学运"，有人赞扬它是高素质的"台湾自主性的公民意识"。有人企图通过煽动对中国大陆的敌视与抹黑，来强化"台湾主体意识"。可以说，在今日台湾，随时随地都在继续建构"台湾主体意识"，都在强化台湾认同。

二、"台湾主体意识"与中国大陆的关系

如果说过去建构"台湾主体意识"是针对国民党长期灌输的"中国意识"，那么现在建构"台湾主体意识"则主要以台湾为"我群"、以中国大陆为"他群"，并把二者区分开来。台湾当局从李扁到马英九都在建构"台湾主体意识"，因此有些人认为"台湾主体意识"都是台湾方面刻意制造出来的，而与大陆没有关系。这种看法是片面的。实际上大陆因素，包括社会制度、对台政策、两岸交往以及"中国（大陆）崛起"等等都为"台湾主体意识"的建构提供了"有利条件"，大陆的一些言论与行动则对"台湾主体意识"的形成与强化产生了刺激与助长的作用。

两岸社会制度不同，政治制度不同，意识形态不同，处处都造成两岸不同的现实，在大陆认为是天经地义的绝对正确的说法、主张、政策，例如，党的领导和社会主义道路，台湾则不以为然；同样，在台湾认为是正确的说法、主张、政策，例如"'中华民国'是'主权国家'""台湾前途由2300万台湾人民决定"，大陆则无法接受。台湾民众对大陆的制度无法适应、无法理解也就无法认同，甚至格格不入。中国特色社会主义文化也让台湾民众感到两岸文化"同源不同质"。这一切就为"你是你，我是我""你们大陆（或中国），我们台

湾"乃至"两岸不是一个国家"等等看法提供了"客观依据"。

大陆主张"一个中国",台湾认为国际公认的一个中国是 PRC 而不是"ROC",只要承认一个中国,"ROC"就被"口头吞并"了;大陆主张"和平统一",台湾认为统一成为唯一的"选项",台湾失去了自主性;大陆提出"任何涉及中国主权和领土完整的问题必须由包括台湾同胞在内的全中国人民共同决定",台湾认为这是否定了"台湾前途要由 2300 万台湾人民决定";大陆提出在国际上不造成"两个中国""一中一台"的原则,台湾认为这是对台湾"国际空间"的打压。诸如此类的"大陆因素"都对台湾造成"刺激",使他们极力争取在国际上"发声",极力体现台湾作为"主权国家"的主体性。

"大陆(中国)崛起"使得一些台湾民众产生挫折感,担心导致台湾对大陆的依赖,因而对大陆存在不少疑虑与戒心。"总体上说,中国大陆崛起并没有使台湾民众的身份认同发生重大的变化,强化自我认同,维持两岸现状仍然是主流民意。"[1]

两岸交往交流固然有助于相互了解,但也经常会接触到政治上的分歧,反而强化了台湾民众"台湾主体意识"的建构。以大陆习惯用语为例,大陆民众常用"统""一""共""同""合""大""快""近""亲"以及和平统一、一个中国、一中框架、一个国家、一家人、经济一体化、共同家园、命运共同体、共享伟大祖国的尊严、深化两岸合作、共同保卫东海南海的主权、大交流大合作大发展、两岸越走越近越走越亲、同胞兄弟血脉相连等等字眼和词汇,在许多台湾人看来,这都是"和平统一"攻势,是"统战",他们认为如果认同上述说法,台湾就要被"吞并"了。当然这些政策、主张都是我方的坚持,不能不讲,但越讲越激发反弹,其负面效应不能不给予重视。

---

[1] 陈孔立:《台湾民众面对"中国大陆崛起"的复杂心态》,《台湾研究集刊》2013 年第 3 期。

总之，当前"台湾主体意识"的"他者"主要是中国大陆，因此在研究"台湾主体意识"的建构与强化时，不能只研究台湾内部因素，而不考虑它与大陆的关系。大陆需要从自身方面进行深入的探讨，而这正是经常被忽视的地方。

三、"台湾主体意识"与两岸关系的发展前景

显然，建构"台湾主体意识"是要与大陆区隔开来，造成与强化"我群"与"他群"的分歧，这对于两岸关系和平发展显然是不利的。现在的问题是，首先对"台湾主体意识"要有一个正确的认识，然后才能正确地面对。

有些人认为建构"台湾主体意识"，就会导致敌视大陆、"去中国化"，形成"台独意识"和"独台意识""台湾主权独立意识""独立于中国之外的自主意识"，以（与大陆）对立、对抗和区隔为基础的意识，反对"台湾是中国的一部分"、反中国大陆、反两岸统一，因此，对于"台湾主体意识"必须坚决反对，加以消解与重构，或把它包容在中国意识之中。

我的看法是："台湾主体意识"是社会的产物，它的建构与形成是正常的必然的现象。意识是社会的产物，是由于外界事物的作用而引起的，是人们在参与社会实践的基础上，对客观事物的一种反映。因此，考察"台湾主体意识"必须从它之所以能够产生的社会条件进行具体的历史的分析。这里只指出三个要点：

第一，台湾民众生活在台湾这块土地上，生活在这一特定的社会环境中，他们认同台湾的社会、政治、经济、文化制度，表明他们与台湾这个群体有归属关系，以台湾为生命共同体，并且以此与不是生

活在台湾地区的人们区分开来，这完全是正常的。台湾学者刘性仁指出："台湾主体意识并没有错，它可以说是一种最原始的本能，一种在地的认同，对于周遭环境的关怀与爱护，这再自然也不过。"①我曾经指出："如果生活在台湾地区而不认同台湾，或不能建立起命运共同体，那么，他们有可能认同中国并与大陆建立命运共同体吗？"②

第二，台湾问题的由来，最重要的因素是台湾长期维持着一个"代表全中国"的架构，一直保留着"中华民国"的称号，即一个"国"的架构。凡是一个"国"所要有的东西他都有（"总统"、政府、"议会"、"军队"、"宪法"、"国旗"、"国歌"、"护照"等等），为了体现一个"主权国家"，就需要一个作为"国"的主体意识。过去的"中国意识"（那时"中华民国"占据了联合国的席位，在国际上代表中国）和现在的"台湾主体意识"就是这种社会历史条件下的产物。

第三，它是现阶段两岸关系的必然产物。两岸关系的发展需要经历一个长期的过程，参考建构主义理论，大约需要经过霍布斯文化（敌对关系）、洛克文化（对手关系）、康德文化（朋友关系）、家人文化等阶段。③目前还处在前面两个阶段，双方有很大的差异与分歧，台湾不可能与大陆相一致，他们感到有必要建构主体意识，与大陆区隔开来，以免"主权受损"，以免"被大陆吞并"。大陆学者周少来写道："台湾年轻人一般都认为：自己出生和成长于台湾的民主化之后，自由开放的民主多元社会在他们看来是'理所当然'；年轻一代与大陆更少保持历史和血缘的联系；而在台湾自由多元的舆论环境中，从媒体中所看到有关大陆的新闻报道更多是负面的问题；自己从小所受

---

① 刘性仁：《评台湾青年世代的主体意识及其影响》，《中国评论》2012 年 6 月号。

② 陈孔立：《台湾民意与群体认同》，九州出版社 2013 年版，第 162 页。

③ 参阅王贞威：《家人：两岸关系新文化的结构探析》，《台湾研究集刊》2014 年第 3 期。

的教育更加强调台湾的'主体性';而对大陆的政治体制介绍则更加突出所谓的'一党专制'和'威权发展'的方面。"①台湾学者卢伯华指出:"台湾主体意识过时了吗?不!只要中共对台湾的威胁与压力仍在,台湾主体意识就不会消亡。"②这就是说,在两岸关系的现阶段,两岸政治制度不同,存在许多差异,在重大政治难题尚未解决之前,台湾建构"台湾主体意识"显示与大陆的差异是必然的现象。

关键在于如何正确面对"台湾主体意识",这是应当着重研究的课题。对于"台湾主体意识"是否应当坚决反对?是否可以通过经济文化交流给予阻止或化解?是否可以用中国意识加以取代或包容?对于诸如此类的问题,都需要作出回答。

首先,"台湾主体意识"的建构既然是正常的、必然的,尽管台湾不同政党对主体意识有不同的诠释,但它已经成为台湾社会的主流意识,为大多数人所接受,不会因为外界的反对而消亡。相反的,大陆方面如果对"台湾主体意识"展开批判,必然引起台湾民众的不满。陈淞山指出:"高举民族大义,强化中华民族的政治认同,对台湾认同采取排他性的政治策略与布局,其实是适得其反的谬误思考,更会激化台湾民心的反弹与愤怒。"③看来"坚决反对"的做法对于两岸关系和平发展是没有好处的。我们应当承认差异、尊重差异、包容差异,而不要提出"求同去异"之类的主张,因为所谓"去异"显然要把对方的"异"去掉而合并到我方的文化中来"求同",而不可能是把我方的"异"去掉而合并到对方的文化中去"求同"。"去异"就是要消灭差异,这既不可能也无必要,更不符合"尊重台湾的社会制

---

① 周少来:《台湾民众的"国家认同"倾向及其对两岸政策的影响》,《江苏师范大学学报》2014年第2期。

② 卢伯华:《抢占"台湾主体意识"的新论述》,《新新闻》2008年1099号。

③ 陈淞山:《两岸关系发展的困局与机遇》,《美丽岛电子报》2013年3月15日。

度、价值观念与生活方式"的精神。

其次，有人主张用"推进两岸经济关系的发展，建构两岸经济共同体，实现两岸经济的一体化"的办法，来"打破""台湾主体意识"思维。但是，事实已经证明，两岸经济关系的紧密发展，并不能解决政治分歧，也不能促进相互认同。俞新天指出："显然，克服障碍不能只讲经济'让利'，再好的经济政策也不可能让所有的人受益和满意，社会的、心理的、思想的问题不可能纯靠经济来解决。"[①] 唐永红指出：两岸经济一体化"有助于推进两岸和平统一，但并非两岸和平统一的充分条件"，"两岸经济合作与一体化发展过程中，台湾方面在主观意愿上将可能不仅不会通过采取正面的言行推进经济合作与一体化向政治合作与一体化方向外溢发展，而且可能通过采取负面的言行抑制这种外溢发展"[②]。此外，有人认为应当加强两岸交流，以此来"化解""台湾主体意识"。实际上，交流交往确实有助于相互了解，但它不必然导致相互认同，相反地，可能由于相互了解的加深，对彼此的差异会有更加广泛深入的了解，从而更加巩固了既有的主体意识。正因为"台湾主体意识"是在特定的社会历史条件下形成的，它不可能由产生于不同社会历史条件下的中国主体意识所取代。

最后，"台湾主体意识"是会随着社会历史条件的变化而改变的。陈芳明考察了台湾意识从日据到现代的发展过程，提出如下看法："台湾意识并非是封闭的，也并非是静态的，而是动态地在不同历史阶段接纳不同族群的参与并认同。"[③] 当今在两岸关系和平发展的条件下，以"台独意识"为核心的"主体意识"不得不有所改变，随着和平发

[①] 俞新天：《世界权力转移特点及其对两岸关系的影响》，《台海研究》2014 年第 2 期。

[②] 唐永红：《两岸经济合作的政治效应问题探讨》，《台湾研究》2014 年第 4 期。

[③] 陈芳明：《文化认同与民族主义》，《文讯》2014 年总第 339 期。

展的深化，两岸必然会逐步增进共识，增进互信，因而朝着台湾认同与中国认同相联接的方向发展将是一种可能的趋势。有的台湾学者已经指出："台湾主体意识若被误用或是滥用，恐怕对台湾来说是祸而非福，连带影响两岸关系、经济发展、开放程度落实、文化创新、社会学习与成长等这些层面，甚至会变成保守主义、反动主义、排他主义与保护主义的代言人，对于正要迈向卓越发展的台湾社会，绝非好事。因此我们应当正确理解台湾主体意识，并透过正确的管道及资讯正确的传播，告知青年世代什么是真正的台湾主体意识，否则倘若继续放任下去，未来必将造成难以弥补的遗憾。"① 这说明克服与摆脱排斥大陆的主体意识也将成为可能的趋势。陈淞山主张："让两岸和平发展的交流与融合自然形成'认同台湾'就是'认同中华'的价值观，并积极创造其与'中华认同'或'中国认同'相联结的'文明价值'。"以此来建构两岸的"文明共同体"。② 我认为这是一种善意的理性的期待。

　　总之，"台湾主体意识"已经成为台湾社会的主流意识，一方面它刻意与中国大陆区分开来，对于两岸关系和平发展是不利的；另一方面它是现阶段两岸关系客观现实的主观反映，是一种正常的必然的现象。在社会历史条件未发生重大变化的情况下，它是不会自行消亡的，也不会被另一种主体意识所取代。"台湾主体意识"的发展，有两种可能性：一是让它恶性发展，造成台湾与中国大陆敌对的局面，那对于两岸人民来说，将是严重的灾难；一是尊重差异，包容差异，正确地面对差异，处理差异，通过交流交往，增进共识，增进互信，在共同建构两岸关系和平发展的进程中，朝着"认同台湾"与"认同中国"互相联接的方向发展，这应当是两岸人民共同的愿景。

① 刘性仁：《评台湾青年世代的主体意识及其影响》，《中国评论》2012 年 6 月号。

② 陈孔立：《台湾民意与群体认同》，九州出版社 2013 年版，第 162 页。

附录

附录一
两岸文化杂交

"文化杂交的例证俯拾皆是。它们不仅遍布世界各地，而且可见于大部分文化领域。"这句话是英国人彼得·伯克说的。他自己说"我本人就是一个杂交的产物"，他父亲的祖籍是爱尔兰，母亲的家族来自俄罗斯，他从小就在这样的家庭里过着"杂交的生活方式"。他写了一本书叫作《文化杂交》，这本书对研究两岸文化有所启发。

一

谈到两岸的文化杂交，我马上想起台湾有一种说法叫做"漳泉滥"，它是指原自闽南语的台湾方言中有"偏漳腔"、"偏泉腔"，而漳州腔与泉州腔杂交的"混合腔"则占主流地位。这是典型的语言杂交的实例。

两岸文化杂交，从用语上来看，就有不少实例。两岸开放初期，大家发现两岸在用语上有很多差异。例如，computer，大陆翻译为计算机，台湾翻译为电脑，现在电脑已经成为两岸通用语了。原来台湾常用而大陆不用的一些用语，现在已经为大陆所接受，例如"愿景""福祉""扣应""赞""呛声""爱拼才会赢"等等。大陆常用而台湾不用的一些用语，例如"出租车""幼儿园""方便面""集装箱"以及流行语"山寨""大腕""小三""网红""洪荒之力"等等，也开始在台湾流行。

在音乐方面，文化杂交表现得更为突出。一些分别由大陆和台湾创作的歌曲、一些台湾和大陆的歌手，已经在两岸广泛流传、为两岸受众所接受，被认为是两岸自己的歌曲、自己的歌手。"中国好声音"动用了两岸的人力和资源，从学员、导师到曲目、制作都由两岸的力量合作，受到两岸受众的热爱，成为两岸共享的好节目。"我是歌手"

有好几位台湾歌手参赛，节目创意十足、制作精良，受到台湾民众和媒体的热烈追捧。台湾著名歌手周杰伦和他的歌曲，把中国古典元素和现代西方音乐结合起来，既有古典韵味，又有现代意趣，更有中国风，因而受到两岸受众的喜爱，成为两岸共享的好作品，他创作的《蜗牛》入选上海中学生爱国主义歌曲推荐目录，发挥了正能量。音乐已经成为两岸民间沟通的最好方式之一，有人说，在台湾，年轻人追寻认识大陆歌手、追踪大陆的综艺节目，已经成为另类台湾校园次文化。台湾方面也承认，"大陆的观众，对台湾的演艺人员并不'见外'，他们在这些节目中变成了'哈台族'，觉得张惠妹、庾澄庆等都是'自己人'。唱的台湾歌曲，无论是袁惟仁（小胖老师）作曲作词的《征服》，还是赵传的《我是一只小小鸟》，都觉得这是地道的中国当代流行歌曲，不会分什么台湾和大陆"。"正是这样的文化氛围，使两岸在流行文化上出现'零距离'。"

在戏剧舞蹈方面，大陆的电视剧《琅琊榜》《甄嬛传》《花千骨》《芈月传》等等在台湾热播，台湾赖声川的戏剧、林怀民的云门舞集在大陆演出，大陆的评论认为他们"将台湾表演艺术播洒到大陆，让阳春白雪成为热门话题，带动起有益的文化交流"。"他们的名字在漫长时光中，获得了大陆观众的持久敬意"。

在文学方面，台湾林清玄在大陆出版了60多种书，有18篇文章被收进小学到初高中的课本。他说："这在20年前是不可思议的事情，这就是文化交流的结果。两岸在文化上会打破越来越多的界限，我很乐观，两岸会越来越好，合作往来会越来越多"。当然还有许多台湾作家的作品受到大陆读者的喜爱。大陆作家从二月河、余秋雨到莫言、王安忆等也有许多作家的作品受到台湾读者的喜爱。

在学术方面，两岸开始了合作研究，以《两岸新编中国近代史》为例，随着时代的进步和两岸交流的密切，两岸对于近代史的认识在不断接近，这本书是两岸学者合作互动的成果，双方重评了过去的一些"成说"，对这段历史做出重新评价。例如，大陆肯定了在抗日正面战场上国军的贡献，不仅如此，近年来大陆的影视作品，例如《开罗宣言》《喋血孤城》，包括在大陆放映的台湾抗战片《扬子江风云》等，都讲到了国民党对正面战场的贡献。台湾学者也同意中共"提倡抗日民族统一战线"，促成国共合作，共同抗日，同时建立抗日根据地，在敌后游击战中牵制大量日军的成就。这是两岸文化杂交正面的效应。

台湾的"志工文化"是享誉内外的优秀文化，有许多人从事志工活动，为社会服务，取得良好的效果，获得社会高度的评价。大陆的"义工"起步较晚，通过与台湾交流，向台湾学习，已经取得可喜的成绩。

两岸文化杂交还可以找到许多事例，台湾选手来大陆参加"中国好诗词"擂台赛，台湾大妈跳起广场舞，唱起"小苹果"，大陆旅游者赞赏台湾的人情味，厦门市出现许多家"台湾夜市"，等等，都表示两岸互相欣赏、互相喜爱。

伯克指出，对文化杂交的反应有四种形式，接受、抵制、隔绝、适应。接受应当是最好的。喜爱表示欢迎，表明愿意接受，这体现了两岸文化杂交良好的效果。

二

当然，两岸的文化杂交并不是一帆风顺的，除了接受，还有抵制和隔绝，这种情况是经常出现的。例如，大陆文化传入台湾，往往被认为是"文化统战"而加以封杀，台湾文化进入大陆，也经常被认为是"文化台独"。早期邓丽君的歌曲被认为是靡靡之音，张惠妹曾经被认为是"绿色艺人"，而大陆的"兵马俑展出""北京文化周"等也曾被认为是"文化入侵"，直到最近还有人把扯铃（空竹）说是"中国文化"而加以抵制。

尽管如此，值得重视的还有适应和包容。邓丽君已经受到大陆的接受，现在两岸合拍了电视剧《邓丽君》；张惠妹也成了大陆音乐节目的嘉宾。台湾有人责问割舍中华文化的论调，"台湾的饮食习惯、妈祖、关公、三太子甚至我们的名字都来自中文，怎能割舍得了呢？"这里举一个典型的事例：大陆学者王建朗承担《两岸新编中国近代史》中的《战时外交》一章，论证"八年之后，中国从国际舞台的边缘地带一跃进入中心地带"，"中国在这八年中取得了近代百余年间最大的外交成就"。起初有人质疑他："你是不是替国民党评功摆好了？"后来，在纪念抗战胜利70周年时，习近平总书记说，"这一伟大胜利，重新确立了中国在世界上的大国地位，使中国人民赢得了世界爱好和平人民的尊敬"。王建朗说"现在（这个说法）就完全没有问题了。"

有了适应和包容，文化的碰撞和杂交就会激发出创造性，出现新的局面、令人振奋的结果。不妨再举几个例子：

台湾作家张德芬这些年在大陆就写了如《遇见未知的自己》系列心灵成长畅销书，书的销量是在台湾匪夷所思的600多万册，受她影响的人如此广众，她书中所说的价值可以在大陆"落地"。台湾文化人林谷芳指出："这样的人愈多，台湾存在的意义就愈能被彰显，两岸的生命就愈有彼此了解的基石"。

由台湾画家许文融创作的、被誉为"现代台湾版的《清明上河图》"的巨幅画卷《台湾风物图》，与动态的《清明上河图》在深圳联袂展出，许文融表示，两幅作品以一古一今、一动一静的姿态实现联展，对于两岸中华文化交流具有深远意义。有人评论说，这也充分说明了两岸都在寻找文化复兴的当代对话，只要点子找准了，是可以获得两岸共识的。

中国社会科学院世界历史研究所副所长汪朝光参与统筹《两岸新编中国近代史》的相关工作，他说，"受邀参与这套书写作的学者极少有推辞，而台湾学者此次的来稿，基本上都能尊重大陆的一些表述习惯，同时也大体保持了台湾学者的写作特色"。他们在统筹稿件时，每篇文章"基本会尊重作者本来的研究和表述"。一些暂时没有共识的历史问题，就不作专门论述，适度淡化或暂时搁置。

这说明文化杂交可能出现不少共同语言，达成不少新的共识，增进相互理解。

三

"文化杂交"理论让我带来两个联想，其一，"文化杂交"理论有这样的观点：在文化碰撞过程中，"有些地区比在另一些地区表现得更加激烈，这些地区被称为'接触区'"。或称"贸易区"，它是"两个迥异的群体能够找到共同点的区域"。就两岸文化杂交而言，我想，福建就是这样的地区。在这里，与台湾在地文化本来就有渊源关系，在这里可以找到更多共同点。例如，福建的"南音"与台湾的"八部和音"同台演出，让这两种古老的音乐艺术跨越海峡相逢相知。厦门与台湾共同合作创作演出的歌仔戏《蝴蝶之恋》，受到台湾民众的好评。厦门闽南大戏院与台湾音乐时代剧场联手打造的音乐剧《微·信》，以"网路生活"及"两岸爱情"为题，穿插呈现台北、厦门双城的风貌，讲述一个属于两岸的当代爱情故事，探讨"新一代两岸青年的关系"。台湾万星视集团与福建省广播影视集团投资成立的海峡两岸影视制作（漳州）基地，吸引两岸影视团队来这里拍摄。2014年厦门海沧区成立了大陆首个"两岸义工联盟"，更好地吸取台湾的经验。福建省决定聘请台湾社会工作者对福建社会工作者进行督导教学、培训，开展实务经验分享，探索建立符合福建特色的社会工作督导体制，推动社工机构良性运作。

一位台商发现在福州"新娘秘书行业"有很大发展空间，她就回台湾参加相关的培训和学习，并计划考取彩妆和形象设计相关方面的从业证书，将台湾的服务理念和方式全部引进到福州来。一位台商接受顾客意见，改变单一品种的经营，办起多品种的餐饮店，以适应当地的需要。厦门台商庄许家菱说，"我来自台湾，不管离开多少年，始终深爱故乡且从不因其内部的族群动乱而引以为耻。我也是'新厦门人'，也从未停止过努力的打拼奉献，并希望这片土地的未来将会越来越美好。"

据调查，有65%以上的台商认为台湾和福建两边的生活都比较习惯，84%的受调查者已经或在考虑在大陆长期发展。这表明，在闽台商在中华文化认同、日常生活安排、事业发展规划及日常生活感受方面，"大陆"和"两岸"兼顾的双向认同趋势明显。

看来，把福建作为发展两岸文化杂交的重点地区，应当会出现更加显著的成果。

其二，进而联想是否可以在某一个领域优先发展两岸文化杂交？文化杂交理论指出，"追求时尚"是文化杂交中最容易为人们接受的东西。我想，流行文化领域应当是两岸最有共同语言、最容易达成共识的领域。

上述文化杂交的实例有不少涉及流行文化，因为通过流行文化，两岸更容易找到共同语言、共同价值观，流行文化含有"全人类共同价值"的元素。两岸流行文化的杂交，是在共同价值观的基础上杂交。两岸青年有了共同的聚焦，双方不断碰撞出火花，互相影响，取长补短，水平就会有很大提高。《兰陵王》有四位台湾编剧，"中国好声音"让两岸青年有机会从这里"发迹"，文化杂交产生了两岸都认为是"自己的"东西。正如一些流行音乐那样，它不再是"你们的"或"我们的"，而是"咱们的"了。

文化碰撞，文化杂交可以带来文化创新、文化认同，起到"润物细无声"的作用。两岸文化杂交是达成两岸文化认同的途径之一。所以，不要小看文化杂交。

附录二
两岸文化休克

中评社厦门 7 月 10 日电（记者　王秀中）厦门大学台湾研究院陈孔立教授在第二届两岸学子论坛的 "夫子开讲" 环节分析了两岸文化交往不同阶段的种种表现。他认为，加强沟通、相互理解才能化解两岸文化交往中遇到的文化休克问题。

陈孔立说，因为大陆和台湾的文化不同，两岸的文化交往可以分为四个阶段。第一个阶段是蜜月期，这一阶段两岸人民都感到很美好、很新鲜、很兴奋。第二个阶段就是沮丧阶段，给人的感觉是很混乱、很迷惘、很失望、想不通、看不惯、有敌意。而第三阶段是调适阶段。这一阶段两岸人民相互了解、理解、谅解，能够沟通合作，最后能够走到融合阶段，即互相认同。

陈孔立重点解释了蜜月阶段和沮丧阶段。对于两岸青年交往的蜜月阶段，陈孔立认为这一阶段的主体是初次交往的人和旅游者。这些人认为台湾人很有礼貌，有人情味，很温馨，乐于助人。他引用大陆作家韩寒写的一篇文章《太平洋的风》来解释这一阶段的状态。韩寒在文中说，他在台北的眼镜店配了一副眼镜，因为当天不能拿，老板送了他一副隐形眼镜。后来他的手机丢在出租车上，出租车司机也把手机送还给他。韩寒在文中得出的结论是，台湾的文化在华人的世界里，它也许不是最好的，但的确没有什么比它更好了。所以后来有很多人说，台湾最美的风景是人。而对于处于蜜月期的台湾青年来说，当他们初到上海，会觉得上海给人一种叹为观止的震撼。到了内蒙古之后，很多人说从来没有想过内蒙古的进步比台北还大。

但陈孔立认为蜜月阶段的保鲜期很短，两岸文化交往很快就会到沮丧期，出现文化休克的现象。他说，文化休克是跨文化研究中的术语，意思是人们会对不同的文化产生迷失、疑惑、排斥、恐惧，而文化休克是当前两岸青年交流中必须面对的问题。

陈孔立说，对于大陆青年来说，文化休克表现在台湾很多人不承认自己是中国人。因为对大陆人来说，台湾的事就是中国的事，但对大部分台湾人来说，中国大陆的事绝对是"外国"的事，把中国大陆看成"外国"，甚至"敌国"。文化休克的另一个表现是台湾媒体对大陆的敌视。台湾媒体上有很多大陆的负面新闻、不客观的报道和评论，比如很多报刊评论认为陆生和陆资来台湾是抢资源、抢饭碗，服贸会冲击百万台湾劳工，认为"中国"用金钱收买台湾、"中国崛起直接冲击台湾"。文化休克的第三个表现是大陆人认为台湾亲美亲日反中。因为台湾只关注美国和日本，把美国看成主子，与日本关系亲厚，但不少人"逢中必反"。

陈孔立举了厦大学生马军的例子来说明沮丧期两岸青年的心理感受。马军一直很向往台湾，但在到了台湾一年之后，他的感受却是："原以为政治热情高于我们的台湾人，对大选的关注，却远不及我们这群外人；原以为呼风唤雨的媒体，却发现他们的新闻报道，往往幼稚得让人喷饭；号称全城 wifi 的台北，其实并非那么方便，手机费率比大陆还贵；传说中繁华的台北东区，钢筋水泥的密度，也远不及北京、上海。"马军的结论是不管我们对这个地方之前有多少的向往和憧憬，我们都是过客，不是归人。于是，他把原本是想一头扎进这个地方的心态，换成近距离围观，心情便好得多，看东西也清楚得多了。他说，台北不是我的家。

而对于台湾青年来说，文化休克的表现是，他们跟大陆从食衣住行到思考方式都不一样，不明白为什么一定要统一。台湾青年们问"我们是一个国家，你们为什么不承认？不承认'中华民国'怎能是一家人？"台湾青年还认为大陆打压台湾，比如不让台湾参加联合国和其他国际组织，用飞弹对准台湾以及准备"武力犯台"。此外，让台湾青年感到文化休克的还有两岸对民主的不同理解，他们认为台湾是"民主国家"，而中国是"专制国家"。

陈孔立指出，两岸交流之后台湾青年的结论是：通过交流，两岸的"差异"暴露无遗，反而强化了双方认同的距离。因为交流可以改善彼此的印象，却无法改变互相的认同。他解释说，这是因为台湾的青年现在已经进入到了"后物质主义"价值观。这一价值观是指"自主、自我、参与政治"。

至于如何化解文化休克这一问题，陈孔立认为台湾文化大学社科院院长邵宗海的建议很有道理，即两岸要从对立到磨合、走向竞合、谋求双赢。陈孔立说，所谓磨合就是调适阶段，这一阶段的关键是沟通，就是理解对方。对于如何加强沟通这个问题，陈孔立要求两岸青年自己去摸索，并相信他们有足够的智慧和善意来解决这个问题。同时，他也给出了自己的三点建议：第一，要尊重，要有同情的理解，即要设身处地、将心比心。第二，要包容、宽容。最后，要从两岸的核心价值观中寻找交集。

陈孔立认为两岸交往的未来在于年轻人，他将自己的墨宝"江山代有才人出，各领风骚数百年"送给学子论坛，希望两岸青年能够共同投身大时代、共创美好的未来。

（中评网 2015 年 7 月 10 日）

附录三
两岸媒体的"同"与"异"

9 月 18 日下午，原厦门大学台湾研究所所长陈孔立教授应邀为厦门大学新闻研究所主办的新闻学茶座主讲"两岸媒体的'同'与'异'"。陈教授是台湾研究界的元老之一，在海峡两岸享有极高声誉，向以"创新"和"敢言"著称，他做客茶座，吸引了来自校内外的老师、学生、媒体界以及其他关心两岸问题的人士参与。当天下午，厦门大学新闻学院四楼会议室济济一堂，气氛异常热烈。85 岁高龄的陈教授声音宏亮，观点新颖有力。

一、 两岸媒体对连战参加中国抗战胜利 70 周年大阅兵的不同呈现

陈教授在他的发言中并不单纯谈两岸媒体差异，而是通过两岸媒体差异延伸到两岸文化差异及两岸的认同差异问题。他认为，这是影响两岸关系的根本问题，必须正视并认真地对待。

陈教授以海峡两岸媒体对国民党荣誉主席连战来大陆参加中国人民抗日战争暨世界反法西斯战争胜利 70 周年纪念活动的不同切入，进而探讨两岸媒体的差异及认同的差异。

陈教授总结，两岸之间"异"与"同"的一个很重要的特征是大陆好"同"而台湾喜"异"，两者之间最大的分歧是台湾害怕"同"而大陆担心"分"。换言之，大陆强调"同"，担心强调差异会导致两岸之间的距离越来越大，台湾强调"差异"以及本土的独特性，担心提"同"会被大陆同化，失掉台湾的主体性和独特性。因此，表现在日常报道中，媒体的呈现也大异其趣。大陆常常强调以下观念："和平统一""一个中国""一中框架""同属一个中国""一家人""经济一体化""共同家园""命运共同体""聚同化异""两岸合作""共同

保卫东海、南海"等。台湾强调"分立分治""主权分享""一边一国""两国论""一中各表""台湾特色""主权独立的国家""你们中国""我们台湾""台湾人""互不隶属""互不否认""互不承认主权、互不否认治权"等等概念。表现在对连战参加大陆抗战胜利70周年纪念活动的态度,两岸也截然不同:

大陆的态度是积极肯定的,认为中国抗战的胜利属于包括台湾人民在内的全体中国人,充分肯定国共两党在抗战中的贡献,强调两岸共同命运。在媒体上,标题中频繁使用"尊重历史""全民族利益""了不起""深明大义""正确方向"等正面词汇给予高度评价。

海峡另一端的台湾基本上是一片反对声浪,反对的理由各异。国民党指责连战偏离立场,认为连战参加阅兵等于肯定中共的抗战史,让人无法接受,包括马英九和郝柏村等都持这种态度。国民党内有人甚至提出应祭出党纪,惩戒连战。

民进党和其他"独派"团体则将连战视为公敌,甚至有人到法院控告连战犯"外患罪"。

呈现在媒体上,标题里大量使用极端的字眼以及修辞手法,如"卖国贼""出卖台湾""开除""统战伎俩""统战工具""脱光灵魂跳忠字""执迷不悟""叛国贼""死刑""连共制台独""台湾特首"等来批判连战的行为。

综上,在连战参加大陆抗战胜利阅兵的问题上,大陆媒体强调"同",如"共同抗日""共同胜利""共同纪念",担心说"异"就不"同"、不"统"、不"一"。台湾媒体则强调"异":"不同立场""不同记忆""不同史观",担心说"同"就不"分"、不"特",就会趋"同"趋"统"。

二、两岸媒体差异的大文化视角

陈教授认为，造成两岸媒体差异的原因是复杂的，是多种因素交互作用的结果，最主要的因素是两岸分隔了一甲子，走上了不同的发展道路。两岸的社会制度、政治、经济、历史、文化的差异越来越大，再加上复杂的国际环境，造成两岸之间的鸿沟越来越大。

在茶座上，他着重从文化角度特别是大文化的视角考察和分析了这种差异。所谓大文化，是指精神层面的文化，体现在价值观、思维方式、行为方式以及政治文化上，并非一般意义上所涉及的文学、艺术、影视、戏剧、民俗、饮食、节日等等。

对于两岸文化，陈教授的基本观点是：两岸主流文化存在本质差异、两岸价值观既存在差异也有交集、两岸政治文化具有重大差异，必须认识这些差异，才能正确理解两岸的文化，正确面对两岸文化的交流。

以下是他的主要观点和具体分析：

第一，两岸主流文化存在本质差异。

大陆主流文化的核心是中国特色的社会主义文化，其中的精髓是马列主义、毛泽东思想、邓小平理论、"三个代表"重要思想、科学发展观。此外，社会主义文化中保留的中国传统文化和革命传统文化以及融入社会主义文化中的外来文化因素是大陆主流文化的组成部分。就这三个部分来说，与当代台湾的文化都有本质的差异。

台湾主流文化是"台湾特色的中华文化"，是中华文化与台湾本土文化的结合，是"台湾人用台湾的空间，用台湾的人力，发展出一个丰富中华文化的模式"。台湾主流文化体现了"台湾主体意识"。马英九为此颇为自得，认为台湾在"保存中华文化"和"创造台湾精神价值"这两个方面有优势，台湾的中华文化已经超越大陆，台湾要做"中华文化的领航者"。

在两岸关系和涉台工作中，只讲两岸文化相同的一面，忽视两岸文化的本质差异，其实是不了解两岸文化的现实，首先是不了解我们自己的主流文化。

第二，两岸价值观既存在差异也有交集。

当代中国大陆的价值观是社会主义的，也是具有中国特色的，所以社会主义核心价值观（24字）是中国价值观区别于西方价值观、中国传统价值观乃至传统社会主义价值观的基本标志。社会主义核心价值观正在建构中，目前存在"多元并存，新旧交替"的特点。

台湾基本认同普世价值观，强调自由、民主，同时具有"台湾特色"，比如"民粹""关说""密室""帮派"等等。他们认为台湾是"民主国家"，而大陆属于"专制国家"，两岸价值观显得格格不入。但另一方面，台湾的价值观与社会主义核心价值观在许多方面仍有交集，有可能形成"共同价值"。

第三，两岸政治文化具有重大差异。

当代大陆的政治文化是以中国特色社会主义政治文化为主体，并且正在继续建构和变革之中，因而存在多元和复杂的因素。

台湾试图搬用西方的政治文化，形成了以"台湾主体意识"为核心的政治文化，还有蓝绿对抗的冲突型政治文化，以及对立仇恨、明星崇拜的政治文化，等等。

由此可见，两岸在文化上的差异是巨大的，由文化差异又延伸出了认同差异，我们必须正确地认识和对待。

三、理解和处理两岸文化差异和认同差异

陈教授对台湾认同问题进行了深刻的分析，他认为，必须从以下几个方面来理解台湾认同问题：

其一，台湾认同是正常的。他反问："生活在台湾的人如果不认同台湾，有可能认同社会制度不同又不是他们生活环境的中国大陆吗？"

其二，台湾认同是必然的。目前仍处于两岸关系和平发展的初级阶段，两岸存在许多差异，台湾认同是可以理解的，也是必然的。

其三，可能出现"双重认同"，既认同台湾，又认同中国。

其四，要承认差异、尊重差异、包容差异。中央一再表示要"尊重台湾的社会制度、价值理念与生活方式"。

其五，不能要求对方"放弃"差异。

其六，要讲"情""理""法"。两岸之间不是争个谁是谁非就能解决问题的，要讲同胞情谊，作同情的理解。

其七，要水到渠成，不要立竿见影、急功近利。

最后，陈教授对解决两岸认同问题提出了自己的思考方向，提出要用新的思维来处理两岸之间的问题，将以往在处理两岸问题上的对抗、单向思维改变为融合、双向思维。

他认为，在两岸关系中，如果任何行为只要求"对我有利"，那么这只是一厢情愿的不顾对方的想法，是不可能得到对方认可的。中国人民历来崇尚"和而不同"的理念。"和而不同"指的不仅是"和"，而且是"不同"基础上的"和"。"和而不同"不但能容异，而且必须有异。不同文化的交流是一个由"不同"到某种意义上的"认同"的

过程。这种"认同"不是一方消灭一方，也不是一方"同化"另一方，而是在两种不同文化中寻找交汇点，并在此基础上推动双方文化的发展，这正是"和"的作用。两岸文化交流也应如此。

在此基础上，陈教授为两岸文化交流提出了中肯的建议：

建议一，深入思想交流。这有助于深入了解对方，提高互相沟通的灵活性。

建议二，要经受住文化震撼。文化震撼，又称文化休克（cultural shock），指一个人处于一种社会性隔离而产生焦虑、抑郁的心理状态，是对陌生的文化产生迷失、疑惑、排斥、恐惧。目前在两岸文化交流过程中双方已经产生文化震撼，只有正确面对，才能走向调适和融合。

建议三，秉承求同尊异的原则处理两岸问题，做到有同求同，有异尊异。尊重对方的文化，地位平等，合作互动。

建议四，坚持"和而不同"。"和"不是消灭对方、"同化"对方，而要"各美其美，美人之美，美美与共，天下大同"。

建议五，建立集体记忆。要在交往过程中建立新的良好的集体记忆。

建议六，形成共有观念。在交往过程中形成共同的行为规范，共同的看法、需求、利益、目标、价值观等。建立集体记忆、形成共有观念，是走向互相认同的必要条件。

建议七，达成互信认同。扩大"我群"的范围，两岸从"我们""你们"变为"咱们"。

建议八，实现心灵契合。习近平提出，两岸同胞要以心相交、尊重差异、增进理解，不断增强民族认同、文化认同、国家认同。这是两岸文化交流的最高境界。

陈教授强调实现祖国和平统一是一个长期而艰苦的过程，任重道远！他对青年寄以厚望，认为两岸问题的解决要"寄望于两岸青年！"。

四、互动环节：如何开展有建设性的交流

陈教授的主题发言结束后，与会者进行了热烈的讨论，大家各抒己见。在看待两岸媒体差异、文化差异、政治体制差异等问题上观点交锋。其中一位与会同学提到两岸青年交流，特别是网络交流还处于互不通的"两个舆论场"的状态。要加强两岸青年交流，加深两岸年青相互认识，大陆应该开放 FACEBOOK、TWITTER、YOUTUBE 等国际通用的社交媒体，让两岸民众在一个共同的空间进行自由的交流。

针对这一问题，一名来自台湾地区的老师表达了个人看法。他认为，我们在讨论一个问题的时候要充分考虑自己的知识结构和在社会阶层中所处的位阶。厦大学生作为社会精英，对网上信息具有一定的判读能力，但从当前总体社会结构来看，民众的媒介素养仍然有待提高，因此，完全开放的时机未到。就当下的情况而言，如果网络立刻完全放开，对国家的冲击太大。目前政府采取的方式虽不是最好，但相对可行。他个人认为，开放网络交流的空间未来可期。

茶座最后，厦大新闻研究所所长卓南生教授抽取了陈孔立教授主题发言和互动过程中的四个关键词（坦诚相待、集体记忆、命运共同体、知识结构）展开回应。他认为，这几个关键词，对这次"两岸媒体的异与同"的主题是一个很好的诠释。

卓教授指出，在两岸互动交流中，"知识结构"的基础十分重要。一般情况下，年轻人相互交流，坦诚相待对方，两岸关系会走向更

好。但是，坦诚相待是有基础的，双方的知识结构如果相差太大，将无法进行有效沟通。大家常谈到交流，实际上，交流是一门大学问，奥妙很多，陷阱也不少。作为一个第三者（新加坡人）来看两岸问题，长期留日、旅日的卓教授察觉到，日本是台湾某些"异质论""特殊论"的故乡。某些人士力图塑造不同的"知识结构"，他们的所谓的"命运共同体"其实是与日本的共同体。李登辉以及陈水扁执政期间，推行"去中国化"政策，特别是旨在强调台湾本土化，抹杀两岸共同记忆的教科书的修订，更造成部分台湾青年在知识结构上的巨大变化，拉开两岸间认知的差异。

卓教授同时强调，两岸差异的存在，确是事实，但并非也不可能是对共同文化的全面否定。认真分析，许多对共同文化的否定其实是人为刻意制造的。重视文化交流，这是对的，但文化交流不是万金油，不是万宝丹，文化交流必须有其内涵，必须有明确和相对牢固可靠的知识结构作为基础。年轻人应努力学习、好好研究。一般而言，首先是认真学习本国的历史，并对东亚、东南亚，特别是与近代日本的交流史都有清晰的认识，打造好自己的知识结构，然后在此基础上，坦诚相待与对话，这样的交流与对话才真正具有生产性和建设性。"为交流而交流"，或者不加辨析地将不同的观点融合在一起，二一添作五的做法，看来并非交流之道。

本次茶座由厦大新闻研究所副所长兼秘书长毛章清主持、《国际新闻界》杂志协办。

（原载于《国际新闻界》2015 年第 10 期，作者：唐次妹）

附录四
集体记忆

85 岁的厦大教授陈孔立指着自己的双耳说："都聋了，所以，我现在没有资格研究台湾问题了。"这位台湾问题研究专家中的泰斗级人物，数十年来总是竖着耳朵"倾听对岸的声音"。这些声音包括吕秀莲、许信良、陈忠信等绿营人物对他敞开心扉发出的。

他是在日前主讲厦大新闻学茶座时发出这个感慨的。其实，双耳戴着助听器的他照样每天上网关注两岸新闻、关注来自台湾的各种页面，同时也照样著书立说，他对台湾问题的深度分析并没有因为耳朵听不见而变得肤浅。比如，仅就连战出席抗战胜利 70 周年阅兵式的两岸新闻报道，他用于比对的新闻不下百条，并从中嗅出了两岸新闻发展的"同"与"异"，大陆的媒体好"同"，讲"统""一""共"这类字眼很多，台湾的媒体好"异"，讲"分""各""特""独""互不"，而对"同"，台湾媒体很害怕，同样，大陆媒体也尽量回避"异"。

为什么两岸媒体会出现这么多的差异呢？历史上的隔阂是一个众所周知的原因，而陈孔立另辟蹊径，从文化的角度去一探究竟。他所说的文化，可不是我们通常说的文学、艺术、影视、戏剧、民俗、饮食、节日等，"这个文化不解决大问题。"陈孔立说。他用于解决大问题的文化，他谓之"大文化"，是精神层面的，是价值观、思维方式、行为方式、政治方式。

我们总说两岸文化一脉相承，但陈孔立却说，两岸文化有着本质的差异，因为大陆的主流文化是"中国特色的社会主义文化"，而台湾的主流文化是"台湾特色的中华文化"。

有着本质差异的两种文化如何寻找到交汇点呢？陈孔立说："不同文化的交流是一个由'不同'，到某种意义上的'认同'的过程，这种'认同'，不是一方消灭一方，也不是一方'同化'另一方，而是在两种不同文化中寻找交汇点，并在此基础上推动双方文化的发展，这正是'和'的作用。"

陈孔立从不讳言两岸还有很长的路要走，但社会学家费孝通对"和"的理解十分契合他对两岸的期许——"各美其美，美人之美，美美与共，天下大同"，你有好的我很欣赏，我有好的你也欣赏，大家的美聚集在一起就可以走向"天下大同"。

陈孔立提出几点建议来加快"和"。第一要深入思想交流，第二要经受文化震撼，第三要秉承求同存异，第四要坚持和而不同，第五要建立集体记忆，最后实现心灵契合。

两岸本是同祖同宗，集体记忆还不够绵长丰厚吗？讲五缘，台湾人觉得那都是一百多年前的事了，跟我有什么关系呢？所以，陈孔立呼吁，我们现在迫切需要建立的是新的集体记忆，并在集体记忆里面形成共同的行为规范，有共同的看法、目标、记忆、价值观等等，达成互信认同，扩大"我群"，从你们我们到咱们。

陈孔立在演讲的几个小时前，把自己获得的厦大南强杰出贡献奖的奖金 20 万人民币，捐给厦大台湾研究院，设立"台湾研究创新奖"。因为有感于社会科学论文中垃圾成堆，他特别强调这个奖只给有创新的成果。而他对创新的定义则是"对被认为正确的东西的否定与修正"。

两岸还有很长的路要走，而能否走得稳、走得快、走得美，实际上也很考验两岸各方的创新力。

（《台海》第 112 期，2015 年 10 月 12 日）

附录五
两岸认同是心灵的契合

中评社厦门 7 月 6 日电（记者　孙仪威）由两岸关系和平发展协同创新中心与厦门大学台湾研究院主办的"首届两岸学子论坛"4 日上午在厦门大学召开。在 5 日上午的"夫子开讲"环节上，两岸协同创新中心学术委员、重大理论创新平台首席专家、厦门大学台湾研究院政治所教授陈孔立发表了题为《和平发展，两岸认同》的演讲，指出在两岸政治、经济交流之外，更要看重两岸文化与社会的交流，只有在尊重与包容差异的基础上，构建两岸社会的认同，才能最终形成"两岸认同"。

陈孔立开篇设问道，两岸和平发展会向何处去？要么是和平统一，要么是和平分裂。如果两岸有所认同，那么则会往统一的方向去，反之，则会走向分裂，而他的梦想就是两岸认同。

陈孔立表示，目前台湾多数人认同"台湾"，不认同"中国"，更不认同"大陆"。中国文化大学社会科学院院长、两岸协创中心学术委员会学术委员邵宗海教授曾表示，"30 岁以下的受访者有 93% 认为自己是台湾人。而'太阳花'学运已影响台湾民众把'服贸'与'认同'挂钩来处理，呈现出的结论十分强烈。"而台湾政治大学国发所所长、两岸经济合作平台专家委员童振源教授亦曾表示，"台湾是一'主权独立的国家'，其'国号'为'中华民国'，主权属于 2300 万台湾人民。这是台湾'朝野'与民意的共识，也就是'台湾共识'。"

陈孔立指出，台湾的主体意识仍在构建中，在李登辉与陈水扁时代，台湾的主体意识是"去中国化"的"台独"意识。马英九上台后，虽然他不再提"台独"，但其核心并没有改变，仍然在主体意识上不断与大陆相区隔开来。

陈孔立列举了构建"台湾主体意识"的例子。首先是马英九提出的"台湾特色的中华文化"，很多人都被其"中华文化"的表述所蒙蔽，其核心是要同大陆相区隔的，该论述认为"台湾特色的中华文化”是“60多年来在台湾形成的，比大陆更优秀的文化”。另外，即是强调台湾的生活方式、政治制度都与大陆不同，呼吁台湾民众应该“以台湾为主，爱台湾，台湾第一”。再者，就是“'中华民国'是台湾，台湾是'中华民国'”的表述。在陈孔立看来，这些论述与做法都强化了台湾与大陆的区隔意识。

他还特别以电影《KANO》为例，电影描述在1931年的日本殖民地台湾，一支由“原住民”和日本人、汉人组成的嘉义农林棒球队，原本实力贫弱一胜难求，但在新教练近藤兵太郎指导之下，拿下全岛冠军并远征第17届夏季甲子园大会的故事。陈孔立说，这部电影强调了当时台湾正处于一个美好的时代，而那个时代的美好记忆则是由台湾与日本共同缔造的。“这个记忆和大陆当时的记忆完全不一样”，陈孔立说，“这就造成了两岸'我群'与'他群'的区分。”

同时，陈孔立还指出，很多人认为台湾的认同情况同大陆没有关系，但其实是与大陆的做法息息相关的，大陆的因素刺激与助长了“台湾主体意识”。首先，两岸社会制度的不同让很多台湾人感到“两岸就是两个国家”。其次，大陆在国际上强调“一个中国”，在两岸间强调“和平统一”与“台湾前途共同决定”，但在很多台湾人看来，强调“一个中国”就是打压他们的“国际空间”，另外他们也在考虑“和平统一”之外的路径，甚至对于台湾的前途，也认为应该是“由2300万台湾人自己来决定”。与此同时，随着中国的崛起，国力日渐强大，也有不少台湾人担心大陆要“吞并”他们。

陈孔立表示，很多在大陆看起来天经地义的用语与表述，例如“和平统一”“一个中国”“两岸一家亲”“命运共同体”等，都会刺激台湾，让台湾感到被“打压、吞并、侵占主权”。

对此陈孔立指出，原则立场大陆不能不讲，但越讲台湾会越反感、越离心，越难以接受。所以我们要正确面对，承认差异，相互谅解与包容。台湾认同是正常的，试想，如果生活在台湾的人都不认同台湾，那么怎可能会认同社会制度跟他们不同，又不是他们生活环境的中国大陆？另外，台湾认同也是必然的。目前两岸关系和平发展也只处于初级阶段，两岸间还存在许多差异，所以必然会出现这样有所区隔的认同。但陈孔立认为，随着两岸关系的发展，台湾可能会出现"双重认同"，既认同台湾，又认同中国。

陈孔立还例举了一些台湾学者对"双重认同"的看法，南方朔指出，"我认为两岸关系长远发展，第一步一定要创造双认同"；台湾大学政治学系教授、"两岸统合学会"理事长张亚中指出，"两岸可以先保留对自己的认同，也开始强化对整个中国的认同，也就是'我是中国人，也是台湾人'的认同"；童振源指出，"两岸人民应该建构'华''华人社会'的认同，成为两岸人民认同的公约数"；台湾二十一世纪基金会董事长高育仁指出，"共同缔造两岸命运共同体"。

另外，陈孔立说，我们要承认、尊重与包容差异。尊重台湾的社会制度、价值观念与生活方式。同时，不要让对方"放弃"差异，大陆有学者认为"台湾民意、认同有偏差"，所以要"求同去异"——"但这是不现实的，不一样的东西是切实存在的，怎么能说去就去？"陈孔立说。

陈孔立认为，对于差异，要讲"情、理、法"。两岸之间不是争个谁是谁非就能解决问题的，要讲同胞情谊。"同情的理解不等于赞同，但我们要设身处地地从台湾人的角度思考问题，"陈孔立说。

最后，陈孔立表示，对于处理差异，要水到渠成，不要立竿见影、急功近利。正如铭传大学公共事务系教授、中国大陆研究学会会长杨开煌曾提出的那样，"两岸关系的盲点在于急于求成，让人觉得北京有所求。很多人说为什么让利这么多，还不谈政治？这就是急于求成的表现。"

那么，又该如何走向两岸认同？

陈孔立表示，要巩固和发展两岸的政治、经济、文化与社会基础。其中他特别强调了社会基础。陈孔立援引了苏起的看法，苏起曾表示，"过去两岸关系和政策发言，政治学家说了算；但后来经济优先时期，则是经济学家主导；这次'太阳花学运'后，政治和经济学家，全输给了社会学家。"

陈孔立指出，在政治、经济、文化之外，必须关注"社会"，要重视台湾社会在两岸中的作用。所以，研究台湾民意、认同问题的社会学也应参与到两岸研究中来。

对此，陈孔立认为大陆很多学者对于该问题不够重视——若干大陆学者认为，两岸已经形成"你中有我，我中有你"的文化命运共同体，称要化解"台湾主体意识"，最重要的还是推进两岸经济关系的发展，努力建构两岸经济共同体，实现两岸经济的一体化，增进双方的共同利益。打破"台湾主体意识"，解构"台湾命运共同体"。对此陈孔立表示，当前两岸认同差异很大，"你中有我，我中有你"根本无从谈起。另外，从文化、经济方面寻找"药方"不见得有效，这其中需要社会学的参与。

陈孔立曾著有《台湾民意与群体认同》一书，他运用社会学、社会心理学、社会认同论、社会建构主义理论和相关理论，并借助"集体记忆"，"共有观念"，"积极区分"这三个概念来分析台湾的民意，为构建两岸认同破题。他指出，构建两岸认同的模式是"双管双向互动模式"。

陈孔立解析道，两岸交流不必然会导致两岸认同，其中需要两个中介，即集体记忆与共有观念。"集体记忆"是一个社会群体对自己共同经历的记忆，具有凝聚共同归属、强化共同身份、形成群体认同的功能。这个集体记忆是可以建构的，例如在两岸 ECFA 经济合作，汶川地震、"八八"风灾相互援助的过程中，集体的记忆都在逐渐形成。另外，两岸也可以通过互相欣赏对方的优点来构建集体记忆。"要有意识地构建更多新的、美好的集体记忆，"陈孔立说。

而"共有观念"则可以建构身份和利益，其建立的方法就是具有知识的行为体之间的互动。陈孔立指出，当前两岸已经建立一些共有观念，例如"两岸关系和平发展""两岸关系不能倒退""两岸同属中华民族"等，现在需要构建的集体则为"两岸是生命共同体""两岸确实是一家人""两岸的核心价值在靠近"，"即从'我们'到'咱们'，用闽南话说，从'阮'到'咱'，"陈孔立说。

最后，陈孔立说，要构建两岸认同需要多学科的研究、两岸人民的智慧以及两岸共同的建构。吴伯雄曾说过，2013年6月，中共中央总书记习近平跟他见面时，表示所希望的统一不是形式上的统一，而是两岸人民心灵的契合，心与心能够完全互相接受，心连心，让他很感动。"两岸的认同就是心灵的契合，"陈孔立说。

在结束演讲前，陈孔立对着台下的两岸学子说，两岸年轻的一代有梦想、有智慧、有气魄，老一辈的两岸关系学者寄希望于年轻的一代，希望两岸关系能在年轻人的带动下越走越好！

本届学子论坛的主题为"两岸关系和平发展：青年学子的梦想与行动"。近70位两岸青年学生与近40位两岸关系专家学者汇聚一堂，共商两岸议题。同之前以专家学者为主角的两岸论坛有所不同，根据议程，本次论坛的主讲人系两岸青年，而专家学者们则主要负责点评。论坛议题覆盖两岸政治、经济、历史与文化。除了大会发言外，论坛还设六个分论坛：涉外事务与两岸关系、政治文化与社会运动、政治制度与政治发展、两岸经贸与经济发展、文学思潮与历史文化以及文教交流与社会发展。

（中评社 2014 年 7 月 6 日）